私募股权母基金投资实务

融中母基金研究院　编著

机 械 工 业 出 版 社

近年来，随着大资管时代的到来，私募股权母基金因其较高的风险收益比、便捷的投资渠道，受到越来越多的机构投资人及高净值人群的重视与青睐，成为他们资产配置、高效投资的重要手段。

随着中国私募股权投资市场的不断成熟以及中国经济的转型，包括政府引导基金及市场化母基金在内的各类母基金日趋活跃，对促进资源有效配置和推动中国产业升级发挥着巨大的作用。

本书从私募股权母基金的募、投、管、退入手，详细介绍了政府引导基金和市场化母基金从设立到运营的全过程，囊括了实际操作中的关键问题和难点问题，结合案例和实践给出了可操作、可落地的专业运营指南。同时，从股权投资与产业发展方面阐释了中国私募股权母基金行业的整体发展现状和未来的发展前景。此外，在调研的基础上，本书总结了中国领先的政府引导基金、市场化母基金的运营特点及创新性策略。

本书可作为母基金从业人员、股权投资机构从业人员、母基金三方服务机构从业人员的参考资料。

图书在版编目（CIP）数据

私募股权母基金投资实务/融中母基金研究院编著. —北京：机械工业出版社，2021.5（2024.6 重印）

ISBN 978-7-111-68033-8

Ⅰ. ①私…　Ⅱ. ①融…　Ⅲ. ①股权－投资基金　Ⅳ. ①F830.59

中国版本图书馆 CIP 数据核字（2021）第 069417 号

机械工业出版社（北京市百万庄大街 22 号　邮政编码 100037）
策划编辑：曹俊玲　　责任编辑：曹俊玲
责任校对：张　力　　封面设计：张　静
责任印制：常天培
固安县铭成印刷有限公司印刷
2024 年 6 月第 1 版第 5 次印刷
184mm×260mm・16.5 印张・1 插页・354 千字
标准书号：ISBN 978-7-111-68033-8
定价：88.00 元

电话服务	网络服务
客服电话：010-88361066	机　工　官　网：www.cmpbook.com
010-88379833	机　工　官　博：weibo.com/cmp1952
010-68326294	金　　书　　网：www.golden-book.com
封底无防伪标均为盗版	机工教育服务网：www.cmpedu.com

序

当今世界正经历百年未有之大变局，中国经济的转型发展也到了关键时刻。

在这一重要历史关口，中国共产党第十九届中央委员会第五次全体会议的召开，为未来中国的发展擘画了蓝图。在传统增长路径难以为继、新的增长动能有赖于要素市场建设的背景下，我们相信，科技创新与产业升级仍将是“十四五”期间的关键词。与此同时，在人口结构和居民财富水平发生很大变化的背景下，在资产配置专业化、机构化趋势下，大资管行业也将迎来更大的发展。

在科技创新推动产业升级以及进行高效资产配置的过程中，私募股权投资，特别是私募股权母基金的作用不可或缺。经过多年的发展，私募股权母基金已经成为引导资金及社会资源向关键技术领域配置、实现新动能增长与传统产业转型升级的重要抓手，也成为机构及个人高效进行资产配置的重要手段。

随着中国资本市场，尤其是权益市场基础制度的改革，通过加快战略性新兴领域的股权融资进度、金融开放和养老金改革等引入长期资金的措施，政府引导基金和市场化母基金都大有可为，将在促进资本要素流通、促进金融资源高效配置方面起到重要作用。而在这一过程中，也需要社会各方的积极参与，以及对还处于初级发展阶段的私募股权母基金行业给予更多的关注。

本书内容丰富，详细介绍了政府引导基金和市场化母基金从设立到运营的全过程，结合融中母基金研究院多年的探索与实践，给出了可操作、可落地的专业运营指南。本书是中国私募股权母基金行业中为数不多的一本普及型和实战型的范本，从股权投资与产业发展方面阐释了中国私募股权母基金行业整体的发展现状和未来的发展前景。此外，在调研的基础上，总结了中国领先的政府引导基金、市场化母基金的运营特点及创新性策略，是探索中国私募股权母基金投资逻辑及运行流程的一次有益尝试。

深圳市金融稳定发展研究院理事长
全国社会保障基金理事会原副理事长
王忠民
2020 年 12 月于北京

前　言

从某种程度上来讲，2016 年可以称为中国私募股权母基金的元年，私募股权母基金的数量和规模都呈井喷式增长，也让母基金投资第一次站在了投资的制高点。作为基金的源头活水、资产配置的有效工具，私募股权母基金对资金端和资产端都起到了关键作用，使得投资组合多样化，从而降低了投资的整体风险。经过几年的发展，私募股权母基金也已经开始了专业化、产业化的进程，在作为一种重要投资手段的同时，也成为产业落地、促进实体经济发展的重要抓手。

私募股权母基金起源于 20 世纪 70 年代的美国。最初的母基金管理人与独家投资者签订一对一的固定委托投资协议。20 世纪 90 年代，母基金逐渐演变为一种集合多家投资者资金的专业代理投资业务，并在美国迅速发展。在我国，政府引导基金是先行者，也是当前的主要力量。2002 年，我国第一只由政府出资设立的引导基金——中关村创业投资引导基金成立；2006 年，元禾控股母基金作为国有企业参与设立的市场化母基金出现，这也是我国首只市场化母基金；2007 年，规模为 1 亿元的首只国家级创业引导基金成立；2010 年，诺亚财富旗下的歌斐资产发起设立首只民营资本主导的市场化母基金。2015—2017 年，私募股权投资行业的爆发式发展，推动了新一波母基金的设立，形成了由政府引导基金、国有企业设立的市场化母基金，以及民营市场化母基金构成的中国私募股权母基金格局。2018 年下半年到现在，随着资管新规落地，行业监管趋严，母基金进入更理性的发展阶段。

经过几年的发展，中国母基金市场虽然一片繁荣，但还只是这个行业的草莽阶段，无论是政府引导型母基金还是市场化母基金，都只能算是新生儿。它们在投资、运营和退出机制方面都还在“摸着石头过河”；整个投资体系的建设及专业化程度都有较大的提升空间；政府引导基金在投资效率、平衡社会效益和经济效益等方面也有不少可以提高的地方。

对于任何一个新生事物来说，都需要一个成长的过程，这其中包括了从研究到实践再到修正的全过程。本书就是站在中国私募股权母基金投资行业的前沿，通过数年的深入行业研究、广泛的行业接触，系统展现了中国私募股权母基金的发展历程，全面介绍了母基金的投资与运营方法，总结了当前存在的一些问题，并试图提供一些解决问题的方法或思路。本书是中国母基金发展以及实务操作等内容的集大成者，是融中母基金研究院多年研究和实践经验的积累，也是业内多家头部机构倾力奉献的成果和结晶。

在此，我们首先感谢深圳市金融稳定发展研究院理事长、全国社会保障基金理事会原副理事长王忠民先生对我们的长期关心与支持，以及为本书作序；感谢融中母基金研究院顾问委员会各位委员的大力支持，他们为我们分享了最翔实的行业经验和案例；感谢盛世投资的张洋总裁、资深 PE 专家王燕辉博士对本书提出的宝贵意见；感谢融中母基金研究院参与本书撰写的每位同事，没有他们的辛勤付出，就没有此书的出版。最后，我们还要对机械工业出版社的编辑表示衷心的感谢，他们精心编校，对工作一丝不苟，才使本书得以顺利与读者见面。

我们衷心希望本书能助力推动中国私募股权母基金的发展与创新，为行业的参与者带来有益的参考价值。

朱　闪

2020 年 12 月于北京

目　录

第一章

私募股权投资及母基金发展

第一节　私募股权投资的产生与发展

一、从私募股权投资到私募股权投资基金

20 世纪 40 年代，美国开始出现专门帮助富有个人或家族进行理财服务的机构，投资方向主要为石油、钢铁、铁路等新兴产业。这些早期的投资活动主要由分散的投资主体进行，为非组织化的投资活动，但却为现代私募股权投资的产生和发展奠定了基础，推动了后续机构的体制化进程。

私募股权投资（Private Equity，PE）是指向具有高成长性的非上市企业进行股权投资，并提供相应的管理和其他增值服务，通过被投资企业上市、并购或者管理层回购等方式退出，最终实现资本增值的运作过程。相较拥有分红权或经营被投企业，私募投资者更希望通过从被投企业退出实现投资收益。

为分散投资风险，私募股权投资通常通过私募股权基金的形式进行。私募股权基金以非公开的方式从大型机构投资者及合格投资人手中募集资金，通过管理及退出实现基金的整体投资回报。目前，私募股权基金已成为私募股权投资市场的主要力量和投资主体。

二、私募股权投资的发展历程

1. 全球私募股权投资的发展历程

从全球范围来看，全球私募股权发展经历了四个主要阶段：

（1）早期发展阶段（1946—1981 年）

部分小型企业以及个人开始接触私募投资，私募股权投资进入萌芽阶段。早期的典型特征还有，一些帮助富裕家族进行理财的家族办公室逐渐成为专门的私募股权投资机构，同时，有限合伙制取代公司制成为美国私募股权投资的主流形式，推动私募股权投资行业进入新的发展阶段。

（2）中期发展阶段（1982—1992年）

20世纪80年代初，美国政府大力支持私募股权投资，美国的私募股权行业开始蓬勃发展。同时，私募股权投资机构积极参与推动产业并购活动，私募股权并购基金（Buyout Fund）开始出现，一些大型的产业基金如KKR、安盈投资（AEA Investors）等知名机构涌现。1987年之后，计算机硬件等领域的过度投资、投资机构竞争加剧等导致投资回报率下降，导致整个美国私募股权投资急剧下降。20世纪80年代末90年代初，以垃圾债券为资金的杠杆收购浪潮兴起，如KKR以250亿美元收购美国最大的食品和烟草生产商雷诺兹纳贝斯克。

（3）高峰调整阶段（1993—2002年）

20世纪90年代初，部分缺乏经验的投资机构退出市场，私募股权退出难度降低，技术创新、信息化浪潮催生出大量创业投资机会，促进股权投资回报上升，私募股权快速发展，并在2000年的互联网泡沫时期达到高峰后转入调整期。

（4）制度化发展阶段（2003年至今）

受互联网泡沫的影响，全球经济走弱，杠杆收购规模空前，不动产价格达到峰值。股市发展不稳定，大量富人进入私募股权领域。私募企业的制度化得到空前的发展。

经过50多年的发展，国际私募股权投资基金成为仅次于银行贷款和IPO（Initial Public Offering，即首次公开募股）的重要融资手段，并且呈现出基金规模庞大、投资领域广泛、参与机构多样化等特点。据业内统计，目前，西方国家私募股权投资基金占GDP的份额已达到4%～5%。

2. 中国私募股权投资的发展历程

从国内来看，我国私募股权投资起步较晚，经历30多年的探索发展，国内私募股权投资基金规模不断壮大，质量不断提升。从发展历程来看，国内私募股权投资基金大致经历了四个发展阶段：

（1）探索起步阶段（1985—1998年）

随着我国政府不断颁布改革决策、建立投资机制及发布投资基金管理办法，私募股权投资基金逐步走入我国市场。1985年，中共中央发布的《中共中央关于科学技术体制改革的决定》中提出支持创业风险投资，而且随后国家科委和财政部等部门筹建了我国第一个风险投资机构——中国新技术创业投资公司（中创公司）。进入20世纪90年代，国家对于风险投资日益重视，一批以科技风险投资为主业的机构相继成立。1998年，成思危在全国政协第九届一次会议上提交了《关于借鉴国外经验，尽快发展我国风险投资事业的提案》。

（2）萌芽发展阶段（1999—2004年）

1999年，国际金融公司（IFC）入股上海银行，标志着私募股权投资模式开始进入中国，从此外资投资基金开始以风险投资（VC）模式在国内私募股权布局发展。在此阶段，以新浪、百度、阿里巴巴、腾讯为代表的一批互联网企业完成了第一笔融资。2001—2002年，是国内创投的元年。深创投、达晨创投、同创伟业等一批具有代表性的国内风投机构成立。尽管互联网泡沫的余波让众多外资风投机构遭遇重创，但是中国风险投资行业正蓄势待发。2004年，我国开始进行上市公司股权分置改革，中小板交易市场启动，市场逐步回暖，上市带来新窗口，本土基金退出结构化，募、投、管、退全线条更加畅通。

（3）快速发展阶段（2005—2013年）

2005年由国家发展改革委等十部委联合出台的《创业投资企业管理暂行办法》（简称《暂行办法》），首次对创投机构进行了约束，同时允许政府参与设立创投机构。《暂行办法》大大刺激了我国创投行业的快速发展。不仅如此，2009年创业板开通，丰富了创投基金的退出渠道。人民币基金在此阶段迅速崛起，资金规模开始占据中国私募股权投资市场的主导地位，进入全面快速发展的阶段。2013年，中央机构编制委员会办公室印发了《关于私募股权基金管理职责分工的通知》，明确了证监会负责私募股权基金的管理工作，进一步规范了私募股权基金的运作。

（4）规范发展阶段（2014年至今）

2014年IPO市场重新启动，私募基金备案制度开启，国内私募股权投资进入全面复苏发展的阶段。另外，新一轮国资国企改革提出，积极发展混合所有制经济，引入股权投资基金参与国有企业改制上市、重组整合、国际并购等。这些措施极大地激发了私募股权基金积极把握和参与国资国企改革的机会，促进国资参与的私募投资基金纷纷设立，推动私募股权投资进入复苏发展的新阶段。随着监管趋严，中国私募股权已经进入了平稳有序发展的阶段。

第二节　私募股权母基金的产生与发展

一、私募股权母基金概述

私募股权母基金（PE FOF）是私募股权投资行业发展到一定阶段，投资专业化分工演化发展的结果。私募股权母基金是母基金（FOF）的一种。母基金是指投资于基金组合的基金。按照投资的子基金种类的不同，母基金可以分为：投资于非上市企业股权的私募股权母基金、投资于股票二级市场的证券投资母基金、投资于房地产等固定资产的母基金和投资于综合市场的信贷母基金等。

私募股权母基金是以私募股权投资基金为主要投资对象的私募基金，可以广泛投资于天使基金、VC基金、PE基金、并购基金、S基金和可转债基金等，其中VC基金、PE基金和并购基金的投资规模合计占全球母基金规模的76%，是主要的母基金投资类型。本书主要分析私募股权母基金的投资运营发展情况。因此，母基金被狭义地定义为私募股权母基金。

私募股权母基金是资产配置的重要组成部分。随着我国股权投资市场的蓬勃发展，私募股权母基金已经成为政府引导基金、社保基金和金融机构等投资主体资产配置的重要组成部分。私募股权母基金也是连接资金供给端和需求端的有效工具。有实力的机构投资者或个人投资者，将持有的社会资本提供给母基金，母基金再通过专业的基金管理团队将资金配置到优质的行业企业，通过企业的成长和发展，实现资本的增值。

私募股权母基金的主要特点如下：

1. 分散投资风险

母基金一般会将募集的资金投资多个标的股权投资基金，通过配置覆盖不同阶段、不同领域、不同策略的子基金，帮助投资人实现专业合理的配置，有效分散和降低投资风险。Weidig、Kemmerer 和 Born 的研究发现，投资于单支基金的风险要低于直接投资于企业，而母基金的风险则要明显小于投资单支基金。EIT 在 2004 年对母基金的研究显示，投资母基金的亏损概率为 1%，单一股权项目亏损的概率为 42%。因此，相较于投资单个企业的基金来说，母基金风险分散方面的优势非常明显。

2. 平滑收益

风险和收益是对等的。母基金在投资多个标的基金时，虽然降低了投资风险，但分散风险的同时也平滑掉了部分收益。因此，从风险与收益平衡的角度来看，母基金的目标是在较小的风险波动下获得稳健收益。

3. 投资期限较长、流动性较低

母基金的基金期限一般 8 年到 12 年不等，对于母基金投资人而言，其投入到母基金的资金会被锁定，在到期之前无法赎回，不仅导致投资者的资金流动性丧失，而且因为期限长带来的机会成本及收益的不确定性增大，增大了投资者的整体投资风险。

二、私募股权母基金的发展历程

私募股权母基金起源于 20 世纪 70 年代的美国，最初的 FOF 是由管理人与单一投资者签订固定一对一的委托投资协议。90 年代，FOF 逐渐演变为一种集合多家投资者资金的专业代理投资业务，并在美国迅速发展。据行业统计，美国 FOF 数量和资产管理规模分别从 1990 年的 16 只和 14 亿美元发展到 1999 年的 213 只和 480 亿美元，9 年间，私募股权母基金数量和资产管理规模分别增长了 12 倍和 33 倍有余。从 21 世纪伊始到现在，尤其是 2005 年后至今，随着资本市场的发展，FOF 在美国、欧洲、加拿大等国家和地区飞速发展。

1. 全球母基金的发展历程

全球母基金的发展分为四个阶段：

（1）萌芽阶段（20 世纪 70 年代、80 年代）

1976 年，美国 Adams Street Partners 设立 Institutional Venture Capital Fund，该基金被认为是历史上第一只私募股权母基金，基金筹资规模为 6000 万美元。当时私募股权母基金的投资形式较为单一，多采取独立账户的形式，即通过第三方管理者与机构投资者签订投资协议的形式。在萌芽阶段，母基金 LP（Limited Partner，即有限合伙人）以大型机构投资者为主，许多知名的母基金管理者如 Adams Street、Crossroads、HarbourVest 等都向这些大型机构投资者提供了独立账户委托管理服务。

（2）成长阶段（20 世纪 90 年代初期）

20 世纪 90 年代初，随着私募股权投资市场参与者的增加，以母基金投资的形式开始迅速发展。母基金的出资形式由单个机构投资者独立出资过渡到拥有多个投资者，私募股权母基金逐渐演变为一种集合多家投资者资金的专业代理投资业务。由于投资者数量增多，母基金的管理规模逐步增大，管理费率也逐步提高。根据统计资料，1990 年美国市场有 16 只 FOF，管理的资本规模约 14 亿美元。

由于投资者数量增加，委托管理分工逐渐明确，此阶段，大型投资机构还是 LP 的主角。

（3）加速发展阶段（20 世纪 90 年代中期）

20 世纪 90 年代中期，随着互联网的萌芽，股权市场投资机会增多，美国私募股权基金进入高速发展阶段，母基金的筹资规模与数量也成倍扩张。1999 年，美国 FOF 的数量已达到 213 只，管理资产规模也达到了 480 亿美元。同时，私募股权母基金投资领域也在逐步扩大，私募股权母基金的诸多优点如拓宽投资者投资渠道、合理配置资产、分散风险等也逐步显现。

（4）全球化发展阶段（21 世纪）

从 21 世纪伊始到现在，尤其是 2005 年后至今，随着资本市场的发展，私募股权母基金在美国、欧洲、加拿大等国家和地区飞速发展。随后，私募股权母基金投资活动地域向欧美市场之外扩展。2009 年，亚洲及其他地区的母基金市场开始活跃，新兴市场的母基金数量占母基金总数的 11%，到 2010 年这一数据上升到 13%。此阶段母基金投资的主要特征如下：

首先，投资领域更加分散，创业投资基金与收购基金是母基金的主要投资对象；其次，自 2008 年之后，除新兴市场外，全球私募股权母基金发展趋于稳定，资金规模变化不大，但数量有所减少，头部效应显现。

在全球私募股权母基金快速发展的阶段，养老基金在私募股权投资市场的占比逐步提高，成为私募股权母基金的主要出资者。由于养老基金出资规模庞大，投资策略相对单一的股权基金很难接受其所有资金，且养老基金对多元化配置和现金流回收有很高的要求，因此，私募股权母基金能够很好地满足养老基金的投资需求。

2. 中国母基金的发展历程

目前，全球私募股权母基金经过四个阶段的发展已初步成熟。与国外相比，中国私募股权母基金起步较晚，但其却作为新兴力量在全球市场中迅速崛起。经过多年发展，目前我国母基金主要分三大类：政府引导基金、国有企业参与设立的母基金和民营资本主导的市场化母基金。与国外不同的是，中国私募股权母基金的发展历程围绕着中国独有的 FOF 类型有着典型的阶段化特色。其主要经历了四个阶段：

（1）早期发展阶段（2001—2005 年）

我国私募股权母基金起源于 21 世纪初。2001 年，我国第一只由政府出资设立的引导基金——“中关村创业投资引导基金”正式成立，此基金为国内最早的创业投资引导基金，总规模 5 亿元。中关村创业投资引导基金与知名风险投资基金合作（例如启迪、联想、北极光等），用跟进投资的模式直接投资企业，中关村方面的出资规模一般是投资规模的 10%~30%，单笔投资最高不超过 300 万元人民币。当时跟投模式为母基金主要的投资模式。该阶段，中国私募股权母基金数量少，投资规模小，主要以政府出资为主。2005 年 11 月，国家发展改革委等十部委联合发布的《创业投资企业管理暂行办法》中规定：“国家与地方政府可以设立创业投资引导基金，通过参股和提供融资担保等方式扶持创业投资企业的设立与发展。”进一步推动了政府引导基金早期的发展。

（2）加速发展阶段（2006—2014 年）

2006 年，国有企业参与设立的市场化母基金出现，这也是全国首只市场化母基金，该基金由中新创投（元禾控股前身）与国家开发银行共同发起设立。2007 年，规模为 1 亿元的首只国家级创业引导基金成立。2009 年，国内资本市场复苏、中小板壮大和创业板开闸，创投全面发展，引导基金设立热潮席卷全国。2010 年，中国首只国家级大型人民币母基金——“国创母基金”，由国家开发银行全资子公司国开金融和苏州元禾共同发起创立，总规模 600 亿元；同年，诺亚财富旗下的歌斐资产发起设立首只民营资本主导的市场化母基金，母基金阵容进一步壮大，形成了以政府引导基金、国有企业参与设立的母基金和民营资本主导的市场化母基金三足鼎立的格局。2010 年之后，市场化母基金日益活跃，天堂硅谷母基金、宜信私募股权母基金、盛世投资母基金都是较为典型的代表。

（3）爆发增长阶段（2015—2017 年）

2015 年，“双创”落地，相关政策为资本市场创造了良好的投资环境。2015 年到 2017 年，私募股权投资行业的爆发式发展，推动了母基金新一波设立浪潮，母基金发展呈井喷态势。据业内统计，截至 2017 年年底，中国私募股权市场上私募股权母基金资产管理规模达到几万亿元，其中政府引导基金占据主导地位，成为中国私募股权母基金市场的主力。

（4）调整阶段（2018年至今）

2018年，受“去通道”“去刚兑”“去多层嵌套”“禁止期限错配”等资管新规影响，资本市场迎来寒冬。政府引导基金出资更加谨慎，出资规模下降。2020年2月，财政部发布了《关于加强政府投资基金管理提高财政出资效益的通知》，强化了政府预算对于财政支出的约束，对财政出资设立基金或注资需要严格审核并纳入年度预算管理。政府投资基金管理进一步加强，政府引导基金出资越来越严格。而市场化母基金也受到“资本寒冬”的波及，2018年市场化母基金募资数量和募资规模双双下降。国内母基金整体进入调整发展阶段。

第三节　中国私募股权投资的发展现状

私募股权投资在产业发展中扮演着越来越重要的角色，尤其是在中国经济新旧动能转换过程中，私募股权投资在推进经济结构转型、促进经济活力、带动国内经济发展方面起到了积极的作用。

自2018年以来，受全球贸易摩擦、地缘政治风险加大等重大不确定性因素影响，全球经济整体增速放缓。2018年，《关于规范金融机构资产管理业务的指导意见》（简称《资管新规》）出台，资本市场进入募资难、资金向头部机构集中的拐点阶段。2019年，政府出台多项政策支持创投行业发展，其中科创板的设立对股权投资市场的发展意义重大。科创板注册制推出，为科技创新企业尤其是中小型科创企业提供了全新的直接融资渠道，增加了创投机构被投项目的退出渠道，有利于退出预期的稳定，促进了一级市场的发展与成熟。

2020年，新冠肺炎疫情在全球蔓延，对全球的产业链、供应链造成很大冲击，全球经济衰退加剧。受贸易争端进一步升级、投资风险偏好急剧下降等不利因素的影响，国内经济金融运行挑战加大。新冠疫情打乱了整个股权行业的正常发展秩序，成为整个行业的一道重要分水岭。在此背景下，政府加快推进创业板注册制，进一步丰富了项目退出渠道，促进了资本市场功能的完善；同时，7月份召开的国务院常务会议取消了保险资金开展财务性股权投资业务的限制，险资开展股权投资的范围和选择空间扩大，险资成为实体经济发展长期资金来源的重要渠道，有利于股权市场融资环境的改善，提升经济中长期发展的韧性。

一、政策梳理

近年来，我国私募股权投资快速发展，已经成为创新型小微企业的重要资金来源，也成为连接初创阶段高新技术企业和资本市场的重要工具。自2018年以来，国家也陆续出台了一系列政策促进私募股权投资的全面发展。

1．“双创”升级意见

2018 年 9 月 26 日，国务院印发《关于推动创新创业高质量发展 打造“双创”升级版的意见》（简称《意见》），提出了打造“双创”升级版的八个方面政策措施，其中包括引导金融机构有效服务创新创业融资需求，充分发挥创业投资支持创新创业的作用，拓宽创新创业直接融资的渠道，完善创新创业差异化金融支持的政策，进一步完善创新创业金融服务。

《意见》要求进一步完善创新创业金融服务，包括拓宽创新创业直接融资渠道，支持发展潜力好但尚未盈利的创新型企业上市或在新三板、区域性股权市场挂牌。推动科技型中小企业和创业投资企业发债融资，稳步扩大创新创业债试点规模，支持符合条件的企业发行“双创”专项债务融资工具。规范发展互联网股权融资，拓宽小微企业和创新创业者的融资渠道。

《意见》提出推动完善《中华人民共和国公司法》（简称《公司法》）等法律法规和资本市场相关规则，允许科技企业实行“同股不同权”治理结构，这意味着我国多层资本市场将加快开启迎接双重股权架构企业的时代，有利于高科技创新企业稳定控制权，实现快速发展。

此前，证监会拟考虑批准差异化表决权，同股不同权引发市场关注。《意见》再次明确了推进双重股权架构落地的预期。双重股权架构的优势主要在于，有利于提高公司运行效率，解决公司的长远利益与风险投资机构的短期利益之间的冲突，改善投资环境等。

2．创投税优惠政策

2019 年 1 月 1 日，创投税优惠政策正式施行。根据 2018 年 12 月国务院常务会议的决定，对依法备案的创投企业，可选择按单一投资基金核算，其个人合伙人从该基金取得的股权转让和股息红利所得，按 20%税率缴纳个人所得税；或选择按创投企业年度所得整体核算，其个人合伙人从企业所得，按 5%～35%超额累进税率计算个人所得。政策实施期限暂定 5 年，创投企业个人合伙人的税负只减不增。

中国证券投资基金业协会（简称“基金业协会”）相关负责人表示，新的创投税收政策符合投资基金运作特点，纳税主体明确，税目清晰，税率合理，会极大地改善创投基金税收环境，稳定市场预期，降低税收不确定性风险和纳税成本，增强基金投资者和管理者的信心，这对行业发展是重大利好。

3．科创板落地

2019 年 3 月 1 日，证监会发布了《科创板首次公开发行股票注册管理办法（试行）》（简称《注册管理办法》）和《科创板上市公司持续监管办法（试行）》（简称《持续监管办法》），提出了设立科创板并试点注册制的相关政策，对科创企业注册要求和程序、减持制度、信息披露、上市条件、审核标准、询价方式、股份减持制度、持续督导等方面进行了规定。

2019 年 3 月 4 日，上交所发布科创板配套的两个指引，包括《上海证券交易所科创板企业上市推荐指引》（简称《上市推荐指引》）和《上海证券交易所科创板股票发行上市审核问答》（简称《上市审核问答》），明确了科创板企业上市推荐工作和 16 条审核规范，把科创板的正式实施再向前推进一步。创投圈期待已久的科创板正式落地。

科创板的设立将为高新技术企业上市融资开辟新的通道。2018 年，国内 A 股市场新股上市发行监管趋严，IPO 数量断崖式下跌，仅为上一年的 1/4，对企业上市融资造成了一定影响。科创板的设立与注册制试点，充分反映出资本市场在改革大局中至关重要的核心地位，为广大科技创新企业尤其是中小型科创企业提供了全新的直接融资渠道，同时也有助于具有巨大潜力的优秀企业留在国内资本市场，从而使国内投资者更好地分享优质企业成长的机会。

同时，科创板的推出也可以增加投资机构投资项目的退出渠道，缩短退出时间，提高投资收益。投资机构退出渠道的拓宽意味着一级市场更为活跃，注册制短期内有利于提升优质项目估值；长期来看，注册制二级市场的建立有利于退出预期的稳定，将有利于投资者专注于公司的基本面价值挖掘，有利于一级市场的发展与成熟，对培育中小企业长期有利。

4．再融资新规

2019 年 11 月 8 日，证监会就主板（中小板）、创业板、科创板再融资规则征求意见，提升再融资的便捷性和制度包容性，提高股权融资比重，精简优化现行再融资发行条件，降低硬性门槛，规范上市公司再融资行为，切实提高公司治理和财务信息披露质量。

征求意见中提到，“取消创业板发行股票连续两年盈利的条件”。在创业板注册制正式落地前，取消两年盈利这一标准，对已上市企业是极大的利好，因为按照此前的标准，需要满足发行股票连续两年盈利的条件，一旦取消，符合融资要求标准的企业就会增多，市场也会更为活跃，也将吸引更多投资人到来。新的资本进入，对于上市企业扩大规模、增效提质有着深远影响。取消盈利两年条件是创业板改革向科创板吸取成功经验的第一步，此举有望分散科创板上市压力。但对于投资者而言，如何提升上市公司质量，提高股市的投资价值才是关注的重点。

一方面取消两年盈利条件，另一方面锁定期时间缩短，两者相加，必定会吸引更多战略投资者进入。

上市公司再融资的松绑，定增底价和锁定期要求大幅降低。金融市场会通过资本市场不断向实体经济输送资金，A 股的股票市值上涨和银行的货币信用创造再次连通了。

事实上，不少新经济企业，或是技术型企业，受到经济周期、中美贸易等因素的影响，在近一年中增速放缓，盈利困难。放宽融资标准，对这些企业而言，可以有效地提高技术研发能力、扩大生产规模等积极影响。但是开闸进水的同时，也会有杂质流入。市场是鱼龙混杂的，一些鱼目混珠的、质量没那么好的企业也可能会借机融资。

但是，这并不会成为垃圾股翻身的机会，因为创业板对于入场的投资者有硬性要求，在选择投资标的时，投资方会根据企业盈利能力、未来增长进行预期。不符合标准的那些企业也并不会因为规则放宽就能轻松拿到钱。所以，鱼目混珠的现象会有，但并不是想要融资的就能进来。从市场的角度看，资本将更趋于理性，在投资时会择良木而栖。新规则对投资者的投资能力是一种考验，同样，对于创业板的监管层面也是挑战。

5. 创业板注册制

2020 年 4 月 27 日，中央全面深化改革委员会第十三次会议审议通过了《创业板改革并试点注册制总体实施方案》(简称《总体方案》)，并就创业板改革的规章制度向社会公开征求意见。

创业板设立于 2009 年，主要服务成长型创新创业企业，支持传统产业与新技术、新产业、新业态、新模式深度融合。经过 10 多年的发展，创业板市场聚集了一批优秀企业，市场规模逐渐壮大。

注册制方案发布意味着创业板试点注册制改革启动，有助于进一步深化资本市场改革、完善资本市场基础制度、提升资本市场功能。

创业板实施注册制之后，将会带来几大方面的核心变化：

1）发行、上市、信息披露、交易、退市等基础制度都将有所改进，且信息披露将成为核心。

2）创业板投资者参与门槛将会提高，要求新增创业板个人投资者须满足前 20 个交易日日均资产不低于 10 万元。

3）将取消对上市公司“最近一期不存在未弥补亏损”的要求，支持特殊股权结构和红筹结构企业上市，并允许未盈利企业在注册制实施一年以后上市。

4）前 5 日不设涨跌幅，在前 5 个交易日后，日涨跌幅限制从 10%放宽至 20%。

5）创业板将会重新定位，同时深交所将制定负面清单，明确哪些企业不能到创业板上市，使科创板、创业板、新三板精选层各自有明显差异。

总体来看，此次创业板注册制改革逐步从存量进入增量改革阶段。从存量改革来看，注册制改革借鉴科创板，在注册程序、制度、审核监督、监管安排等方面总体与科创板保持一致；同时，结合板块自身特点和定位，在再融资制度安排和跟投制度方面进行了优化。从增量改革来看，拓宽了对发行上市企业的包容性、加强市场化机制，对破解当前创业板与深主板、中小板之间的同质化问题有深远的意义。业内预测，创业板之后，注册制改革还有望向中小板和主板进一步推进。

2020 年 7 月 15 日，国务院常务会议指出，取消保险资金开展财务性股权投资行业限制，在区域性股权市场开展股权投资和创业投资份额转让试点，扩大了保险资金的投资选择，也使股权市场募资来源更加多元化。

近三年私募股权行业的重要政策如表 1-1 所示。

表 1-1　近三年私募股权行业的重要政策

发布时间	发布部门	政策法规
2018 年 1 月 5 日	保监会	《关于保险资金设立股权投资计划有关事项的通知》
2018 年 3 月 6 日	证监会	《上市公司创业投资基金股东减持股份的特别规定》
2018 年 4 月 27 日	基金业协会	《关于进一步加强私募基金行业自律管理的决定》
2018 年 3 月 29 日	央行、银保监会、证监会、外管局	《关于规范金融机构资产管理业务的指导意见》
2018 年 5 月 14 日	财政部、税务总局	《关于创业投资企业和天使投资个人有关税收政策的通知》
2018 年 6 月 11 日	证监会	《关于试点创新企业实施员工持股计划和期权激励的指引》
2018 年 9 月 26 日	国务院	《关于推动创新创业高质量发展 打造“双创”升级版的意见》
2018 年 10 月 26 日	银保监	《保险资金投资股权管理办法（征求意见稿）》
2019 年 1 月 10 日	财政部	《关于创业投资企业个人合伙人所得税政策问题的通知》
2019 年 6 月 3 日	基金业协会	《证券期货经营机构私募资产管理计划备案管理办法（试行）》
2019 年 8 月 23 日	证监会	《科创板上市公司重大资产重组特别规定》
2019 年 10 月 19 日	国家发展改革委、央行、财政部、银保监会、证监会、外管局	《关于进一步明确规范金融机构资产管理产品投资创业投资基金和政府出资产业投资基金有关事项的通知》
2020 年 3 月 20 日	证监会	《科创属性评价指引（试行）》
2020 年 6 月 12 日	证监会	《创业板首次公开发行股票注册管理办法（试行）》
2020 年 7 月 15 日	国务院	取消保险资金开展财务性股权投资行业限制

资料来源：融中母基金研究院。

从政策演进的方向可以看出，监管层对于私募股权投资市场持鼓励态度。特别是通过放宽多种退出路径，引导私募股权投资机构投早投小投科创，激发投资活跃度。同时，随着《资管新规》各细则出台，也对创投基金、政府引导基金的一些监管措施进行了豁免。不仅如此，面对日趋紧张的募资市场，监管层也打开了创投基金的募资通道，允许甚至鼓励保险资金、公募资管产品等长期资金进入私募股权投资市场。

二、私募投资基金规模

截至 2020 年 10 月底，已备案私募基金管理人数 24513 家，较 2019 年 10 月底增长 109 家，同比增长 0.45%；备案私募基金 92955 只，较 2019 年 10 月底增长 6860 只，同比增长 15.26%；管理基金规模 15.84 万亿元，较 2019 年 10 月底增加 1.49 万亿元，同比增长 15.70%。2018—2020 年我国私募基金各项指标如表 1-2 所示，尽管 2020 年维持了继续增长的态势，但备案基金管理人数增速较前值下滑明显。

表 1-2　2018—2020 年我国私募基金各项指标

项　　目	2018 年 10 月底	2019 年 10 月底	同 比 增 长	2020 年 10 月底	同 比 增 长
备案基金管理人（家）	24267	24404	0.56%	24513	0.45%
备案基金数量（只）	74979	80650	7.56%	92955	15.26%
管理基金规模（万亿元）	12.77	13.69	7.20%	15.84	15.70%

资料来源：中国证券投资基金业协会、融中母基金研究院。

对比私募证券投资基金，私募股权投资基金规模保持压倒性态势。截至 2020 年 10 月底，基金业协会已经登记私募证券类机构数量为 8868 家，占整体数量的 36.18%，而私募股权类机构数量则为 14976 家，占比 61.09%。在基金规模方面，私募证券投资基金的管理规模从 2019 年 10 月底的 2.47 万亿元上升到 2020 年 10 月底的 3.68 万亿元，增长 48.99%；私募股权基金的管理规模从 2019 年 10 月底的 8.53 万亿元上升到 2020 年 10 月底的 9.42 万亿元，增长 10.55%。从结构上来看，私募股权投资基金的管理规模已大幅超越了私募证券投资基金，前者是后者的 2.56 倍，可见私募股权投资基金已经成为资本市场重要的直接融资渠道。

私募股权和私募证券各项指标对比（截至 2020 年 10 月）如图 1-1 所示。

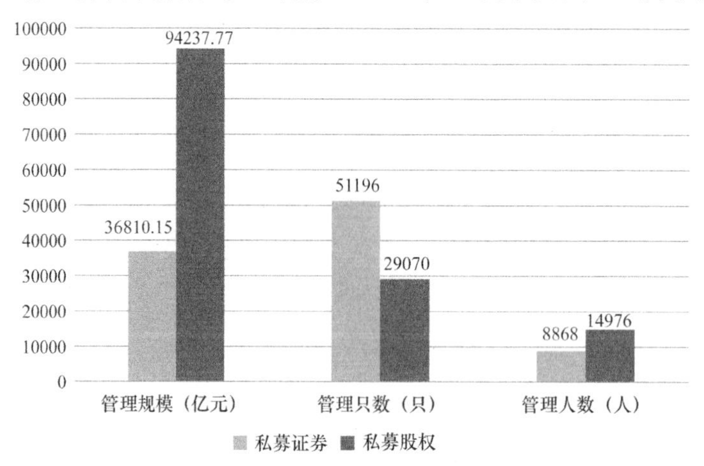

图 1-1　私募股权和私募证券各项指标对比

资料来源：中国证券投资基金业协会、融中母基金研究院。

展望未来，近年大量存量私募股权投资项目退出，难言乐观，收益无法兑现，存续期一再延后，私募股权发展到了需要打破瓶颈的阶段。而二级市场是私募股权主要的退出渠道之一，主要看点将落在二级市场改革上，创业板注册制落地、新三板精选层设立或将大幅改变私募股权基金退出难的格局。

三、私募股权投资基金管理人募资情况

1. 募资规模及募资数量均大幅下滑、行业头部效应加剧

2020 年，随着新冠疫情暴发、国际政治环境动荡，宏观经济下行压力明显加大；与此同

时，金融去杠杆、《资管新规》的影响也并未完全散去，科创板推出带来的利好也未能将资本市场的寒冰完全击退。内外部环境全面降温，使得在前两年就棘手的私募股权投资基金募资问题变得更加严峻。

据融中母基金研究院统计，2014 年至 2020 年上半年，中国私募股权投资市场募资规模于 2018 年达到峰值，随后开始下降。2020 年上半年，中国私募股权投资基金募资规模为 3125 亿元，募资个数为 196 只。2019 年上半年募资规模为 4928 亿元，募资个数为 519 只。2020 年上半年，募资规模和募资数量明显少于 2019 年同期。

尽管募资规模和募资数量下降，但单只基金平均募资规模却呈现上升趋势，平均募资规模为 15.94 亿元，较 2019 年的 10.13 亿元出现大幅增长。据统计，2020 年上半年，排名前十的基金募资规模占募资总量的 40%。这意味着私募股权募资市场头部效应越来越明显，市场资金正在向更少的机构流动。由于市场环境收紧，VC、PE 机构差异较大，机构募资两极分化加剧，即小机构募资异常艰难，而大机构的募资规模却在上升。在不确定性增加的情况下，LP 更加倾向于将资金交给知名的投资机构。

政策方面，2019 年年底，中国证券投资基金业协会出台《私募投资基金备案须知（2019 年版）》、《市场准入负面清单（2019 年版）》及多项私募基金备案措施，使得 2020 年监管趋严、行业规范化信号更加明显，整个私募股权行业门槛提高。

此外，2020 年 2 月，财政部发布了《关于加强政府投资基金管理 提高财政出资效益的通知》，强化了政府预算对于财政支出的约束，对于财政出资设立基金或注资需要严格审核并纳入年度预算管理。政府投资基金管理进一步加强，政府引导基金出资越来越严格，使得募资环境严峻，未来国资募资金额或会有下降趋势。

从投资者角度来看，随着资本市场重新洗牌，加上国际贸易摩擦、政治环境动荡，资本市场的不确定性也进一步加大。相较短期的二级市场投资，一级市场投资由于周期更长、金额需求更大，使得投资者对于股权投资更加谨慎。从机构角度分析，“大浪淘沙，留下的都是金子”，严格的市场环境也进一步加强了私募股权管理人自身优化，倒逼股权市场重构出清。优胜劣汰下，我国股权投资市场将面向更优质的管理人和含金量更高的项目。

2014 年至 2020 年上半年股权基金募资总额及案例数变动情况如图 1-2 所示。

2. 人民币基金占比呈压倒性态势

从基金资本类型来看，2015 年开始美元基金占比逐步缩小。延续 2019 年态势，2020 年上半年人民币基金仍占绝对优势。据统计，2020 年上半年人民币基金募资案例数量占比高达 90.78%，外币基金占比为 8.25%，中外合资基金占比仅为 0.49%。主要是因为 2015 年以来国家在外汇管控层面的日趋收紧使得机构资金本土化，再加上新冠疫情使得国际政治环境相对动荡，资本在各国之间的流动也更加谨慎，本土资本占比呈压倒性态势的现象在未来几年仍可能持续。

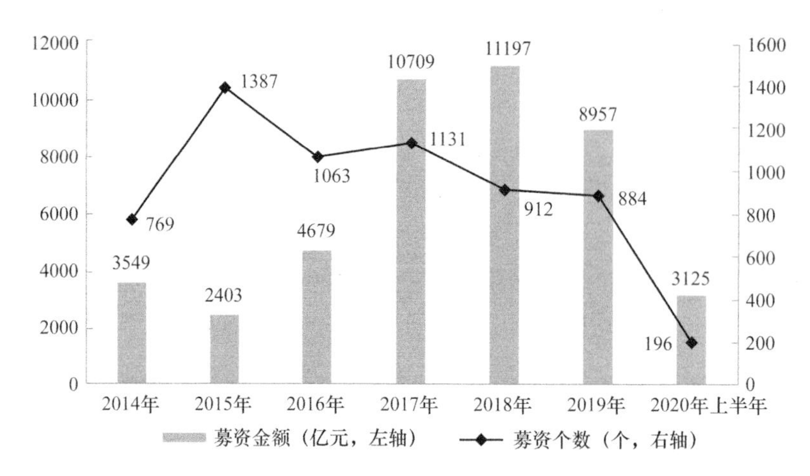

图 1-2　2014 年至 2020 年上半年股权基金募资总额及案例数变动情况

资料来源：Wind、融中母基金研究院。

2020 年上半年募资案例数分布情况（按资本类型）如图 1-3 所示。

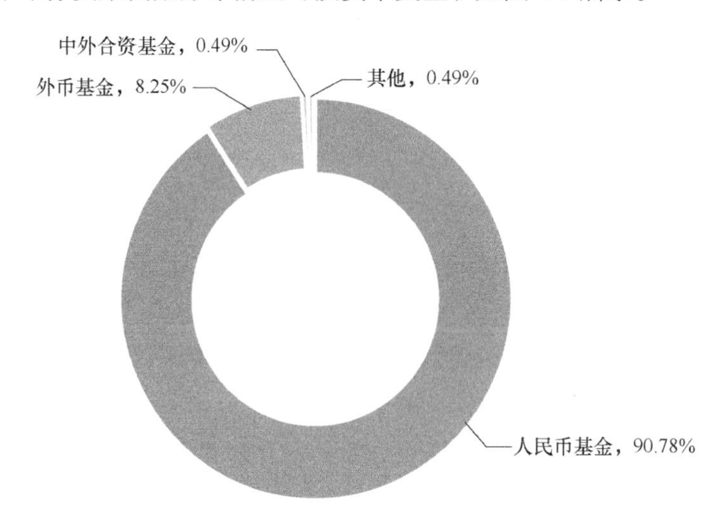

图 1-3　2020 年上半年募资案例数分布情况（按资本类型）

资料来源：Wind、融中母基金研究院。

四、私募股权投资基金管理人投资情况

1. 投资金额和投资案例数量双双下滑

相较募资市场，流动性收紧的现象同样也发生在投资市场上。

投资金额方面，2015 年至 2020 年上半年，私募股权投资金额在 2018 年之前呈现逐步上升态势，从 2015 年的 7469.81 亿元上升到 2018 年的 14621.69 亿元峰值后，在 2019 年大幅下滑至 7620.51 亿元。据 Wind 数据统计，2020 年上半年私募股权投资金额为 3254.09 亿元，同比下降 36.84%，环比下降 43.19%。

投资案例数方面，2015 年至 2020 年上半年，投资案例数量达到 2016 年的 18063 个峰值后开始逐步下跌。2020 年上半年投资案例数量为 1784 个，同比减少 54.77%。

2020 年上半年投资金额和投资案例数量双双下滑，而平均单笔投资金额却上升到 1.82 亿元，同比增幅 40.00%。

2019 年上半年与 2020 年上半年股权基金投资金额、投资案例数量、平均单笔投资金额对比如图 1-4 所示。

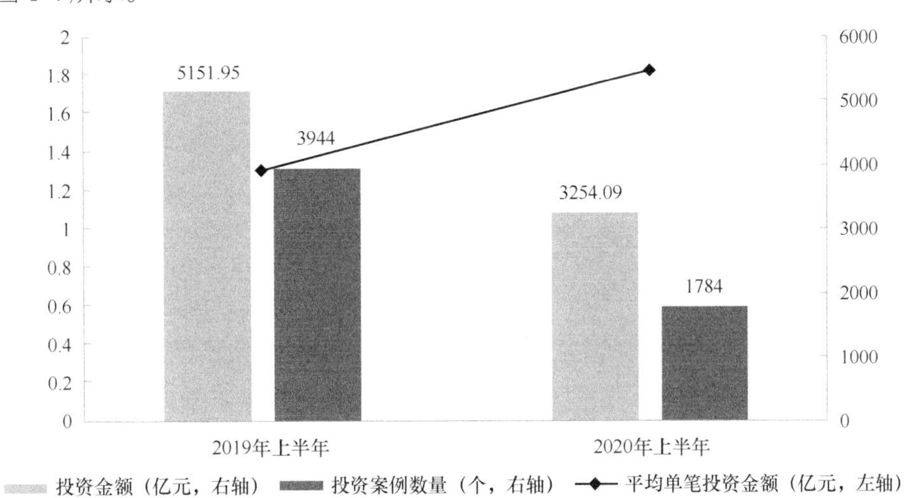

图 1-4　2019 年上半年与 2020 年上半年股权基金投资金额、投资案例数量、平均单笔投资金额对比

资料来源：Wind、融中母基金研究院。

2015 年至 2020 年上半年股权基金投资金额及投资案例数量变动情况如图 1-5 所示。

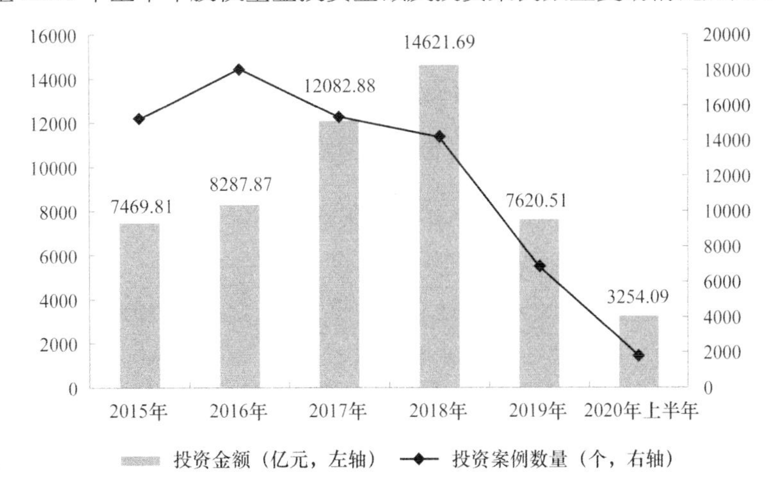

图 1-5　2015 年至 2020 年上半年股权基金投资金额及投资案例数量变动情况

资料来源：Wind、融中母基金研究院。

2015 年至 2020 年上半年股权基金投资金额、投资案例数量、平均单笔投资金额（季度数据）如图 1-6 所示。

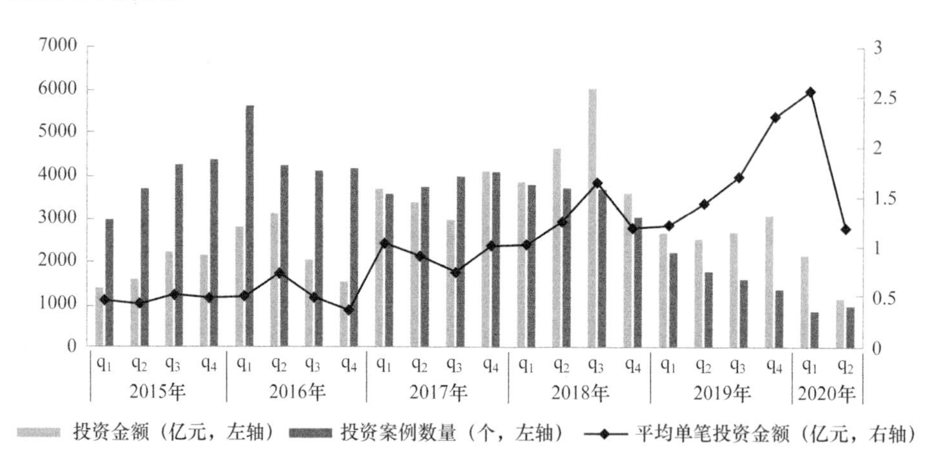

图 1-6　2015 年至 2020 年上半年股权基金投资金额、投资案例数量、平均单笔投资金额（季度数据）

资料来源：Wind、融中母基金研究院。

2018 年之前的市场盛况，一方面，是因为宏观经济快速发展，企业成长迅速，大量资本涌入股权投资领域；另一方面，"双创"概念提出也使一级市场直接融资需求骤增。而 2018 年之后，《资管新规》正式落地、一二级市场估值倒挂等现象使投资者回归理性。

2020 年上半年投资市场进一步收紧。主要是因为 2020 年资金收紧，募资困难，使得募得资金更加珍贵，机构对于自身的"干火药"投资更加谨慎，对于项目标的筛选更加细致严谨，故投资节奏明显放缓。其次，前几年资本市场洗牌并未完全结束，政府引导基金风险管控增强，机构投资审核更加严格。加上新冠疫情的影响，使得实体经济增长放缓，多数机构很难在这样的市场环境下逆流而上。而下半年大概率疫情仍会持续，全球经济环境不确定性较大，投资活跃度很难大幅提升，投资金额和投资案例数量一段时间内可能还会在低位游走。但随着企业估值整体下调，市场也暗藏众多潜在投资机会。

2. 从投资轮次来看，A 轮仍强势主导，投资阶段较上一年后移

从 2020 年上半年投资轮次来看，A 轮投资数量占比最大，为 28.05%；其次为 B 轮和 C 轮，分别占比 20.99%和 10.17%，如图 1-7 所示。

2020 年上半年投资轮次与 2019 年相比存在以下特征：首先，2019 年前三名为 A 轮、天使轮和 B 轮，而 2020 年上半年，却为 A 轮、B 轮和 C 轮；其次，天使轮占比由 2019 年 21%下降至 2020 年上半年的 7.55%，C 轮投资占比后来居上，由 6%增加至 10.17%。说明相较上一年，投资阶段后移趋势明显，意味着 2020 年上半年投资者偏向于更加成熟的项目，成熟项目吸引资本能力增强。

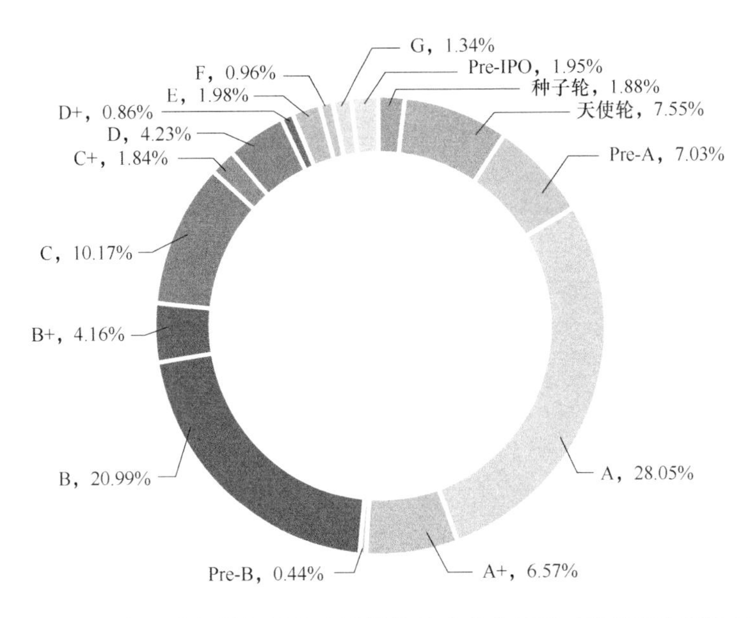

图 1-7　2020 年上半年股权投资市场投资轮次分布情况（按投资案例数量）

资料来源：IT 桔子、融中母基金研究院。

3. 从行业分布来看，医疗健康替代企业服务成为吸金最多的行业

从行业分布来看，2020 年上半年投资案例数量中，医疗健康和企业服务行业仍占前两名，如图 1-8 所示。与 2019 年有所不同，医疗健康替代了企业服务成为投资案例数量最多的行业，两者分别占比 18.00%、17.70%。投资金额方面，前两名为医疗健康和金融，占比分别为 17.27%、16.92%，如图 1-9 所示。

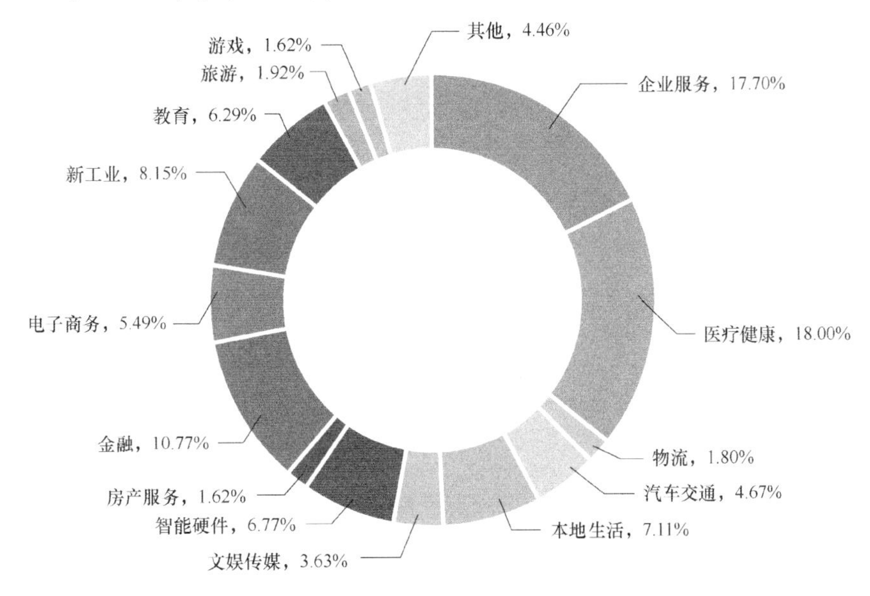

图 1-8　2020 年上半年股权投资所处行业分布（按投资案例数量）

资料来源：IT 桔子、融中母基金研究院。

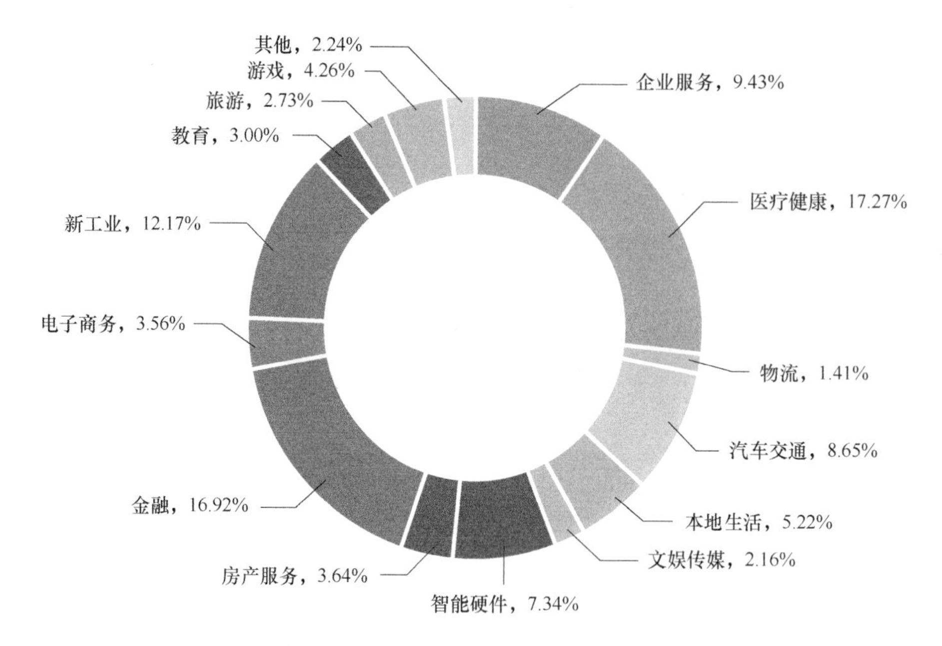

图 1-9 2020 年上半年股权投资所处行业分布（按投资金额）

资料来源：IT 桔子、融中母基金研究院。

医疗健康成为 2020 年上半年投资案例数量和投资金额最多的行业以及金融行业成为新晋吸金较多行业，这些现象或与新冠疫情暴发存在联系。

首先，浅析医疗健康行业，受人口结构变化和医改政策双重影响，我国医疗健康行业在近年迅速发展。根据 IT 桔子统计，2015—2019 年，中国医疗健康行业投资案例数量及投资金额大幅增长，投资案例数量在 2019 年达到 1638 个的峰值；投资金额峰值为 3782.26 亿元，出现在 2018 年。基于“健康中国”概念的推行和相关政策的推进，2019 年医疗健康行业投资热度进一步持续，投资金额高达 3578.70 亿元。医疗健康行业平均单笔投资金额呈现直线上升趋势，在 2020 年上半年达到峰值 3.09 亿元/个，是 2015 年（0.92 亿元/个）的 3.37 倍。

医疗健康行业的投资案例数量和投资金额无论在 2019 年还是 2020 年上半年皆占主导优势，主要有以下几个原因：

从长期来看，中国人口结构变化为医疗健康行业发展提供了有利的市场契机，人口老龄化趋势越来越明显。据预测，至 2035 年，中国老年人口（60 岁及以上）将达到 4.09 亿人，占全国总人口的 28.5%。在物质得到满足的同时，居民健康意识也不断增强，故对医疗健康的重视程度也逐步强化。

从消费层面来看，随着中国经济增长，人民生活水平不断提高，城乡居民收入增长较快，也增强了居民的医疗消费能力，作为典型的消费驱动型行业，收入因素对医疗健康行业影响较大。从 2010 年起，医疗健康支出占国内生产总值的比例逐年提高。根据 Statista 数据，2018 年中国医疗健康支出相当于中国 GDP 的 6.57%。

2008—2018 年中国医疗支出占 GDP 的比重如图 1-10 所示。

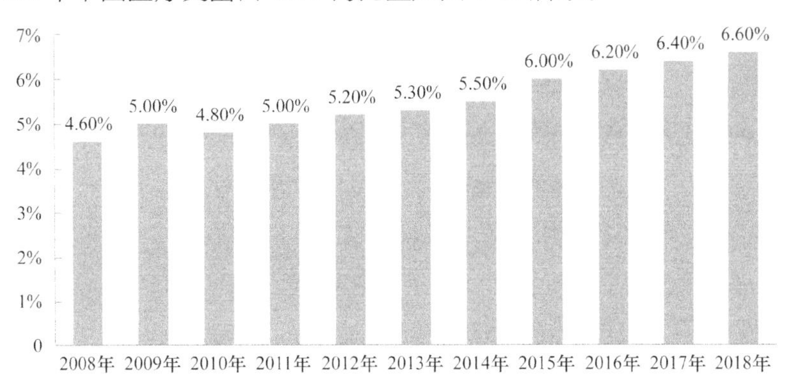

图 1-10　2008—2018 年中国医疗支出占 GDP 的比重

资料来源：Statista、融中母基金研究院。

此外，技术在医疗领域的进步也推动了医疗健康行业的发展。近年来，支撑医疗行业崛起的基础技术及产业配套已初步成熟，境外人才的回归又为中国医疗技术研发提供了强大的专业人才保障。更创新的医疗药物、更先进的医疗器械、更高效的医护流程都使得医学治疗更加精准化、高效化。医疗与科技相结合，带来了巨大的商业契机。

政策方面，2019 年国家发展改革委、工信部、财政部等多部委联合发布《促进健康产业高质量发展行动纲要（2019—2022 年）》，为行业发展提供了支撑。2020 年 2 月 14 日，习近平主席指出并强调了促进中国医疗健康行业发展的若干措施，其中包括优化医疗卫生资源、特定疾病医药费豁免制度及鼓励大数据、人工智能等技术在医疗行业的应用，都使医疗行业地位稳步上升。

从短期来看，新冠疫情暴发使得制药行业和中医药行业的许多企业对抗病毒药物需求增加，对各类防护设备和衣物等医疗物资的需求也骤增，各细分行业都得到了不同程度的发展，使得行业投资机会剧增。

在疫情笼罩下，展望医疗行业未来，宏观层面，病毒已在国内得到有效控制，预计会有更多资本被引导至疾病预防基建投资中，家庭医疗产品、设备成像和信息技术地位提升，相关投资机会进一步增加；微观层面，疫情影响下，人们健康观念强化，预防型药物产品的需求会进一步增大。

疫情影响下，也将推动科技在中国医疗健康行业中发挥更大作用。未来中国医疗市场将更多地利用数字医疗技术和解决方案，人工智能等现代科技将被更多地应用于医疗防控和检测。此外，随着新基建落实和 5G、物联网的到来，数字化医疗健康和在线医学等领域将出现更多的投资机会。

其次，企业服务行业也是受投资者青睐的行业之一。

在创投领域，企业服务行业投资案例数量从 2015 年开始呈现短暂爆发式增长。随着党的十九大“数字经济”“数字中国”战略的提出，行业投资数量和投资金额峰值分别出现在2017年和2018年（2053个，3872.34亿元）。2018年之后呈现下滑趋势，行业逐渐回归理性。2020年上半年，企业服务行业投资案例数量为580个，投资金额为997.57亿元。

2015年至2020年上半年期间，行业平均单笔投资金额呈现稳步上升趋势，在2019年达到最高值2.17亿元/个，是2015年（0.85亿元/个）的2.56倍。

2019年，我国企业服务行业出现了多笔大额融资事件，其中，由摩根士丹利、南山资本领投的腾龙数据融资规模达到260亿元，打破了IDC（Internet Data Center，即互联网数据中心）行业最高融资纪录。2019年各大互联网公司也在该领域频繁出手，2019年阿里巴巴在中国企业服务领域共投资7个项目，联合投资金额约1.35亿元。结合腾讯云和企业微信两大业务，2019年腾讯在中国企业服务领域共投资16个项目，联合投资金额高达60.21亿元。另外，2019年京东、字节跳动、蚂蚁金服等都在企业服务行业有过投资。

企业服务指的是为了降低企业运营成本，提高企业运作效率，运用技术为企业客户提供一系列的产品和服务。以SaaS和云服务为例。目前，我国SaaS市场处于高速发展阶段。IDC数据显示，2018年我国SaaS市场规模达到232.1亿元，同比增长37.6%，预计2021年中国SaaS市场规模有望突破323亿元。根据相关数据，2018年中国云计算行业市场规模达到900亿元，2019年突破千亿元；预计2021年市场规模将增长至1858亿元左右。2013—2020年国内SaaS市场规模及增长情况如图1-11所示。快速发展的SaaS和云服务市场使得企业服务行业投资机会不断增多，在《2019全球独角兽企业500强发展报告》中，企业服务行业有108家独角兽企业，是12个大行业中出现独角兽最多的行业。

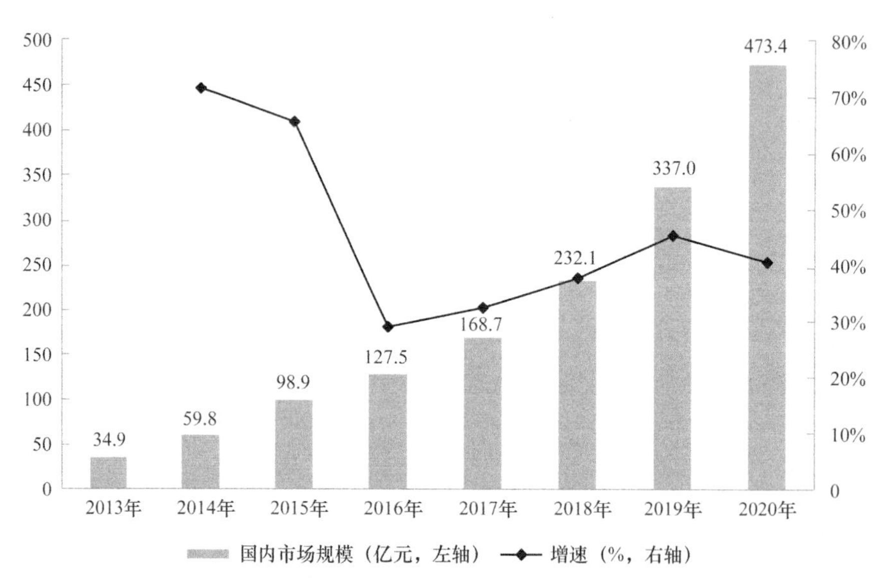

图1-11　2013—2020年国内SaaS市场规模及增长情况

资料来源：艾瑞咨询、融中母基金研究院。

从长期来看，企业服务行业的快速发展得益于万物互联和数字化转型。目前，在宏观经济整体下行背景下，企业的生存逻辑应该向高效运营转变。企业服务商正是帮助企业提升整个运营管理效益的角色，企业服务信息化产品为企业提高效率、降低成本、优化产能提供了解决方案。因此，企业服务市场蕴藏着巨大发展潜力。

从短期来看，新冠疫情暴发使得企业有了“业务在线化”的危机意识，更多企业对灵活用工、高效用工开始更加关注，疫情使得企业的价值诉求更加偏向于技术转型，有些企业甚至会采购专业的服务来替代低效的内部部门。

随着新基建投资加速和大数据时代的全面到来，目前企业服务行业正向着“AI+大数据赋能”的智能化方向发展，并呈现以下发展趋势：

从需求端来看，我国企业信息化程度较低，尤其是中小企业信息化程度在 10%左右。但随着互联网不断普及，未来中小企业对公有云服务的需求明显扩大。云将成为企业数据存储的最佳场所，未来会有更多企业接受云端存储模式。但由于云计算、大数据、物联网等新技术的应用，企业网络安全风险问题也浮出水面，并会在未来更加严峻。故信息安全在企业中的战略地位也会进一步提升，企业需要新的网络安全技术、产品和服务进行防护。因此，从需求来看，网络安全产业在未来也有很大发展空间。

从供给端来看，人工智能技术开始在企业服务领域普及，虽然目前还处于早期阶段，但与日俱增的发展速度使得 AI 应用的深度和广度逐步扩大。另外，受中国企业整体信息化水平和信息化素养所限，以及二元化结构（城乡企业二元化、国企私企二元化），在企业服务领域，中国企业与美国企业体量仍有较大差距。所以，传统企业服务商数字化转型意义重大，转型速度会进一步加快。

在股权投资领域，资本市场将对企业服务行业进一步看好，企业服务领域吸引力在近年会继续保持，并吸引更加优质的资本。

此外，疫情下金融行业表现强劲，2020 年上半年投资金额为 1790.67 亿元，占比高达 16.92%。1 月份投资金额达到 1076.91 亿元，之后 2 月份就开始大幅回落，2 月份投资金额仅为 170.06 亿元。在金融细分行业中，支付和金融综合服务投资金额占比较高，这和疫情暴发或有很大关系。

2020 年上半年在疫情冲击下，用户流量开始逐渐有意识地往线上迁移，金融科技优势慢慢凸显，金融行业数字化趋势也越来越明显。虽然疫情影响力逐渐减退，但随着大数据和 AI 的普及，金融各细分行业如金融服务、消费金融、金融科技等行业都会注重数字化客户获取和用户经营。此外，金融行业和医疗健康行业结合也将成为趋势，如传统商业保险机构能够融合进医疗健康产业，为医疗金融带来产业迭代和创新。2020 年上半年金融行业投资金额和投资案例数量如图 1-12 所示。

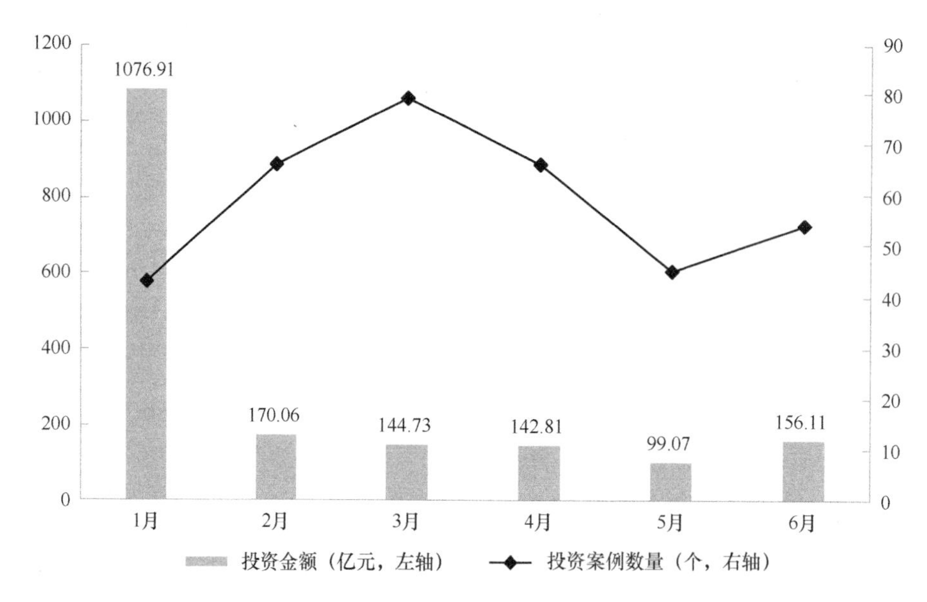

图 1-12　2020 年上半年金融行业投资金额和投资案例数量

资料来源：IT 桔子、融中母基金研究院。

五、私募股权投资基金管理人退出情况

1. IPO 提速，上市公司数量及募资金额上涨

经历了 2018 年 IPO 收紧和 2019 年 IPO 提速以后，在疫情及经济下行压力下，企业申请 IPO 的热情却并未减弱。2020 年上半年， IPO 上市企业为 165 家，其中包括科创板 46 家，占总数将近三成。相较 2019 年上半年的 66 家，2020 年上半年的上市企业已经超过了上年同期。2020 年上半年首发募集资金 1392.74 亿元，为 2019 年上半年的 1.31 倍。

科创板推出和注册制加速了 IPO 的速度，给科技创新企业提供了更多退出渠道。6 月 12 日，证监会发布了《创业板首次公开发行股票注册管理办法（试行）》《创业板上市公司证券发行注册管理办法（试行）》《创业板上市公司持续监管办法（试行）》《证券发行上市保荐业务管理办法》。与此同时，证监会、深交所、中国结算、证券业协会等发布了共计 8 项主要业务规则及 18 项配套细则、指引和通知，股权投资退出渠道多元化。

2014 年至 2020 年上半年 IPO 实际募资金额及上市公司数量变动情况如图 1-13 所示。

2. 并购市场寒冬加剧

据 Wind 统计，2020 年上半年并购金额和并购数量均大幅下滑。并购金额为 8087.37 亿元，同比下降 42.93%，环比下降 42.62%。并购数量为 4417 个，同比下降 22.49%，环比下降 42.93%。2020 年上半年并购规模大幅下降，一方面，是因为 IPO 条件相对宽松，使得基金退出渠道更加多元化，更多企业会转向 IPO 融资，从而减少了对被并购的需求；另一方

面，买方对并购交易及标的担忧，加上募资和投资市场萧条，买方对于大额并购采取了更加谨慎的态度。此外，宏观环境导致市场不确定因素增加，即便是基本面优秀的公司也会对扩张非常谨慎。

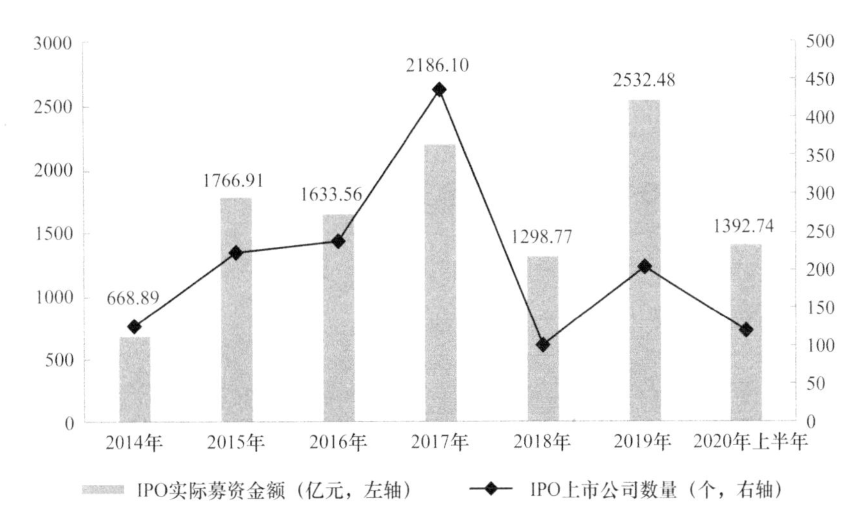

图 1-13　2014 年至 2020 年上半年 IPO 实际募资金额及上市公司数量变动情况

资料来源：Wind、融中母基金研究院。

2020 年下半年，疫情带来的消极影响还在持续，中国经济依然明显承压，线下实体经济不景气导致很多企业濒临破产，许多企业有被并购延续“生命”的客观需求。在此基础上，并购市场出现回温也并非不可能。新工业革命的出现，使得企业更加注重全产业链运营的商业模式，故上下游整合将成为企业未来发展的倾向，并购数量也会因此增加。

2014 年至 2020 年上半年股权并购金额及并购数量如图 1-14 所示。

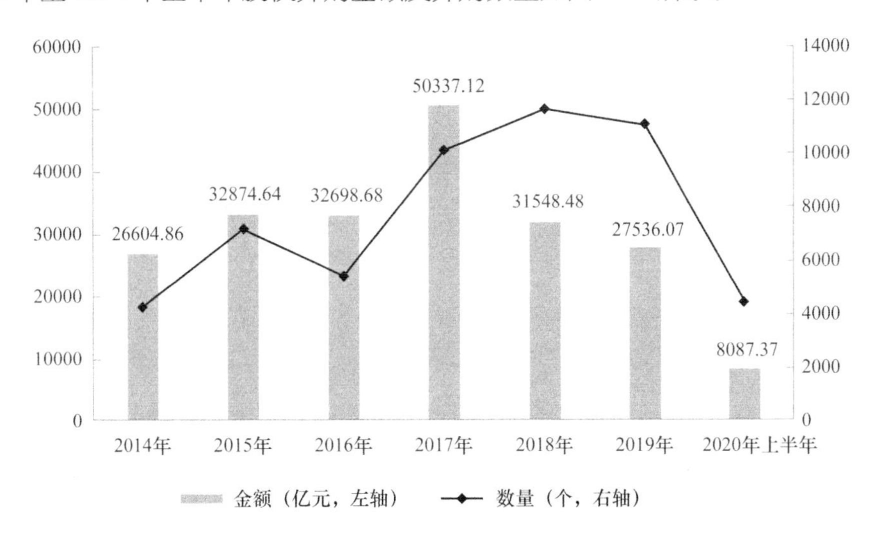

图 1-14　2014 年至 2020 年上半年股权并购金额及并购数量

资料来源：Wind、融中母基金研究院。

综合来看，受新冠疫情影响，2020 年上半年经济整体疲软。随着“两会”召开和复工复产有序推进，经济复苏情况逐渐好转。下半年，地方政府专项债、抗疫特别国债以及地方政府融资平台新增债券全面发行到位，将会进一步拉动消费和投资。新基建的稳步推进，有望带动 5G、物联网、人工智能、工业互联网等领域的投资。科创板、创业板注册制改革，拓宽了企业的退出渠道，或将对募投带来积极影响，促进国内私募股权进一步发展。

第四节 国内母基金的主要形式

一、政府引导基金

政府引导基金是我国特有的母基金形式，也是国内私募股权母基金的先行者和主要力量。根据财政部 2015 年 11 月印发的《政府投资基金暂行管理办法》，其对于政府投资基金的定义为：由各级政府通过预算安排，以单独出资或与社会资本共同出资设立，采用股权投资等市场化方式，引导社会各类资本投资经济社会发展的重点领域和薄弱环节，支持相关产业和领域发展的资金。

2018 年，《资产新规》正式落地，市场在“去通道”“去嵌套”“禁止期限错配”等各类禁令下迎来“资本寒冬”，引导基金出资人也因为监管原因而难以继续出资。2019 年 10 月 19 日，国家发展改革委、中国人民银行等六部委发布了《关于进一步明确规范金融机构资产管理产品投资创业投资基金和政府出资产业投资基金有关事项的通知》，明确了创业投资基金和政府出资产业投资基金的定义，并提出这两类基金不再受《资管新规》中多层嵌套的限制。这使得政府引导基金形式更加多样，操作更加灵活。

截至 2020 年 11 月，国内共设立 2141 只政府引导基金，基金目标规模总额为 10.98 万亿元人民币，已到位资金规模超 2.35 万亿元人民币。与市场化的母基金不同，各地政府引导基金不仅需要发挥“引导”的作用、促进当地产业转型升级和产业集聚，而且会或直接或间接地参与到创业企业的投资中来。2009—2020 年中国政府引导基金设立情况如图 1-15 所示。

政府引导基金的本质是通过财政资金的杠杆作用撬动社会资本共同完成对某特定地区企业或某特定产业的上下游企业的扶持。政府引导基金资金来源包括财政预算内投资、中央和地方各类专项建设基金及其他财政性资金；同时，社会资本也积极参与引导基金的募集，其中包括上市公司、国有企业以及各类金融机构。

随着政府资金进入私募股权市场，政府引导基金在带动产业发展、促进形成创新型经济、优化产业结构等方面发挥了积极的作用。

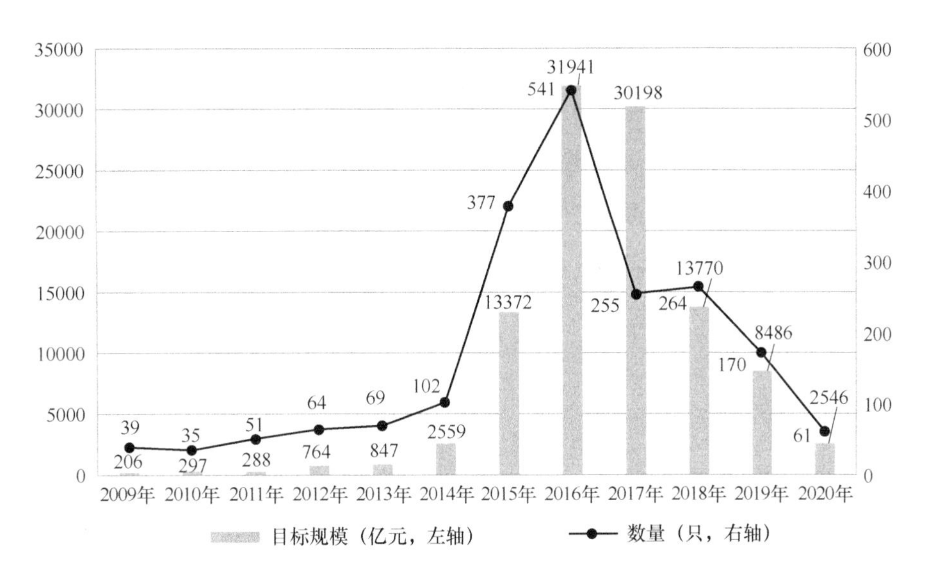

图 1-15　2009—2020 年中国政府引导基金设立情况

资料来源：Wind、融中母基金研究院。

政府引导基金对实体经济的支持作用不言而喻。在 2014 年李克强总理提出“大众创业、万众创新”以来，各地政府引导基金如雨后春笋般出现了，如湖北长江经济带产业基金等，对促进当地经济发展、引领产业结构调整起到了非常重大的作用。深圳的引导基金是从 1999 年开始的，当时政府为了促进当地的经济优化升级和转型来做引导基金。这 20 年深创投做了很多事情，并且坚持按市场化原则来运行。深圳政府引导基金现在完成了 158 只基金的评审，实际设立的是 112 只基金。引导基金现在总规模是 4460 亿元，实际出资已经达到 530 亿元。效果也非常明显。现在实际投到实体经济里面已经超过了 1000 亿元，有超过 1500 个项目，对深圳当地经济的支撑作用非常显著。

二、市场化母基金

市场化母基金，通常是指没有政府参与的民间母基金，主要由国有企业参与设立的母基金和本土民营资本市场化母基金组成。我国的市场化母基金起步于 2006 年，根据基金业协会数据，现存续母基金产品 2441 只，总募资规模达到 3312.17 亿元。各类母基金管理人已经成为很多基金管理人的主要募资渠道。

国内市场化母基金的 LP 主要包括国有企业，保险、银行等金融机构，上市公司、民营企业、高净值个人等民营资本。其特征包括市场化资金募集、无返投比例要求、无投资地域限制、无产业引导诉求、多样化资产配置以及专业化团队管理等。

从募集完成数量看，2015 年母基金开始进入了高速发展的时期。2015 年共完成募集母基金 182 只，较 2014 年增长 243.40%。2017 年共完成募集母基金 523 只，是近年来单年募集完成母基金数量最多的一年。进入 2018 年，整体市场趋冷，也直接影响到了母基金的募集情况。2018 年母基金仅募集完成 288 只，较 2017 年减少 44.93%。2019 年市场化母基金募集完成数量为 233 只，较 2018 年减少 19.10%。2020 年，市场化母基金募集数量只有 173 只，较 2019 年减少 25.75%。2009—2020 年市场化母基金新增基金数量如图 1-16 所示。

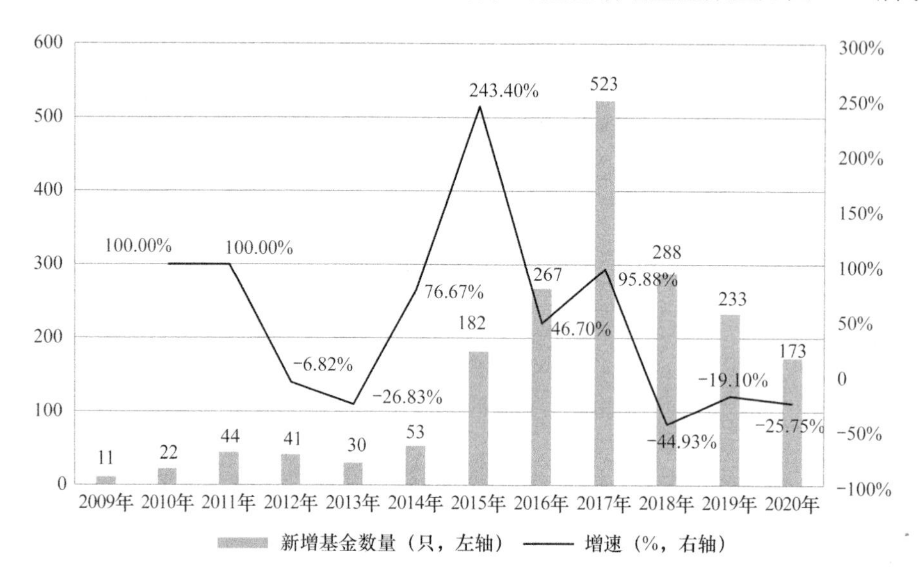

图 1-16　2009—2020 年市场化母基金新增基金数量

资料来源：融中母基金研究院。

根据市场化母基金管理人的类型不同，其资金来源也存在着巨大差异。市场上主要母基金管理人大致分为三类：第一类是国有企业和国有资本参与设立的母基金管理人，如苏州元禾、亦庄国投、成都银科等。该类型母基金管理人的主要募资渠道来自政府引导基金、国有企业、上市公司等。第二类是通过市场化募资的专业母基金管理人，如盛景嘉成母基金。该类型母基金管理人的募资途径与一般基金管理人类似，主要通过各企业、金融机构、高净值个人进行募资。第三类母基金管理人为第三方财富管理公司发起设立的母基金管理人，如歌斐资产、宜信母基金、大唐元一母基金等。该类型母基金管理人掌握了大部分高净值个人客户的资源，通过母基金的形式为客户提供资产配置服务。在市场环境不好的情况下，机构出资锐减，而高净值个人投资者则成了股权母基金市场上较为稳定的资金来源。

第二章

母基金设立与募资

第一节 母基金设立规划重点

母基金在设立环节的规划重点包括：明确基金目标，制订出资方案，设计基金架构和基金条款，最后完成基金管理人登记和基金备案。

一、母基金设立规划

目前国内私募股权市场上的母基金类型主要有三大类型：政府引导基金、国有资本参与设立的母基金、民营资本主导的母基金。后两类合称为市场化母基金。

政府引导基金的首要目标是发挥财政资金杠杆放大效应、带动当地产业发展等政策性目标，一般投资于早期阶段的创新创业企业（尤其是科技型企业）、未上市的中小企业、符合国家战略性新兴产业规划的企业和亟待转型升级的传统企业，主要目标是促进产业发展，同时达到为政府基金保值增值的目的。

市场化母基金的设立一般以吸纳社会资本、平衡资本收益与风险、壮大与培育创业投资机构及项目为主要目标，以盈利为最主要的目的。

除了对母基金整体设立目标需要有明确的方向以外，在母基金的设立规划中最重要的就是厘清母基金运营机制中的相关问题。在母基金运营机制的设计中，应考虑包括募资机制、投资决策机制、投后管理机制、信息披露机制、风险控制机制、财务管理机制、收益分配及子基金管理人激励机制在内的诸多机制设计。

其中，投资决策机制和风险控制机制的设计是基金运营机制中比较重要的两部分。投资决策机制一般包括子基金遴选、尽职调查、投资决策委员会等方面，在子基金遴选和尽职调查方面，需要重点考虑子基金的投资方向与母基金设立目标是否相符合，投资团队的专业背景及产业政府资源，子基金投资策略是否与母基金投资领域方向相符、是否与母基金的风险偏好相一致，子基金储备项目是否充足，存在哪些投资风险。投资决策委员会方面，需要考虑投资决策委员会的具体组成，是否需要引入外部产业专家和行业专家，是否由管理公司自主决策或引入上级主管部门或母公司相关负责人等。风险控制机制需要明确风险控制责任人。风险控制负责人作为风险防控的第一责任人应具有一定时间的与风险控制相关的从业经验，同时风险控制团队需要配置财务、法务等方面人员。

二、母基金募资方案

母基金因扮演有限合伙人（LP）和普通合伙人（GP）双重角色，故母基金的设立包含募资与出资两个环节。在募资环节，需要明确出资人类型、出资人结构等；在出资环节，需要明确母基金对子基金的出资要求，包括出资比例、出资进度、出资地域限制等。

1. 政府引导基金募资方案

（1）财政资金单独出资

政府引导基金的出资人一般为各级政府的财政资金，这种募资结构的优势在于资金来源完全由政府财政预算出资解决，简单快捷、难度较低，无须考虑外部募资所面临的“募资难”问题；但同时这种单一的募资结构会给政府引导基金带来一些局限，例如对于一些财政资金不够充裕的地方政府来说，引导基金规模较小，其对社会资本的吸引力及杠杆放大效应会下降，进而导致引导基金对当地产业效益的带动作用不明显，政策目标无法实现。

（2）“财政+社会”资金合作出资

部分政府引导基金也会通过市场化募资方式，联合当地或头部机构吸收国有资本、金融机构或民营资本的资金共同组建政府引导基金。例如，国家集成电路产业投资基金二期的出资人除了财政部，还包括国开金融、武汉光谷金控、中国烟草总公司、亦庄国投、中移资本、黄埔投资、中国电信等社会资本。

这种募资结构会从母基金层面便开始发挥杠杆效应，扩大政府引导基金的规模，同时也可拓宽子基金设立环节的资源渠道，从而更加有效地发挥政府引导基金的“引导”作用，帮助当地政府实现招商引资等目标，最终实现推动当地产业蓬勃发展的一系列政策目标。

但这种募资结构存在一定的难度，首先政府与社会资本的风险特征及诉求存在差异，政府需要寻找与当地产业发展方向相匹配且能够承担高风险的长期社会资本，这本身就对一些社会资源不够丰富的政府提出了挑战。如果当地产业结构与社会资本的战略导向不匹配，那么政府引导基金很难募到这部分资金，即便引导基金成立，后续出资的稳定性也会存在较大不确定性。

（3）“国家-省-市”三级联动

近年来，很多政府引导基金采取省市联动募资方式，打破各自为伍的现状，将资金规模较小的市区级财政资金集中起来，共同设立一只较大规模的政府引导基金，提高财政资金的使用效率，以增强社会资本吸引力，使杠杆效应更加显著。如山西省首只国家-省-市三级联动基金。

2. 市场化母基金募资方案

与政府引导基金不同，市场化母基金属于纯市场化募资，一般无返投比例要求、无投资地域限制、无产业引导等诉求。目前国内大多数市场化母基金以国有资本为主要出资人，即国有资本参与的母基金；除此之外，还有一小部分以民营资本或高净值个人参与设立的母基金，如宜信财富和歌斐资产设立的母基金。

三、母基金组织架构

1. 政府引导基金架构

引导基金多数是以设立基金方式进行投资运作，较少对具体项目开展直接投资，其架构设计一般分为两种：二层架构和三层架构。二层架构即引导基金（母基金）–子基金；三层架构即引导基金–母基金–子基金。

（1）母–子二层架构

大多数政府引导基金设立时采用的都是二层架构，即政府引导基金本身为母基金，下设多只子基金。如深圳天使母基金主要通过投资各类子基金，发挥市场资源配置作用和财政资金引导放大作用，引导社会资本投向天使类项目。引导基金可直接出资设立或增资参股子基金，子基金类型包括产业类、创投类、基础设施类以及项目型基金。

二层架构是一种较为简单的架构，可操作性强，但杠杆效应会受到一定限制。在实际操作中，政府引导基金的设立大多采用二层架构。

（2）引导基金–母基金–子基金三层架构

三层架构（即引导基金–母基金–子基金）即以这种方式设立政府引导基金，下设多只母基金，形成母基金群，各母基金再下设子基金群，形成双层叠加的资金杠杆放大效应，以达到撬动更多社会资本的目的。这种架构形式能够充分发挥财政资金撬动引导作用，提高财政资金的使用效率。如湖北省长江经济带产业基金，是由湖北省财政出资 400 亿元发起设立，由引导基金募集社会资金，发起多只母基金，其总规模为 2000 亿元左右，共同构成湖北省长江经济带产业基金。母基金再通过发起子基金或以直接投资的方式实现对外投资，力争放大到 4000 亿元，最终带动约 1 万亿元的社会投资投向实体经济，撬动杠杆高达 10 倍；又例如天津市海河产业基金，也是采用三层架构，由天津市财政出资 200 亿元设立引导基金，通过母基金、子基金三层架构，撬动社会资本 5000 亿元，推动京津冀一体化发展，将财政资金放大倍数达到 5 倍。

这种三层架构能够最大限度地挖掘头部 GP 自身的社会资源，发挥合作母基金管理人在市场化基金运作方面的管理能力、资源协调能力，弥补政府引导基金在市场化运作中存在的专业性不强、干预过多等弊端；但同时另一方面，三层架构需要依靠当地政府能够与头部

GP 形成良好的合作，这样才能有效促进母基金层面的专业资源、社会资源顺利下沉到子基金层面。目前市场上资金都在向头部 GP 聚拢，且真正的母基金管理人数量较少，政府如何依靠资金以外的资源优势去吸引头部机构参与当地创新创业、产业转型升级等是政府引导基金面临的首要问题。

2. 市场化母基金架构

市场化母基金一般以二层架构为主，即出资人与母基金管理人合作设立一只市场化母基金，母基金下设各类型资产，包括 VC、PE、并购、S 基金和股权、债权直投项目，如图 2-1 所示。

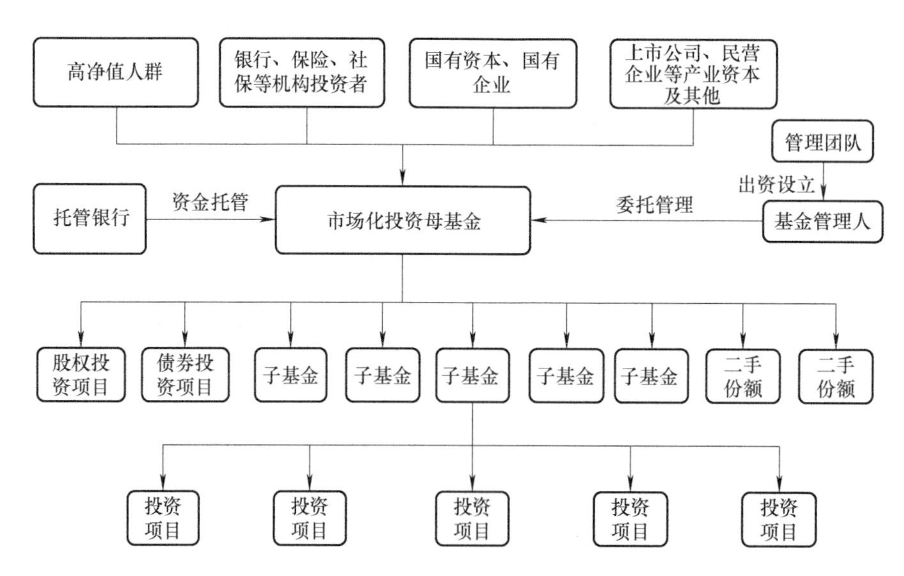

图 2-1　中国市场化母基金主要运作框架

资料来源：融中母基金研究院。

四、母基金条款

1. 母基金基本条款

无论是政府引导基金还是市场化母基金，在基金条款设计环节，均包括表 2-1 中的基本条款。

表 2-1　母基金设计基本条款

序　号	母基金设计基本条款	备　注
1	基金名称	
2	基金组织形式	基金组织形式包括有限合伙制、公司制、契约制
3	基金规模	
4	基金存续期	包括投资期、退出期、延长期

（续）

序　号	母基金设计基本条款	备　注
5	基金出资安排	包括出资进度、出资期限及其他特殊限制要求
6	基金管理人	根据发起人不同，选择不同的方法确定：管理人发起（管理人自己管理），社会出资人发起（事先约定），政府部门发起（根据办法规定公开招标等），如引导基金要求必须通过公开招标的方式确定其基金管理人
7	托管银行	
8	会计/律师事务所	
9	注册地	根据母基金类型不同有不同要求，如政府引导基金一般要求母基金在当地注册

资料来源：融中母基金研究院。

其中，基金组织形式包括有限合伙制、公司制、契约制。目前绝大多数政府引导基金的组织形式为有限合伙制，即政府引导基金作为有限合伙人 LP 与基金管理人或其关联方合作设立有限合伙企业形式的政府引导基金，其日常经营活动受《中华人民共和国合伙企业法》（简称《合伙企业法》）约束；部分政府引导基金为公司制，即政府将财政资金作为企业资本金注入，如深圳市天使投资引导基金有限公司、国家集成电路产业投资基金股份有限公司、国家中小企业发展基金有限公司等。财政资金通过政府出资主体成为运营平台股东，并且由运营平台的管理层负责管理运营政府引导基金，其日常经营活动受《公司法》约束；极少数引导基金采用契约制设立，即完全委托给社会化的基金管理机构负责管理运营，其日常经营活动受《证券投资基金法》约束。市场化母基金的组织形式与政府引导基金大体相似。

相比较而言，公司制管理相对健全，但劣势在于双重收税，即企业所得税和个人所得税；有限合伙制属于非法人经济实体，有限合伙人以其认缴的出资额为限对合伙企业债务承担责任，普通合伙人对合伙企业的债务承担无限连带责任，不存在双重收税的问题；契约制私募基金并不具备法人资格，属于代理投资制度的范畴，投资者作为基金的委托人和受益人，通常不参与基金的运作管理，全权委托给基金管理人。

政府引导基金的存续期一般为 5～7 年，市场化母基金的存续期可较长，大多在 5～10 年甚至 10～15 年。

政府引导基金的管理人一般分为五大类：

1）成立独立的事业法人主体作为基金的管理机构。如深圳市创业投资引导基金的管理机构为深圳市创业投资引导基金管理委员会办公室。

2）委托地方国有资产经营公司或政府投资平台公司负责引导基金的管理运作。

3）委托地方国有创投企业负责引导基金的管理运作。

4）成立引导基金管理公司或者由公司制引导基金自行管理。

5）委托外部专业管理机构负责引导基金管理。相比之下，市场化母基金的管理人则以市场化的基金管理机构为主，多为规模大、资源丰富的头部机构。

政府引导基金一般要求子基金在当地进行注册，市场化母基金则无严格的注册地要求。

2．母基金核心条款

母基金的核心条款包括以下几点：

1）投资决策委员会设置。

2）基金管理费（各存续期间的管理费收取标准、收取方式及对子基金管理人的管理费支付标准、支付方式）。

3）利益分配（包括收益分配原则、分配顺序、政府引导基金的让利政策）。

4）母基金资产配置、退出策略（包括子基金存续期比母基金存续期长等问题的制度处理）。

5）风险控制及退出、与子基金或直投项目的业绩对赌、回购条款等保护性条款（如有）。

第二节　基金双 GP 模式

近几年，我国私募股权投资基金发展迅速。作为私募股权融资的主流组织形式，有限合伙制私募股权基金也得到广泛的应用和发展，在发展过程中，LP、GP、上市公司、产业集团、政府基金等多方力量不断竞合博弈，驱动双 GP 模式诞生。双 GP 模式是有限合伙制私募基金治理形式发展到一定阶段的产物，是 LP 与 GP 在“利益诉求最大化”和“管理决策控制权”上博弈与较量的结果，是 GP 与 GP 寻求合力、互助发展的创新模式，也是产业资本时代私募股权投资基金与产业资本深度结合、融合发展的探索之举。

一、双 GP 模式的概念

双 GP 模式反映了有限合伙制私募基金的治理形式，是 LP 与 GP、GP 与 GP 在责权利上竞合博弈的结果。

我国私募股权投资基金从 1986 年诞生到现在，已经有 30 多年的发展历史。其组织形式包括公司制、契约制和有限合伙制三种，其中有限合伙制私募以其设立程序简便、运作机制高效、利益分配灵活、税收成本优惠等突出优势，成为我国私募股权投资基金的主要形式。2007 年《合伙企业法》的颁布，为有限合伙制私募基金的发展提供了坚实的法律支撑，促进了有限合伙制私募基金的迅速发展。

有限合伙制私募基金由 GP 和 LP 组成，GP 负责全部投资决策，对合伙企业债务承担无限连带责任；LP 分享合伙收益，以其认缴的出资额为限对合伙企业债务承担有限责任，同时享有监督权、管理建议权、财务知悉权等，但不参与公司管理。《合伙企业法》规定，有限合伙企业至少有一个普通合伙人。有限合伙制传统典型的架构，即由一名 GP 和若干名 LP 组成。随着私募股权市场的蓬勃发展，各式基金构造创新不断，以两名 GP 加上若干名 LP 构成的双 GP 模式悄然兴起，这两名 GP 中至少有一名同时担任基金的管理人。

以双 GP 的构成主体为依据，结合基金持牌情况，双 GP 模式架构可以分为以下四种形式：

第一种：两名 GP 与管理人都为同一主体，即每名 GP 同时担任基金的管理人、执行事务合伙人，都具备私募基金管理人资格，如图 2-2 所示。（注：该双管理人模式现在已经无法在基金业协会备案）

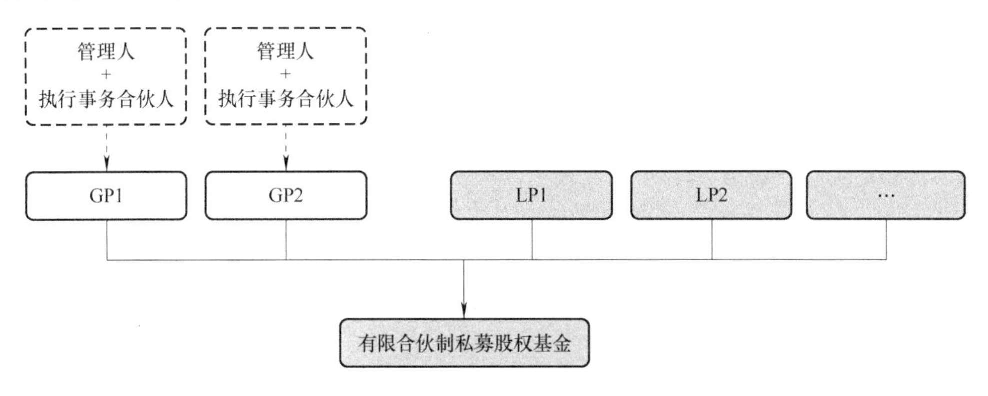

图 2-2　双 GP 模式示例 1

资料来源：融中母基金研究院。

第二种：一名 GP 与管理人为同一主体，另外一名只担任基金管理人，两名 GP 都具备私募基金管理人资格，如图 2-3 所示。（注：该双管理人模式现在已经无法在基金业协会备案）

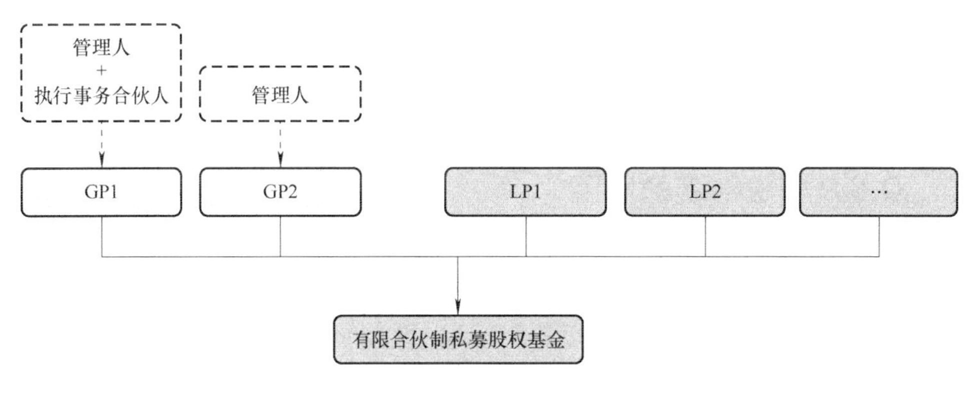

图 2-3　双 GP 模式示例 2

资料来源：融中母基金研究院。

第三种：一名 GP 与管理人为同一主体，具备私募基金管理人资格；另一名 GP 担任执行事务合伙人，不具备私募基金管理人资格，如图 2-4 所示。

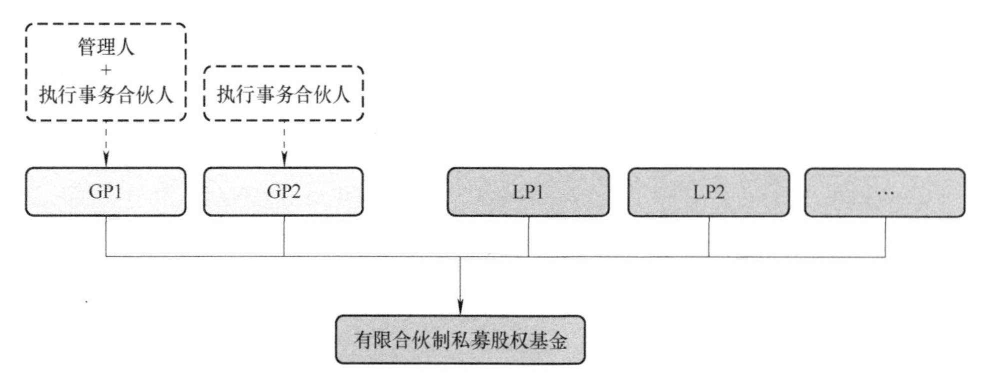

图 2-4　双 GP 模式示例 3

第四种：一名 GP 担任基金管理人，具备私募基金管理人资格；另一名 GP 担任执行事务合伙人，不具备私募基金管理人资格，如图 2-5 所示。

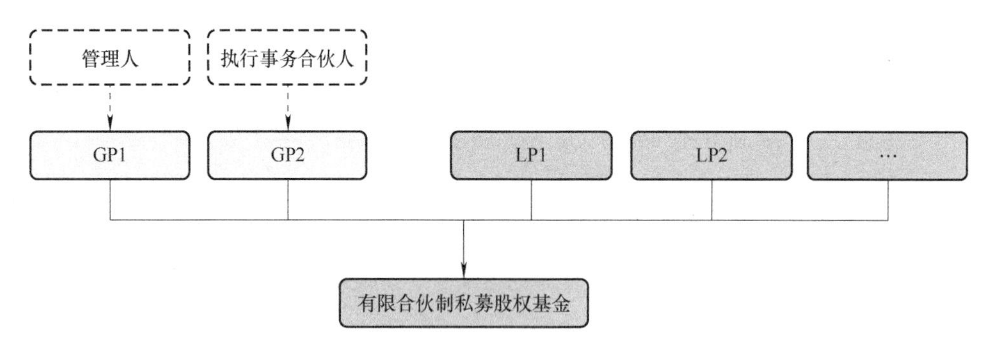

图 2-5　双 GP 模式示例 4

从双 GP 与单 GP 的异同上来看，双 GP 与单 GP 在整个有限合伙层面基本一致，私募基金的控制权仍然在 GP 手上，差异主要在于双 GP 模式中的两名 GP 的责权利划分及管理机制的运作上。在双 GP 模式下，两名 GP 一般为合作关系，只是内部分工不同。一般在合伙协议条款中，会对两个 GP 的权限进行划分、界定。对于均具备私募基金管理人资格的双 GP，更要明确约定双方的权责和利益，以免产生矛盾。

二、双 GP 模式出现的原因

1. LP 深度参与基金管理及收益分配的需要

随着二级市场退出难度加大，IPO 通道缩窄以及投资回报走低，LP 开始重新审视自己的利益链条，对 GP 的投资能力和退出能力也提出了更高的要求。同时，LP 对 GP 收取管理费过高的疑虑一直存在，即使部分 GP 巨头在募资艰难的环境下主动降低管理费比例，LP 还认为过高的管理费侵蚀了自己的利益。在这样的态势以及对 GP 投资能力和收费过高的质疑下，部分 LP 会在既有 GP 的基础上，指派其关联方或新设主体作为 GP 与既有的 GP 共同管理合伙事务，如共同管理基金、参与募资、投资和项目管理，并顺理成章地参与管理费、管理人超额收益的分配，以提升投资回报。

2．GP 整合优势资源、合作共赢的需要

（1）GP 与 GP 通过双 GP 模式，在私募运作上紧密合作、优势互补，可创造 1+1＞2 的倍增效应

私募基金的募、投、管、退运作需要非常专业化、系统化的运作。当前，国内股权投资市场资金不断涌入，优质项目估值日益上涨，投资市场竞争加剧，倒逼投资机构在运营管理机制、专业团队建设及资源整合上不断优化。各投资机构在基金运作各环节可能拥有不同的资源和优势，在管理架构、对外投资和风险控制方面也各有所长。如果以双 GP 模式运行，可以在责权利分配对等、配合与制衡并存的情况下，集合双方的资源优势，发挥 1+1＞2 的合作效应价值。例如，在资金募集方面，双方合作设计产品、沟通交易架构，整合双方的渠道资源，可以达到“事半功倍”的效果；在项目投资管理方面，双方利用各自熟悉的市场开展项目尽职调查，按谁熟悉项目所在地谁主导项目管理的原则，可大大提高投资管理的效率，降低管理风险。

（2）GP 与产业资源公司通过双 GP 模式合作，可以快速切入产业，获取优质项目

在一些高风险产业且投资运作周期较长的投资领域，比如影视投资，单个 GP 对影视行业的认知以及独立运作影视基金缺乏经验的情况下，往往会寻找在影视领域具有专业投资经验的投资方合作，降低投资风险；或者寻找具有影视资源的影视公司合作，提前拿到优质投资标的，降低立项周期及调研成本，并可保证有效投资的持续性，保证投资收益的最大化。

（3）国有企业或上市公司规避 GP 主体资格限制的需要

近几年，随着私募股权投资的发展，国有企业参与私募股权投资基金运作的规模与程度继续深化。但《合伙企业法》规定，国有独资公司、国有企业不能担任合伙企业的 GP。从法律要求来看，在有限合伙制基金中，国资主体可以担任 LP 或者出任基金管理人。从实践来看，国有企业往往通过与民营资本合资成立一个主体（国企为第一大股东但不控股）或直接委托合作伙伴担任基金 GP 的方式设立有限合伙制基金，并自己直接担任或设立管理公司担任基金的管理人，以加强对基金的管控力度。上市公司在不能担任 GP 的限制下，通常也会采取将 GP 与基金管理人主体分离的措施以规避限制。

（4）无资格私募机构开展业务的资质“通道”需求

基金业协会要求，新登记的私募基金管理人在登记后 6 个月必须备案首只产品，部分私募基金管理人无法在规定期限内募集完成首只产品的，往往会受托管理其他机构的产品。同时，随着监管趋严，私募基金管理人资格申请门槛越来越高，周期也越来越长。一些掌握资源或有项目需求的机构，短期内无法取得资格，但是必须抓住机会、迅速完成当前的资金募集或项目投资。这种情况下，该基金就可以通过双 GP 模式，凭借具备资格基金管理人的资

质通道，在有效时间内完成从资金募集到项目投资的一系列操作。

三、备案监管新规对双 GP 的影响

2018 年 8 月，基金业协会对资管系统进行了更新，对私募基金产品备案提出了多项监管新规。其中两点最受关注和热议：一是有限合伙制私募基金的外部委托基金管理人（简称“管理人”）需要与有限合伙企业的 GP 存在关联关系，并提出了 GP 和管理人之间关联关系的认定标准；二是基金业协会的资管系统不再支持多管理人的产品备案操作。

第一点对于单 GP 或双 GP 部分模式的备案填报有影响，具体如表 2-2 所示。

表 2-2　备案监管新规对私募基金普通合伙人备案填报的影响

<table>
<tr><th colspan="2">模　　式</th><th>GP 是否基金管理人</th><th>是否提供 GP 与基金管理人的关联证明</th></tr>
<tr><td colspan="2" rowspan="2">单 GP</td><td>是</td><td>否</td></tr>
<tr><td>否</td><td>是</td></tr>
<tr><td rowspan="4">双 GP</td><td rowspan="2">单管理人</td><td>是</td><td>否</td></tr>
<tr><td>否</td><td>是</td></tr>
<tr><td rowspan="2">双管理人</td><td>完全一致</td><td>否，在反馈环节说明：设置双管理人的原因以及双管理人的权责划分情况和纠纷解决机制</td></tr>
<tr><td>不一致</td><td>是</td></tr>
</table>

资料来源：融中母基金研究院。

总体来说，对于非 GP 的基金管理人，主要是外部委托管理人，要提供 GP 与委托管理人的关联证明。对于关联证明的标准，基金业协会提供了两种情况：①如 GP 与管理人存在《企业会计准则第 36 号——关联方披露》规定的关联关系：一方控制、共同控制另一方或对另一方施加重大影响；两方或两方以上同受一方控制、共同控制或重大影响的。②存在管理层任职关联关系，如管理人高管或关键岗位人员作为 GP 的投资人。

第二点提出不再支持多管理人的产品备案操作。基金产品备案页面无法找到“双管理人”选项，也就是说合伙制私募基金只能登记在一个基金管理人名下，双管理人无法进行系统登记，这一点仿佛是专门针对双 GP 模式的，但这并不意味着对双 GP 的封杀。双 GP 模式并不等同于双管理模式，因为 GP 和管理人是两个不同的法律概念，两者的法律关系、主体资格和法律责任都有区别。监管趋严和备案收紧将切断无牌照机构利用双 GP 进行“通道套利”的途径，降低信息不对称给投资者带来的风险，将促进双 GP 向更规范的轨道发展。

四、双 GP 模式的价值

1. 利用双 GP 模式的主体

在过去几年，“双 GP”模式更多出现在上市公司与投资机构合作成立的产业投资基金

中：上市公司通过与外部合作的方式，与有募资需求的专业投资团队达成合作。此外，上市公司和地方政府的合作，以及大型国企与投资机构的合作中，出于合规和管理人资源方面的考虑，也会采用“双 GP”机制。据了解，双 GP 模式在机构之间更多是为了互补共赢，目前主流机构采用双 GP 模式的基金并不常见，例如深创投、毅达资本、天图投资等机构均表示旗下没有双 GP 基金；达晨旗下仅有一只；同创伟业则表示有双 GP 基金但占比很少。

2．双 GP 应用实践的启示

（1）上市公司+投资机构合作案例

一般上市公司具有良好的行业背景，但是缺乏基金运作经验，专业的投资机构具备丰富的基金运作经验，于是上市公司关联方和投资机构常会成立双 GP 产业投资基金。

例如，2017 年 10 月，南京新百与大股东联合成立盈鹏蕙逸并购基金，拟收购徐州市肿瘤医院有限公司 80%的股权。具体信息如下：

产业基金名称：盈鹏蕙逸并购基金

基金规模：约 11 亿元

普通合伙人：盈鹏资产（三胞集团全资子公司）、北京东富

有限合伙人：南京新百（上证 600682）、三胞集团南京投资管理有限公司、北京东富汇通投资管理中心（有限合伙）、天津东富育康企业管理咨询中心（有限合伙）

执行事务合伙人：南京盈鹏资产管理有限公司

合伙期限：7 年

基金并购目标：徐州市肿瘤医院有限公司 80%股权

本次基金让三胞集团旗下南京新百开启医疗领域的产业并购战略，同时也奠定了新百大股东三胞集团的“大健康”版图，三胞集团通过一系列国内外并购，积极进行肿瘤、妇产等专科医院的布局，或许将对南京新百未来生物医疗业务产生强大的支撑作用。

（2）上市公司和地方政府合作案例

目前，政府国有资产已成为私募股权投资基金 LP 份额的重要投资方，但是政府相关主管部门存在专业缺乏、人力缺乏等问题，通常与上市公司的投资平台合作来进一步提高投资决策的科学性，有效防范投资风险，确保国有资产保值增值。

例如，2020 年 1 月 17 日，中国中车通过其投资平台中车基金与山东省新旧动能转换基金合作，设立山东省财金新动能投资合伙企业（有限合伙），基金认缴规模 10 亿元。具体信息如下：

产业基金名称：山东省财金新动能投资合伙企业（有限合伙）

基金规模：10 亿元

普通合伙人：山东财金瑞鑫股权投资合伙企业（有限合伙）、中车基金管理（北京）有

限公司

有限合伙人：莱西市国有资产投资中心、青岛市市级创业投资引导基金管理中心、青岛昌阳投资开发有限公司、山东省财金资产管理有限公司、山东省新动能基金管理有限公司、中车资本控股有限公司

其中，中国中车联合的山东省财金投资集团有限公司为山东省财政厅直属国有企业。这是一个非常典型的政府出资型的双 GP 模式产业基金。

（3）机构之间联合案例

不同的投资机构自身存在不同的优缺点，双 GP 在双方资源存在互补性的情况下更容易发生联合，比如，一方善于募资，另一方善于找项目；或者，其中一方有着很强的产业背景资源，另一方有比较强的基金管理经验等。

例如，2016 年 6 月，光大控股与 IDG 资本宣布合作设立 200 亿元产业并购基金。具体信息如下：

产业基金名称：IDG 光大产业并购基金

基金规模：认缴规模 200 亿元，首期 100 亿元

普通合伙人：光大控股下属机构——上海光控浦益股权投资管理有限公司和 IDG 资本附属机构——和谐卓越投资中心（有限合伙）

有限合伙人：光大控股承诺出资 20 亿元人民币，其余约 80 亿元人民币来自其他大型私募机构

光大控股是具有顶尖央企背景的跨境资产管理平台，而 IDG 资本则是优秀国际股权投资管理机构，两家均拥有良好的历史投资业绩、丰富的项目储备、长期基金管理经验和稳健的投资风格，联合可谓是强强联手。该基金围绕经营模式成熟、估值较高的行业翘楚或隐形冠军等上市企业，开展投资、融资、并购整合等活动。

3. 双 GP 模式应用注意事项

（1）未取得私募基金管理人资格的 GP 不得从事私募基金募集和管理等事务

首先，《私募投资基金管理人登记和基金备案办法（试行）》第五条规定，私募基金管理人应当向基金业协会履行基金管理人登记手续并申请成为基金业协会会员（也就是说，要成为管理人，先得向基金业协会申请并报送资料，成为基金管理人）；其次，根据《私募投资基金募集行为管理办法》第二条的规定，除已登记的私募基金管理人以及基金销售机构，“其他任何机构和个人不得从事私募基金的募集活动”，因此未取得私募基金管理人资格的 GP 不得从事私募基金募集和管理等事务。

（2）非管理人的 GP 担任执行事务合伙人可以收取费用，但不得收管理费

《合伙企业法》第六十七条规定：有限合伙企业由普通合伙人执行合伙事务。执行事务

合伙人可以要求在合伙协议中确定执行事务的报酬及报酬提取方式；同时《私募投资基金合同指引 3 号（合伙协议必备条款指引）》也明确提出，合伙协议可以对执行事务合伙人执行事务的报酬（包括绩效分成）及报酬提取方式、利益冲突及关联交易等事项做出约定，因此非管理人的 GP 担任执行事务合伙人的，有权对合伙企业收取报酬，且应该为执行事务收取服务费用而不是管理费。

（3）双管理人双 GP 模式，需要明确管理人之间各自权责，避免潜在风险

双 GP 模式具有优势互补的特点，两家 GP 可在管理架构、对外投资和风险控制等诸多方面取长补短。但与之同时，双 GP 模式可能带来的弊端是效率低下，两家 GP 也许会在部分问题上争吵不休。因此，合伙协议条款的设计显得尤为重要，通过合伙协议确定两家 GP 的分工、合作是至关重要的。

如有限合伙企业基金存在双管理人，那么需要在合伙协议中明确各个管理人的职责、义务等信息；《私募投资基金合同指引 1 号（契约型私募基金合同内容与格式指引）》明确提出，存在两个以上（含两个）管理人共同管理私募基金的，所有管理人对投资者承担连带责任；管理人之间的责任划分由基金合同进行约定，合同未约定或约定不清的，各管理人按过错承担相应的责任。

（4）合格投资者的问题

在“双 GP 单牌照”的有限合伙制基金中，对于持牌管理人而言，其根据《私募投资基金监督管理暂行办法》可以被视为合格的机构投资者；而对于另一个 GP，由于其并不属于《私募投资基金监督管理暂行办法》规定的“投资于所管理私募基金的私募基金管理人”，也不列入“视为合格投资者”的其他法定情形，因此该 GP 不能被当然豁免合格投资者的要求。

为此，无相应管理人牌照的 GP 应至少满足以下合格机构投资者要求：

1）净资产至少人民币 1000 万元以上。

2）认缴有限合伙基金份额人民币 100 万元以上。

五、险资双 GP 模式猜想

1. 险资的高门槛，大部分私募机构难以满足要求

2018 年 10 月 26 日，中国银保监会正式发布《保险资金投资股权管理办法（征求意见稿）》，宣告保险资金允许其投资于非上市公司和股权投资基金。

征求意见稿显示，保险公司以母基金方式投资股权投资基金，该股权投资基金的投资机构，应当完成私募股权基金管理人登记并符合下列条件：

1）注册资本或者认缴资本不低于 1 亿元，并已建立风险准备金制度。

2）具有稳定的管理团队，拥有不少于 10 名具有股权投资和相关经验的专业人员，作为

主导人员合计退出的项目不少于 3 个。

3）具有丰富的股权投资经验，管理资产余额不低于 30 亿元（中国境内以人民币计价的实际到账资金和形成的资产），且历史业绩优秀，商业信誉良好。

2. 双 GP 模式成为合作可能

与传统 GP 相比，险资在专业能力、资源竞争上与 PE 机构可能存在一定的差距，如果与市场上优秀的 PE 机构合作设立双 GP 的直投基金，是保险公司规避风险的最理想选择。

而险资作为 PE 机构的 GP 而言，保险资金的时间期限与 PE 的投资时间期限比较一致，都注重长期的价值投资，而且险资的出资额度比较大，也能解决当前募资难的问题，从这个角度而言，私募基金管理人也乐于与险资合作。

第三节　母基金募资来源

在募资市场遇冷的大环境下，子基金管理人通过传统上市公司、高净值个人、产业资本等渠道已经很难完成基金募集，转而积极拥抱母基金。母基金的资金又来自哪些渠道呢？从母基金资金募集主体的性质来看，母基金募资来源主要包括政府资金、国有资本、高净值个人、上市公司、金融机构、基金债。

一、国资出资人

数据显示，2019 年国资出资占整个私募股权市场募资总量的 63%。这种现象不仅存在于子基金募资领域，同时也存在于母基金募资领域。

对于政府引导基金来说，其资金来源主要是政府出资。根据 2015 年颁布的《政府投资基金暂行管理办法》，政府出资包括财政部门通过一般公共预算、政府性基金预算、国有资本经营预算等安排的资金。以江苏省政府投资基金（有限合伙）为例，该引导基金的出资人主要为江苏省财政厅，出资比例达到 99.9513%。除了财政资金，当地国企、政府投资平台也会利用经营预算为引导基金出资。以成都发展基金为例，成都发展基金（一期）合伙企业（有限合伙）的出资人包括成都交投、成都金控、成都兴城资本等成都当地国企和地方投资平台。

对于市场化母基金来说，国有资本也是主要的募资渠道。通过市场化运作，以母基金的形式撬动社会资本的杠杆，从而形成产业生态圈，已经成为很多国有企业和政府投资平台的主要抓手。相较于政府引导基金，国有资本市场化母基金对于子基金盈利能力有一定要求，且市场化运营使得资金使用效率也有所提高。2006 年，元禾控股与国家开发银行共同发起设立了全国首只国有资本市场化母基金。随后，以亦庄国投、成都银科、粤科金融、国方母基金为代表的一批国有母基金也相继设立。以上海国方母基金一期股权投资合伙企业（有限合伙）（简称“国方母基金”）为例，国方母基金于 2017 年成立，其出资人包括上海国际集团、上海建工集团、上海机场、沙钢股份等地方投资平台及国有上市公司。同时，该基金的出资人也包括上海国际信托、工银瑞信投资等金融机构。

二、高净值个人

中国私募股权投资市场的 LP 在过去很多年都是以高净值个人为主，整体机构化水平不高。所以，高净值个人一直是私募股权基金的主要募资对象。2010 年，由诺亚财富旗下资产管理平台歌斐资产发起的股权母基金被视为市场化资金参与股权母基金投资的开端。出于资产配置、监管趋严、提高中间业务收入等原因，众多财富管理机构从原有代销模式逐步转型为主动管理。基于过往研究人员的优势，母基金无疑是财富管理公司参与股权投资的最好方法。当前市场较为活跃的财富管理公司母基金管理机构包括歌斐、金斧子、宜信、大唐、好买等。该类型母基金已经成为目前市场化母基金的中坚力量。其背后的出资人均为财富管理公司的高净值个人客户。

同时，还有一些母基金管理机构拥有强大的企业家资源。这些企业家不仅在整体投资业务上会对管理人有所帮助，同时也成为该机构发行的母基金的主要出资人。该类型母基金的代表为盛景嘉成母基金。

尽管母基金的期限较长，通常可达到 10～12 年，但母基金对于高净值个人还是很有吸引力的。首先，母基金可大大降低股权基金配置的投资门槛。受《合伙企业法》的限制，有限合伙制的股权基金不得超过 49 个 LP，股权基金的投资门槛通常为 1000 万元。但是通过母基金，个人投资者可以通过 100 万元同时配置几只股权基金。其次，通过母基金平滑风险使得股权投资可以与一般高净值投资者风险偏好相匹配。

但随着 2017 年的《证券期货投资者适当性管理办法》和 2018 年的《关于规范金融机构资产管理业务的指导意见》的落地实施，监管对于高净值个人的资格认定难度和投资门槛也不断上升。对于合格的自然人投资者，需满足具有两年以上投资经历，且满足以下条件之一：家庭金融净资产不低于 300 万元，家庭金融资产不低于 500 万元，或者近三年本人年均收入不低于 40 万元。同时，在对自然人投资者销售过程中，应对投资者进行告知和警示，且需全程录音录像（“双录”）。相关匹配方案、告知警示资料、录音录像资料、自查报告等的保存期限不得少于 20 年。严格的销售监管也使得众多管理人必须建立完善的销售管理办法。

三、上市公司

上市公司通常在扶持创新创业项目上有着很强的意愿。一方面，股权投资可以为资金带来较高的收益；另一方面，扶持相关产业链上下游企业也有利于未来上市公司的业务拓展和产业整合。传统上市公司很多采取“上市公司+PE”的模式进入股权投资领域。随着市场的不断变化，该模式存在的问题也逐步显现出来。随着母基金在国内市场越来越受到关注，“上市公司+母基金”的模式已经成为很多上市公司的首选。

但随着2018年整个A股市场的低迷，上市公司也不得不过起了“紧日子”。从2018年全年来看，上证指数跌24.59%，创业板指数跌28.65%。二级市场的下跌也导致通过股权质押获得流动资金的上市公司过得越发艰难。因此，中小市值的上市公司对于股权募资市场也不再积极。但是，国有上市公司及大市值的上市公司依旧是母基金募资的主要渠道。该类上市公司包括腾讯、京东、上海机场、上海医药、苏宁等。

四、金融机构

金融机构包括银行、信托、证券、基金、期货、保险资产管理机构、金融资产投资公司等拥有国务院及监管部门认可的金融牌照的从事金融业务的机构。金融机构，特别是银行，聚集了大部分的市场资金，是整个金融市场最主要的力量。通常，金融机构可以分为银行和非银行金融机构。

银行作为金融市场的纽带聚集了大量的资金。对于股权募资市场，银行更是广大管理人募资的主要来源。

在过去，银行通过境外子公司或者通过银行理财产品将资金投入到股权市场。截至2019年年底，银行理财资金总规模达到22.18万亿元。银行资金体量大且期限较长，也推动了过去中国股权市场的高速发展。但《资管新规》后，银行资金特别是理财资金因“多层嵌套”“期限错配”“资金池”等受到严格监管后，无法继续向股权市场“输血”。这也直接导致了2018年以来的股权募资寒冬。但随着银行理财子公司的落地，理财资金重新“拥抱”股权市场特别是股权母基金将值得期待。

从监管的角度讲，《商业银行理财业务监督管理办法》《商业银行理财子公司暂行管理办法》《商业银行理财子公司净资本管理办法》均对理财子公司参与股权市场投资减少了限制。《商业银行理财业务监督管理办法》和《商业银行理财子公司暂行管理办法》规定，理财子公司可以面向合格投资者非公开发行理财产品，对受托的投资者财产进行投资和管理，且该类型理财产品在合同中约定即可投资于未上市企业股权及其受（收）益权。同时，《商业银行理财子公司净资本管理办法》也明确理财资金进行股权投资，对其净资本占用的系数为1.5%。在实现风险隔离后，理财子公司的灵活性较之前有了大幅提高，未来理财子公司作为母基金主要出资人值得期待。

市场活跃的非银行金融机构主要包括证券公司及其私募子公司、信托公司、基金子公司等。这些机构可以通过自身募集渠道或通过自有资金为母基金出资。受市场变化的影响，很多证券私募子公司均在向母基金转型。例如，国泰君安创投在 2020 年 1 月募集成立了上海国泰君安创新股权投资母基金中心（有限合伙），首期规模 80.08 亿元。其中，国泰君安创投出资 16 亿元，占比 19.98%。同时，受《证券公司私募投资基金子公司管理规范》的约束，证券私募子公司将自有资金投资于本机构设立的私募基金的，对单只基金的投资金额不得超过该只基金总额的 20%。尽管如此，其出资能力仍然值得关注。另外，基金子公司在“去通道”、非标受限和净资本管理的约束下，也必须摒弃掉原有的业务，转而将未来发展方向转向股权母基金，成为母基金的出资人，例如招商基金的子公司招商财富、工银瑞信基金的子公司工银瑞信投资。

另外，保险公司也是值得重点关注的金融机构。截至 2019 年年底，保险总资产达到 20.12 万亿元，各类保险资产管理产品总规模达到 2.91 万亿元。保险资金，特别是寿险资金，相较于其他类型的资金，具有长期性。在金融体系中，保险资金作为长期机构投资者，角色越来越重要，对稳定金融体系起到至关重要的作用。同时，中国社会也在逐步进入老龄化，保险行业及保险资金体量将会越来越庞大，渠道开放、多元配置对行业的发展和资产管理水平提升都非常有益。

《资管新规》之后，传统非标业务占比在逐渐下降，另类投资解决了保险资金的配置难题，对提高投资收益有着很大帮助。同时，因为保险资金对于安全性要求较高，直接进行未上市公司股权投资会使得整个投资组合风险敞口较大，而通过投资母基金可以起到平滑风险的作用。例如，太平洋人寿、英大泰和人寿、百年人寿等保险公司均是各大市场化母基金的主要出资人。尽管监管对于保险资金投资权益类资产的比例限制一直在放松，但是对于很多保险基金投资部门来说其风险偏好较低，参与股权投资市场的积极性还有待加强。某保险基金投资部门负责人坦言：与其放开权益类资产投资上限，不如提高权益类资产投资下限。

五、基金债

我国政府引导基金体量很大且每年快速增长。当前政府引导基金的资金来源主要为财政部门通过一般公共预算、政府性基金预算、国有资本经营预算等安排的资金。然而，随着经济放缓，引导基金也需要去寻找新的稳定的资金来源。基金债的概念应运而生，或将成为引导基金新的主要资金渠道。基金债是指国有企业经国家发展改革委核准发行的，主要用于对基金出资的债券。

2018 年 9 月 19 日，国家发展改革委发布了关于浙江省国有资本运营有限公司发行公司债券核准的批复（发改企业债券〔2018〕139 号），成为《资管新规》后首个批复的基金债。国家发展改革委核准浙江省国有资本运营有限公司发行 15 亿元债券用于向“国新国同基金 I 期”（以下简称“国信国同基金”）出资。该债券 2018 年 12 月 19 日于银行间市场和上交所上市交易，期限 5 年，票面利率 4.15%。国新国同基金由国务院国资委批准，总规模 1500 亿元，一期规模 700 亿元，委托国新国际投资有限公司管理，注册于浙江省杭州市。基金坚持市场化运作，为中国企业参与“一带一路”建设、促进国际产能和装备制造合作及开展国际投资并购等提供人民币资金和专业支持，追求长期稳定的投资回报。

2019 年 2 月 2 日，国家发展改革委核准了湖北省科技投资集团有限公司（以下简称“湖北科投”）发行 30 亿元公司债券的申请。该债券期限不超过 15 年，采用固定利率形式，所募集资金 4 亿元用于向中金启元国家新兴产业创业投资引导基金（有限合伙）出资，18 亿元用于向武汉光华半导体显示产业发展基金合伙企业（有限合伙）出资，2 亿元用于向武汉光谷烽火光电子信息产业投资基金合伙企业（有限合伙）出资，5 亿元用于向湖北小米长江产业基金合伙企业（有限合伙）出资，1 亿元用于向湖北省联想长江科技产业基金合伙企业（有限合伙）出资。基于该批复，湖北科投分别于 2019 年 3 月 8 日和 2019 年 5 月 5 日发行了 19 鄂科投债 01 和 19 鄂科投债 02 两只债券，两只债券票面利率分别为 4.75%和 5.00%。湖北省科技投资集团有限公司成立于 2005 年 7 月，是由东湖高新区管委会出资组建成立，承担着东湖高新区“重大基础设施建设、产业园区建设、重点产业投资、科技金融服务、国有资产运营”五大职能的国有企业。

综上所述，通过基金债的方式向母基金或政府引导基金募资可以有效地拓宽整体基金募资的渠道，同时基于债券市场整体流动性也有效地降低了融资成本。但现阶段我国对于发债主体的要求较高，需要发债主体有良好的信用评级且需经过国家发展改革委的核准。所以，只有大型地方国有企业有发债资格。而对于非引导基金，基金债将不适用。

总之，不同的资金来源在其风险收益特征上有着一定的差异。在基金募资之前，首先要明确母基金自身定位和投资策略，从而才能更好地对接相应的募资渠道。同时，也要做好 KYC（Know Your Customers），了解出资人的主要诉求，这样才能更好地将自身投资策略与其投资诉求匹配。

第四节　募资发展趋势

近两年的股权投资市场，国有资本和美元基金成为两大主角。

2020 年上半年，我国私募股权投资基金募资金额为 3125 亿元，募资数量为 196 只。2019 年上半年募资金额为 4928 亿元，募资数量为 519 只。2020 年上半年，募资金额和募资数量明显少于 2019 年同期。其中，募集基金国有资本 LP 认缴总规模占比 68.8%，美元基金占据总募资额将近 15%，“民间资本”微乎其微。通过观察 2020 年基金募资情况，基金背后的 LP 仍旧以国资与美元为募资来源的主力。

一、美元基金迅速发展

1999—2008 年，人民币处于萌芽发展期，美元基金“风华正茂”；2009—2018 年，人民币基金蓬勃发展，势头逐渐超过美元基金。2019 年以来，美元基金再度“崛起”，部分人民币基金也加入募集美元基金的队伍中来。

外资母基金市场活跃度越来越高。相较国内募资市场近年来出现下滑，外资募资市场，特别是美元募资市场，因为其 LP 类型较为丰富，其资金多属于长期资金，其募资规模长期保持在一个稳定的状态。因此，很多投资机构都转而募集美元基金，如表 2-3 所示。

表 2-3　国内投资活跃的外资母基金示例

序　号	公司名称	所在地	已投基金数量	部分已投 GP 名称
1	Partners Group	瑞士	23	今日资本
				联宇投资基金
				联创永宣
				CVC ASIA PACIFIC LIMITED
				德太资本
				骏麒投资
				殷库资本
				联宇投资基金
				新桥资本
				凯雷投资
				软银中国华威国际
				鼎晖投资
				光速创投
				霸菱亚洲
				软银中国资本
				弘毅投资
2	CDC Capital Partners	英国	19	今日资本
				欧瑞斯
				殷库资本
				方源资本
				鼎鑫资本
				毅鸣投资
				全球环保基金
				Lombard
				凯旋创投
				君联资本
				鼎晖投资
				启明创投
				挚信资本
				中信资本
				今日资本

（续）

序号	公司名称	所在地	已投基金数量	部分已投 GP 名称
3	Asia Alternatives	中国香港	14	今日资本 安博凯机构 凯华投资 安博凯 弘毅投资 赛富亚洲 鼎晖投资 金沙江创投 弘毅投资
4	Grove Street	美国	13	联创永宣 红点投资 赛富亚洲 德同资本 光速创投 纪源资本 策源创投 DCM 中国 高原资本
5	Pantheon	英国	13	联宇投资基金 霸菱亚洲 光速创投 纪源资本 鼎晖投资 德同资本 启明创投
6	HarbourVest	美国	12	CVC ASIA PACIFIC LIMITED 联宇投资基金 凯华投资 KKR 亚洲 贝恩资本 新桥资本 华登国际 DCM 中国 恩颐投资 锴明投资
7	AlpInvest	荷兰	11	IDG 资本 丰鼎创投 鼎晖投资 赛富亚洲 鼎晖投资 德同资本 纪源资本 华登国际 软银中国 联宇投资基金

（续）

序　号	公 司 名 称	所在地	已投基金数量	部分已投 GP 名称
8	LGT	瑞士	9	联宇投资基金 新桥资本 赛富亚洲 鼎晖投资 霸菱亚洲 弘毅投资
9	Siguler Guff	美国	9	联创永宣 新天域资本 德同资本 智基创投 软银中国 中信资本 启明创投 渶策资本
10	Adams Street	美国	9	华平投资 红点投资 恩颐投资 华平投资 鼎晖投资

资料来源：CrunchBase。

1. Partners Group

Partners Group 是全球性的私募投资机构，总部设在瑞士。其在管资产 940 亿美元，并在全球设立了 20 家办事处，拥有超过 1400 名专业投资人员。2019 年，Partners Group 的利润达到 9000 万瑞士法郎（合 6.51 亿元人民币）。投资方面，2019 年 Partners Group 共投资 148 亿美元，其中 32%的投资为子基金投资（包括新发基金及基金二手份额），17%的投资投向了亚太市场，如图 2-6 所示。

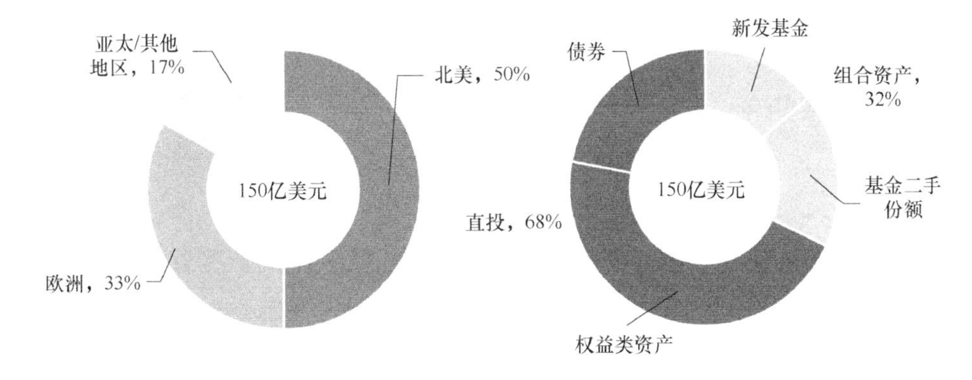

图 2-6　Partners Group 2019 年私募投资情况

资料来源：Partners Group Annual Report 2019。

资金来源方面，Partners Group 所管理资金主要来源于企业年金（占比 29%）、公共养老金（占比 20%）、富有家族（占比 18%）、家族办公室和银行（占比 18%）、保险公司（占比 10%），如图 2-7 所示。

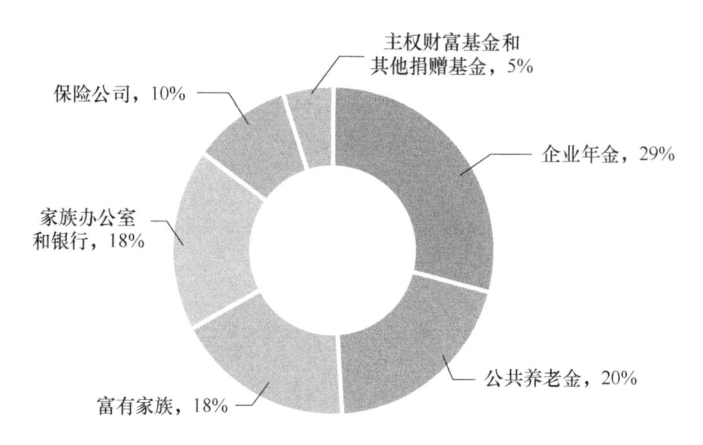

图 2-7　Partners Group 在管资金出资人结构

资料来源：Partners Group Annual Report 2019。

公开资料显示，Partners Group 投资了 23 只国内 GP 设立的或主投中国市场的美元基金，这些 GP 包括今日资本、联创永宣、德太资本、新桥资本、鼎晖投资、华威国际、软银中国、光速创投、霸菱亚洲、弘毅投资等。

2. CDC Capital Partners

CDC Capital Partners 成立于 1948 年，总部设在英国。CDC 是英国政府国际开发部的全资子机构，所以其目标一方面是获得财务回报，但更多聚焦于提升经济发展。CDC 的投资重点区域在非洲和南亚。重点布局行业包括金融服务、基础设施建设、医疗大健康、制造业、现代农业、房地产、教育。

公开资料显示，CDC 投资了 19 只国内 GP 设立的或主投中国市场的美元基金，这些 GP 包括今日资本、方源资本、君联资本、鼎晖投资、挚信资本、中信资本等。

3. Asia Alternatives

Asia Alternatives 由马显丽（Melissa Ma）、王乐怡（Laure Wang）和徐红江（Rebecca Xu）于 2005 年共同创建。其总部位于中国香港，并在北京、上海、旧金山设有办事处。经过十余年的发展，Asia Alternatives 管理资产规模超过 35 亿美元，已经成为亚洲最主要的母基金管理人之一。不仅如此，Asia Alternatives 还拥有合格境外有限合伙人（QFLP）执照，使得其美元基金可以直接参与内地人民币基金的投资。Asia Alternatives Management LLC 在国内注册名称为鲲行投资咨询（北京）有限公司。

公开资料显示，Asia Alternatives 投资了 19 只国内 GP 设立的或主投中国市场的美元基金，这些 GP 包括今日资本、凯华投资、弘毅投资、赛富亚洲、鼎晖投资、金沙江创投等。

4. Grove Street

Grove Street 成立于 1998 年，总部位于美国波士顿。Grove Street 目前通过 14 个子账户，管理资产规模 90 亿美元，投资子基金超过 100 只。VC 基金投资领域，Grove Street 主要关注信息技术和生命科学，关注区域涵盖美国、欧洲、亚洲。同时，Grove Street 也关注亚洲成长期基金的机会。Grove Street 通常会与 GP 保持长久的联系。

公开资料显示，Grove Street 投资了 13 只国内 GP 设立的或主投中国市场的美元基金，这些 GP 包括联创永宣、红点投资、德同资本、赛富亚洲、GGV 纪源资本、DCM 中国、策源创投、高原资本等。

5. Pantheon

Pantheon 成立于 1982 年，总部设在英国伦敦，并在全球设有 7 个办事处，包括纽约、旧金山、香港、首尔、东京、波哥大、都柏林。目前，Pantheon 团队 315 人，投研团队 95 人。经过 30 余年的发展，Pantheon 管理资产规模达到 471 亿美元。

投资方面，Pantheon 从 1982 年开始投资私募股权基金，现存量规模 240 亿美元。同时，Pantheon 从 1988 年开始投资股权基金二手份额，现存量规模 130 亿美元。同时，Pantheon 设立的 Pantheon International Plc 母基金在伦敦证券交易所挂牌交易，目前该基金净资产 15.72 亿英镑，该基金在二级市场的表现好于 FTSE All-Share 和 MSCI World 指数的同期表现。

公开资料显示，Pantheon 投资了 13 只国内 GP 设立的或主投中国市场的美元基金，这些 GP 包括联宇投资基金、光速创投、霸菱亚洲、鼎晖投资、德同资本、启明创投等。

在未来一段时间内，美元基金会比较充沛，北极光邓锋曾表示，人民币基金将在短期内难改颓势，头部基金以及美元基金则处于“随时看好项目就投”的状态。

关于美元基金崛起的原因，首先，除了全球资本对中国长期发展潜力持看好态度外，在过去的两年中，港股和美股 IPO 数量大幅增长，美元基金顺利退出，从而得以在中国市场下注。其次，表现强劲的美国股市使资金回流，导致 2019 年开始流向亚洲及中国市场的资金配置比例大幅提高。

二、仍占主导的国有资本

近年来募资规模靠前的基金中，近八成以上含有国有属性，政府为主要出资方之一，或者央企、城投公司在内的国有企业活跃其中。

例如，国家集成电路产业投资基金二期，募资规模为 2000 亿元。由财政部、国开金融、中国烟草、亦庄国投、中国移动、上海国盛、中国电子、中国电科、华芯投资等共同发起设立。

国家军民融合产业投资基金，募资规模为 5600000 万元，由财政部和国防科工局发起设立，股东包括中电科、中航工业、中国航发、中船、中核等央企。

此外，国有资本直接投资的基金有北京东富国创投资管理中心（有限合伙）、华兴新经济基金三期以及内蒙古产业转型升级引导基金等多只基金。北京东富国创投资管理中心由财政部、全国社保基金投资，华兴新经济基金三期总募资额超 65 亿元，投资者中除了老股东之外，全国社保基金、银行、保险、市场化母基金等相继加入。内蒙古产业转型升级引导基金出资方包括自治区国资公司，如内蒙古电力（集团）有限责任公司等。

除了财政直接出资，央企、城投公司在内的国有企业也非常活跃。比如，长三角协同优势产业基金的投资方有中国太保、上海城投、扬子国投等。义乌和谐锦弘股权投资合伙企业（有限合伙）由四川双马水泥控股，潍坊山高新旧动能转换投资合伙企业（有限合伙）由山东高速集团控股，徐州徐工产业发展基金（有限合伙）中投资者有央企徐工集团等。

三、募资主要投向战略性新兴产业

在投资领域方面，近年募资规模较大的基金所投领域以战略性新兴产业为主。同时，这些基金还呈现出基金行业向垂直化和聚焦化进化的趋势。比如，鼎晖投资夹层 5 期人民币基金，主要围绕不动产、公司业务、特殊机会、并购重组四大策略进行布局；鼎晖夹层 IDC 基金，专注于数据中心行业投资；普洛斯中国收益基金 I 将投资于长三角、京津冀及华中等地区 18 个重要物流节点城市的 34 处物流基础设施，均为已完工且稳定运营的高标准现代物流资产；华盖资本三期医疗基金，则聚焦于中国快速成长的医疗健康全产业链投资及整合机会。

大消费、医疗、金融科技、企业服务依然是机构重点关注的领域，高榕资本五期美元基金、光速全球精选基金、德弘资本一期、大钲资本一期美元基金、元生资本美元二期基金、华兴新经济基金三期、云九资本第四期美元基金等基金均聚焦于国内消费升级和产业整合的行业领域，包括消费互联网、医疗健康、科技金融和商业服务等。

据调查，有 60%的机构在未来一年将重点布局人工智能、医疗健康、高端装备制造、大数据和企业服务四个战略性新兴行业。尤其是硬科技、高端制造领域因受国际关系影响及政策支持，备受投资机构关注。

四、募资发展趋势

就全球范围看，资本寒冬不仅仅发生在中国。

本土 GP 募资规模从 2015 年快速扩张到 2018 年后骤降。2015—2017 年，本土 GP 急剧扩张。人民币基金募资规模从 2014 年时的不足 2000 亿元，大幅增长至 2017 年的 10000 亿元。一些老牌美元 GP 也开始进行人民币基金的募集。2018 年，《资管新规》推出后不久，一级市场“骤冷”，新募基金数量、募资总额和同期相比，分别下降 47.2%和 19.4%。资本寒冬之下，国有资本成为 GP 活下去的救命稻草。二八法则之下，头部机构和国有机构募集走市场上绝大部分资金。

到 2020 年第三季度，全球基金募资速度持续放缓，第三季度共完成 237 只基金的募集，创下六年来新低。其中，北美市场完成募资的基金为 141 只，募资总额为 51 亿美元，亚洲市场完成募集的基金为 46 只，募资总额为 12 亿美元。与之同步的是，募资速度有了很大改善，在 LP 的“严苛”要求下，有将近一半的基金在半年之内完成募集。

按基金类型进行划分，活跃度最高的是 VC 基金，但其募资总额较少。市场上 5%的头部基金募集走了市场上 70%左右的资金。在业内人士看来，未来一段时间内，全球投资总量依旧会继续下降，但 LP 投资的主要方式将以并购基金为主。

与此同时，股权投资市场的退出开始进入“丰收”期。据统计，2020 上半年，企业 IPO 上市数量为 165 家，其中包括科创板 46 家，占总数将近三成。相较 2019 年上半年的 66 家，2020 年上半年的上市数量已经超过了去年同期。退出的便捷或为今后 LP 的出资提供新的动力。

第五节　母基金募资流程

一、确定基金要素

在基金管理人募资前，第一步要解决的事项就是确定基金的基本要素。基金的基本要素包括以下几个方面：

1. 基金基本情况

基金基本情况包括基金名称（或拟定工商注册名称）、基金预计规模、组织形式、注册地、基金管理人和基金 GP、基金期限、托管人等。基金基本情况可以帮助出资人对于基金整体规模期限等形成大致的认识，同时在与托管人沟通、拟订有限合伙协议（或基金合同、公司章程）时都需要体现。

2. 基金交易结构

基金交易结构可以为出资人明确资金的具体流向和整体交易的情况。交易机构一般需要包含出资人（LP）、基金管理人、基金 GP、托管人等信息。有些基金会有一些特殊情况，如双 GP、定向基金（有明确投资标的基金）、资金出海等，则需要重点说明，如图 2-8 所示。

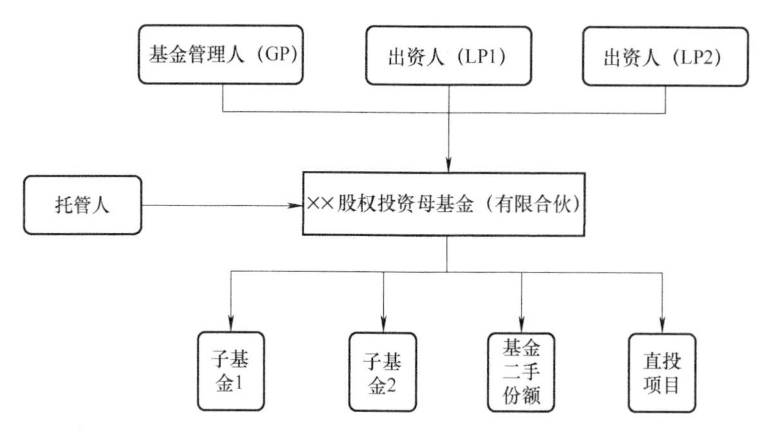

图 2-8　有限合伙制母基金交易结构

资料来源：融中母基金研究院。

3. 基金投资策略

在基金设立之初，最重要的是确定本基金的投资策略。投资策略包括基金的行业配置、投资阶段配置、子基金投资和直投项目的配置、新基金和二手基金的配置、项目来源、退出途径等。管理人自身对于宏观环境、行业趋势、市场状况做深入研究，制定出适合当前市场的投资策略。对于母基金管理人来说，投资策略也包括不同类型的子基金的选择，如白马基金、黑马基金、first-time fund 等。不仅如此，在直投项目时，也需要明确与跟投和直投之间的比例关系。

4. 基金整体费率

基金整体费率包括基金认购费（如有）、基金管理费、超额业绩收益（Carried Interest）、托管和外包服务费。相较于直投基金，母基金的出资人普遍面临着双重收费的问题。所以，母基金管理人在费率设置上也会相对较低。

二、了解出资人诉求

在制定好基金的要素之后，即可以确定基金募集的对象。往往在基金募资的过程中，募资负责人总会一直强调其基金的收益确定性高、历史业绩优秀。但是，不同类型的出资人都有各自的投资诉求，出资人更关心的是投资本基金如何满足其诉求。所以了解出资人的诉求至关重要。

市场上主要类型投资者有如下几类：

1. 国资出资人

国资出资人是当前市场的主要力量。一般来讲，国资出资人的主要诉求包括产业落地、当地经济扶持、特定产业的扶持等。对于募资人员来说，需要其提供产业方面的资源或者强大的项目储备，才能打消国资出资人的疑虑。同时，国有出资人也更关心基金和基金管理团队的整体合规性，包括其他出资人资金来源的合规性（包括但不限于合格投资者、反洗钱等相关规定）、投资流程管理制度的合规性、管理人内控的合规性等。

2．产业资本

产业资本在盈利性以外，更关注其产业协同。通过投资母基金，产业资本可以借助众多优秀的投资机构的力量了解产业链上下游企业以及该领域的初创企业，为其未来产业整合做准备。

3．高净值个人

高净值个人相对于机构投资者，其投资母基金的诉求主要是在风险可控的前提下获得较高的财务回报。所以，募资人员应该重点沟通母基金平滑风险的作用，以及确定性较高的投资标的。同时，投资母基金也大大降低了多基金配置的投资门槛。相对于很多知名 GP 起投门槛动辄 3000 万～5000 万元，很多母基金管理人针对个人投资者的起投门槛都低于 1000 万元，大大降低了个人投资者做基金配置的资金要求。

以上均为一般情况下不同类型出资人的诉求。面对不同的出资人，其投资的诉求也不尽相同。对于募资人员来说，在努力推销自己之前，更重要的是了解对方的痛点以及如何才能解决这些痛点。

三、合格投资者

《资管新规》落地后，对于合格投资者行业内有了明确的规定。合格投资者是指具备相应风险识别能力和风险承受能力，投资于单只基金不低于一定金额且符合下列条件的自然人、法人或者其他组织：

1）具有两年以上投资经历，且满足下列条件之一的自然人：家庭金融净资产不低于 300 万元，家庭金融资产不低于 500 万元，或者近三年本人年均收入不低于 40 万元。

2）最近一年年末净资产不低于 1000 万元的法人单位。

3）依法设立并接受国务院金融监督管理机构监管的机构，包括证券公司及其子公司、基金管理公司及其子公司、期货公司及其子公司、在基金业协会登记的私募基金管理人、商业银行、金融资产投资公司、信托公司、保险公司、保险资产管理公司、财务公司及中国证监会认定的其他机构。

4）接受国务院金融监督管理机构监管的机构发行的资产管理产品。

5）基本养老金、社会保障基金、企业年金等养老基金，慈善基金等社会公益基金，合格境外机构投资者（QFII）、人民币合格境外机构投资者（RQFII）。

6）中国证监会视为合格投资者的其他情形。

不仅如此，基金管理人的募集行为同样受到 2017 年颁布并实施的《证券期货投资者适当性管理办法》的约束。该办法指出：向投资者销售证券期货产品或者提供证券期货服务的机构（募资机构）应当遵守法律、行政法规、本办法及其他有关规定，在销售产品或者提供服务的过程中，勤勉尽责，审慎履职，全面了解投资者情况，深入调查分析产品或者服务信息，科学有效评估，充分揭示风险，基于投资者的不同风险承受能力以及产品或者服务的不同风险等级等因素，提出明确的适当性匹配意见，将适当的产品或者服务销售或者提供给适合的投资者，并对违法违规行为承担法律责任。

四、募集说明书

大部分情况下，募集说明书可以帮助出资人对基金基本情况有一个初步了解。募集说明书的质量直接关系到出资人是否有继续沟通了解的意愿。优秀的募集说明书应该包含以下几个方面：

1. 基金基本要素

正如前文所说，基金基本要素是基金的基本框架，清晰的基金要素可以帮助出资人更快地了解基金的情况。

2. 管理人介绍

团队的优劣直接关系到基金未来的发展。管理人介绍应该详细说明管理人工商信息，基金业协会备案情况、团队组成和核心人员简历、在管规模和基金数量、历史投资业绩、专注的行业和领域等。

3. 投资策略分析

对于母基金来说，其投资策略对于是否吸引潜在出资人出资至关重要。投资策略分析应该介绍基金整体投资策略、市场概况、该类型投资机会未来的盈利空间等内容。

4. 拟投资标的

有吸引力的拟投资标的将会非常吸引出资人的眼球。母基金的拟投资标的可能会包括很难进入的头部子基金、发展潜力巨大的黑马基金、明确的直接投资项目等。

5. 投资亮点

尽管在整个募集说明书已经详细地描述了基金各个方面的情况，但是简明扼要的投资亮点不可或缺。通过投资亮点的分析，可以着重强调该基金与市场其他母基金的区别和优势，更重要的是要让潜在出资人认为投资该基金最能解决其投资诉求。

五、有限合伙协议

在完成几轮的募资谈判、路演、尽职调查、有限合伙协议条款磋商后，基金管理人同出资人通过订立有限合伙协议（或基金合同、公司章程）的方式明确权责划分。

一般来讲，有限合伙协议应该包括如下几个章节：

第一章 总则

第二章 基本情况

第三章 合伙人及其出资

第四章 合伙人的基本权利和义务

第五章 执行事务合伙人

第六章 有限合伙人

第七章 合伙人会议

第八章 管理方式、管理费和业绩报酬

第九章 合伙企业财产托管

第十章 入伙、退伙、合伙权益转让和身份转变

第十一章 投资事项

第十二章 利润分配和亏损分担

第十三章 税务承担

第十四章 费用和支出

第十五章 财务会计制度

第十六章 信息披露制度

第十七章 终止、解散与清算

第十八章 违约责任

第十九章 合伙协议的补充和修订

第二十章　法律适用与争议解决

第二十一章 保密

附件一：全体合伙人及其出资签字页

在与不同的出资人沟通时，特别是国资出资人，其对于基金投资的很多约束都要求体现在有限合伙协议中，如反投比例的要求、管理费的要求、母基金注册地要求、投资范围和投资限制的要求、投资决策的要求、利益分配方式的要求、出资顺序的要求、让利条款等。

第六节　私募股权投资基金的登记备案

一、私募股权投资基金的登记备案流程

随着私募股权投资的不断发展，根据《中华人民共和国证券投资基金法》（简称《证券

投资基金法》）的要求和中国证券监督管理委员会的授权，中国证券投资基金业协会于 2014 年 2 月制定了《私募投资基金管理人登记和基金备案办法（试行）》，明确了私募基金管理人登记和私募基金备案机制。私募基金行业的登记备案制度从此成为当前私募基金行业的重要制度。2017 年 4 月起，基金业协会推出“资产管理业务综合管理平台”（AMBERS 系统）第二阶段正式上线运行，经过多年发展，最终取代原私募基金登记备案系统。

通过 AMBERS 系统，申请机构可以完成全套登记备案流程。具体流程如图 2-9 所示。

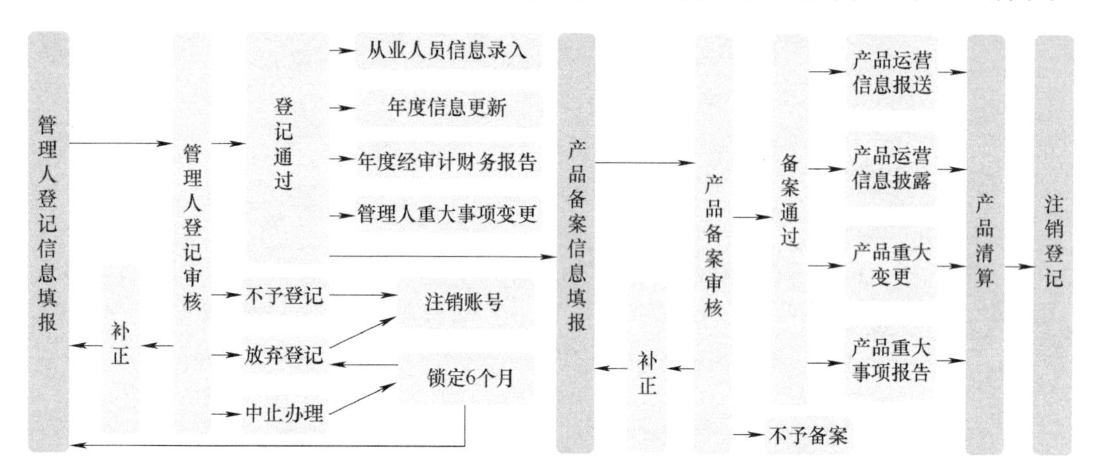

图 2-9　申请机构登记备案系统操作流程

资料来源：中国证券投资基金业协会。

二、私募股权投资基金管理人登记

依据《私募基金管理人登记须知》，各类私募基金管理人应当根据基金业协会的规定，向基金业协会履行私募基金管理人登记手续。

1. 私募基金管理人登记的基本流程

私募基金管理人申请登记，应当通过 AMBERS 系统如实填报基金管理人基本信息、高级管理人员及其他从业人员基本信息、股东或合伙人基本信息、管理基金基本信息。登记申请材料不完备或不符合规定的，管理人应当根据基金业协会的要求及时补正。

申请登记期间，登记事项发生重大变化的，私募基金管理人应当及时告知基金业协会并变更申请登记内容。基金业协会可以采取约谈高级管理人员、现场检查，向中国证监会及其派出机构、相关专业协会征询意见等方式对私募基金管理人提供的登记申请材料进行核查。

根据现行监管要求，登记完成的私募基金管理人自登记完成后的 10 个工作日内需主动与注册地所属地方证监局取得联系。同时，经登记后的私募基金管理人依法解散、被依法撤销或者被依法宣告破产的，应及时注销基金管理人登记。

2．私募基金管理人登记基本要求

（1）内控基本要求

根据《私募投资基金管理人内部控制指引》及私募基金登记备案相关问题解答要求，私募基金管理人申请机构应当建立健全内部控制机制，明确内部控制职责，完善内部控制措施，强化内部控制保障，持续开展内部控制评价和监督。不仅如此，私募基金管理人申请机构的工作人员应当具备与岗位要求相适应的职业操守和专业胜任能力。

（2）资本金满足运营

作为必要合理的机构运营条件，私募基金管理人申请机构应确保有足够的实缴资本金保证机构有效运转。对于私募基金管理人实缴资本未达到注册资本的 25%的情况，基金业协会将在私募基金管理人公示信息中予以特别提示，并在私募基金管理人分类公示中予以公示。

（3）办公地要求

私募基金管理人申请机构的办公场所应当具备独立性。申请机构工商注册地和实际经营场所不在同一个行政区域的，应充分说明分离的合理性。根据 2020 年 9 月 11 日颁布的《关于加强私募投资基金监管的若干规定（征求意见稿）》的相关规定，私募基金管理人的注册地与主要办事机构所在地应当设于同一省级、计划单列市行政区域内，且不得以从事资金募集活动为目的设立或者变相设立分支机构。

（4）财务清晰

根据《私募投资基金管理人内部控制指引》，申请机构应建立健全财务制度。

（5）已展业情况

私募基金管理人申请机构提交登记申请前已实际展业的，应当说明展业的具体情况，并对此事项可能存在影响今后展业的风险进行特别说明。若已存在使用自有资金投资的，应确保私募基金财产与私募基金管理人自有财产之间独立运作，分别核算。

（6）特殊目的载体（SPV）

已登记私募基金管理人为某只基金的设立或投资目的，出资或派遣员工专门设立的无管理人员、无实际办公场所或不履行完整管理人职责的特殊目的载体（包括出于类似目的为某只有限合伙制基金设立的普通合伙人机构），无须申请私募基金管理人登记，但应当在私募基金管理人关联方中如实填报相关信息。

三、私募股权投资基金备案

《私募投资基金备案须知》规定了私募基金的投资范围、管理人以及基金的募集、投资、托管等方面须遵循的要求。私募基金管理人应当根据基金业协会的规定向基金业协会履行私募基金备案手续。

1. 私募基金备案的基本流程

在私募基金备案前，私募基金管理人需要完成以下几个步骤：

1）募集期间确定投资人，并核实合格投资者相关信息。

2）对于合伙企业制和公司制基金，需提前完成工商注册。

3）确定基金合同（或有限合伙协议、基金公司章程）。

4）选择托管人和外包服务机构，开设基金募集账户，并完成募集。

5）在基金业协会完成备案。

私募基金管理人应当在私募基金募集完毕后 20 个工作日内，通过私募基金登记备案系统进行备案，并根据私募基金的主要投资方向注明基金类别，如实填报基金名称、资本规模、投资者、基金合同（基金公司章程或者合伙协议，以下统称基金合同）等基本信息（公司制基金自聘管理团队管理基金资产的，该公司制基金在作为基金履行备案手续的同时，还需作为基金管理人履行登记手续）。

私募基金备案材料完备且符合要求的，基金业协会应当自收齐备案材料之日起 20 个工作日内，通过网站公示私募基金的基本情况，为私募基金办结备案手续。

2. 私募基金备案的注意事项

根据 2019 年版《私募投资基金备案须知》以及其他监管文件的要求，私募基金管理人在基金备案时应特别注意以下几点：

（1）私募基金备案范围

私募基金不应从事借（存）贷、担保、明股实债等非私募基金投资活动，或从事承担无限责任的投资。

（2）投资者人数

私募基金的投资者人数累计不得超过《证券投资基金法》《公司法》《合伙企业法》等法律规定的特定数量。其中，以股份有限公司或者契约形式设立的私募基金，累计不得超过 200 人，以有限责任公司或者合伙企业形式设立的私募基金，累计不得超过 50 人。

（3）双管理人模式

在强化管理人职责的监管方向下，过往实行过的双管理人被禁止。但是双管理人的禁止并不影响双 GP 模式的应用。

（4）基金托管要求

合伙制及公司制私募基金在取得全体投资人的一致同意，且制定了相应的纠纷解决机制后，可不予托管。但是，私募基金通过设立 SPV 对外投资的，要求强制托管。

第三章

母基金投资

第一节　母基金投资策略概述

母基金的投资策略通常为三种：一级投资（Primary Investment，简称 P 策略）、二级投资（Secondary Investment，简称 S 策略）和直接投资（Direct Investment，简称 D 策略）。

一级投资（P 策略）即母基金直接投资私募股权投资基金，这是母基金发展初期的主要业务，也是其本源业务。母基金在进行一级投资时，重点考察私募股权投资基金管理人的团队、历史业绩、投资策略等。在这种策略下，投资期限相对比较长，因为从基金设立的第一天投进起，要等到整个基金的周期走完。

在一级投资中有一种特殊模式，即 First-Time Funds 模式，该模式的投资逻辑即投资于新机构发行的第一只私募基金。根据国外发达国家的经验，First-Time Funds 的收益水平普遍高于市场平均收益水平。所以许多母基金管理人将 First-Time Funds 视为实现资产配置差异化的工具。因 First-Time Funds 的基金管理人均为初创公司，没有可以追溯的历史业绩，所以甄别管理人的工作尤为重要。优秀的 First-Time Funds 基金管理人的主要人员大部分来源于：①从具有优秀历史业绩的基金管理人中分流而来的管理人员；②有产业背景的、了解行业情况的人员；③有多年投行等工作经验的人员。

二级投资（S 策略）即母基金在二级市场进行的投资，主要有两种形式：购买私募股权投资基金存续的基金份额或后续出资额；购买私募股权投资基金持有的所投组合公司的股权。近年来，母基金的二级投资业务比例不断增加，尤其从 2018 年开始，由于宏观经济下行压力大、社会融资规模下滑，很多投资于私募股权投资基金的上市公司、产业资本和高净值个人都遇到了资金流动性问题，S 策略便引起了广大管理机构和投资者的关注。在美国市场，二手份额的交易已经占到年总交易额的 1/4 以上；在中国市场，二手份额的交易仍处于市场摸索期，但尝试者越来越多，例如 2019 年 12 月 10 日，目标规模 100 亿元的深创投 S 基金宣告成立。

S 基金优势明显，主要表现为以下几点：

1）对于基金份额转让方来说，S 基金解决了其资金流动性需求，使得股权基金份额提前变现。

2）对于基金份额的受让方来说有以下策略：①期限短：大大缩短了资金回收的周期；②更安全：子基金已基本完成投资，投资项目已确定，甚至已经有具体的退出方案；③分红快：母基金进入后，可能子基金就已经进入了退出期，现金分红快，可大幅提高母基金的内部收益率（IRR）。

直接投资（D 策略）即母基金直接对公司股权项目进行投资，通常以直投或跟投形式进行。该策略不能简单地理解为直投，而是追踪式、追加型投资。母基金通过 P 策略、S 策略已经覆盖了大量底层资产，对其中开发出来的优质项目，母基金可以进行追踪式、追加型投资，从而提高投资收益率。

在实际投资中，部分母基金会将三种投资策略结合起来进行，形成 PSD 策略，即一只母基金分别投资于子基金（Primary）、二手份额接续基金（S 基金）以及所有基金中有直投机会的项目。相较于普通投资于新发股权基金的母基金，PSD 策略可以通过投资不同阶段的基金份额均衡整体母基金的现金流，从而提高基金整体内部收益率。通常该类型基金投资周期与普通基金较为一致，集中在 8～10 年。

第二节　母基金的投资流程

一、投资流程管理机制

母基金管理人通常会根据自身情况制定严谨且切实可行的基金投资流程。母基金管理人内部应制定相应的《投资流程管理办法》（简称《管理办法》）作为整个母基金投资流程的指导文件。在《管理办法》中，应约定从项目获取到基金最终缴款中对应的关键节点和关键人物，明确相应负责人，并在实际操作中落实到位。

从关键节点来看，《管理办法》应明确母基金投资的各个关键节点，如子基金获取、子基金初筛、立项、尽职调查、投资决策等。从人员分工来看，《管理办法》应明确投资经理、投资总监、风控人员、投委会成员以及外部第三方中介机构相应的职责和参与节点。从流程文件来看，《管理办法》应明确不同关键节点应产出不同的流程文件，如立项文件、尽职调查报告、法律尽职调查报告、风险评估报告、立项会会议纪要、投资决策会会议纪要、投资决策报告等。

二、母基金具体投资决策流程

母基金具体投资决策流程如图 3-1 所示。

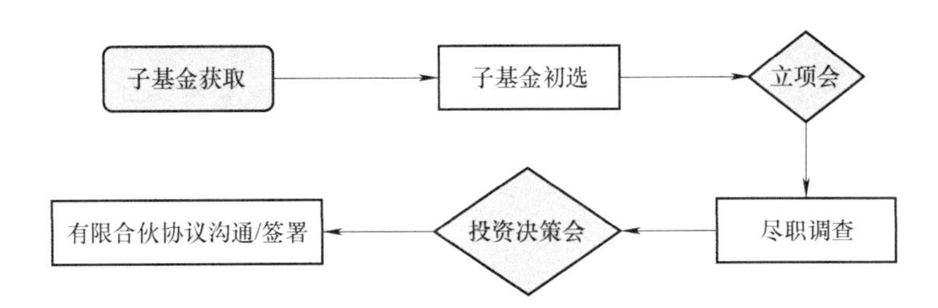

图 3-1 母基金具体投资决策流程

资料来源：融中母基金研究院。

1. 子基金获取、初筛、立项

子基金获取通常为整个投资流程的第一步。母基金通过各种方式获得子基金相关信息并根据相应内容做出初步判断。

对于市场化母基金来说，通常项目获取主要通过投资经理与各个子基金管理人沟通，获得子基金募资信息，并从其提供的募资文件（募资说明书或募资说明 PPT 文件）获得有用信息帮助其初步筛选。一般来看，市场化母基金还可以通过其自身资源获取信息。初筛过程中，通常会参考如融中母基金研究院榜单等第三方行业榜单的排名作为筛选依据。而政府引导基金多通过公开申报的方式吸引子基金申报。在复核引导基金管理办法相关资格要求的前提下，可以初筛出子基金。

通过初筛后，投资经理应准备相应的立项报告并组织召开立项会。通过立项会的子基金即可进入尽职调查环节。

2. 尽职调查

通过立项会的子基金即需要进入尽职调查环节。尽职调查可分为商业尽职调查、法务尽职调查、财务尽职调查。对于子基金来说，管理人或基金财务报表相对简单，较少涉及财务尽职调查，通常均为商业尽职调查。投资团队或第三方尽职调查团队根据收集的材料和访谈情况，总结投资亮点，归纳投资风险，最终形成投资建议，并出具尽职调查报告。

3. 投资决策和有限合伙协议沟通/签署

通过尽职调查的子基金应由相关人员组织召开投资决策会，对拟投资子基金做出最终的投资决策。投资决策会设若干投资决策会委员，委员根据各个母基金的实际情况由内部管理团队成员或者外部专家担任。政府引导基金通常需要依据其引导基金的《管理办法》召集管理部门（如财政、发展改革委、科技、金融等部门）负责人共同对拟投资子基金进行决策。通常过半数委员同意后即可进行投资。投资决策会上会形成投资决策报告和投资决策会议纪要，记录各位委员对于子基金的重点关注指标和意见，这也作为后期有限合伙协议沟通时的主要依据。

投资决策会通过即可进入有限合伙协议沟通/签署环节。主要对有限合伙协议初稿中权利义务、子基金投资决策会席位或观察员席位、关键人锁定等细节条款进行沟通和确定。经双方法务部门确认后，即可进行有限合伙协议签署并完成最后缴款。

第三节　政府引导基金的投资策略

一、政府引导基金从 1.0 到 2.0

在政府引导基金 1.0 模式下，政府的作用主要是招商引资，对企业的帮助较为直接，如土地出让金的减免、税收减免、厂房代建、政府找企业直接购买服务等。而到了如今的 2.0 模式下，政府主要采用市场化运作的方式，带动产业引入，帮助当地形成优势产业，促进当地产业转型升级、产业集聚，产融结合越来越深入。

例如，广州市新兴产业发展引导基金之前曾与三一重工合作，当时三一重工要在广州设立一个湾区总部，而广州市之前并没有工业互联网的基础，但有很强的制造业品牌。于是该基金和三一重工共同孵化一个数控互联的企业，三一重工把数控互联的总部从湖南长沙迁到了广州，同时该基金与三一重工成立了一个 40 亿元规模的广州工业互联网基金，把该基金中的部分资金投资于数控互联。此外，三一重工也在广州成立了工业互联网的产业联盟，这样就产生了集聚效应，即政府通过引导基金的方式，把一个产业带到一个新地方，在这个城市产生产业集聚效应，然后辐射到相关产业。

二、政府引导基金对政策引导和经济效益的平衡

首先，这两者的矛盾将一直存在，这是由我国资源供给的来源决定的。我国体制内的机构，无论是政府引导基金还是国企，其凭借自身独有的优势，具有非常强的聚拢财力物力等资源的能力，但是体制内的基金与市场化基金的投资逻辑和评价体系截然不同，所以政府引导基金就存在着政策引导和经济效益平衡的问题。但是，从政府引导基金最近 4～5 年的发展历程来看，其自身也在不断迭代、不断努力追求这两者的平衡。政府引导基金经历了从最初的委托管理，让企业到当地注册并投资，到后来和大型龙头企业合作的合作管理，再到目前的加大自我投资的自主管理，这是一个从被动到主动、从合作到完全自主投资的迭代过程。通过从被动到主动投资的过程，基金的招商引资、既定的经济效益甚至包括政府和市场的关系等课题，在这个迭代的过程中都能实现既定的变化。

其次，在政府引导基金投资的实操过程中，有以下可参考的方法来平衡政治任务和经济效益。

虽然政府引导基金在招商引资和实现经济效益中有一定的矛盾，但也并非无解。国内著名的政府引导基金的管理机构盛世投资在这方面有丰富的实践经验。盛世投资在政府引导基金的管理运作方面非常成功，满足了很多地方政府引导基金1倍甚至2倍的返投比例要求。

总结起来，在政府引导基金投资实际操作中，有以下几种可供参考的方法：

1. 寻找专业的合作机构

现在市场上有很多专业程度都非常高的机构，能够帮助到政府引导基金，如出资人、找寻项目、对接具体资源甚至是招商引资等方面的各类要求。专业机构的众多资源能对政府引导基金的各类市场化和非市场化的需求做恰当的匹配，既能满足其招商引资的需求，也平衡了各方的经济效益。

2. 政府让利

（1）政府直接让利

政府可以将后期的后端收益让利给基金管理人，以此来吸引其合作。

（2）降低回购利率

很多投资项目最后靠企业管理层回购退出，回购退出的正常收益率是7%～8%。但这个收益率太高，不符合当下融资难、融资贵、为企业减负的社会现实，起不到引导支持当地产业发展的作用。所以，可以考虑将企业回购利率降低到4.5%的较低水平。

政府让利能起到降低企业融资成本的作用，吸引企业到当地投资建厂，同时也能帮助政府引导基金完成招商引资的任务。

3. 政府引导基金需要加强管理深度来服务和吸引GP与被投企业

理论上来说，政府和政府引导基金是最了解当地产业基础的。引导基金管理机构在吸引子基金和项目落地的同时，也要做好赋能。引导基金一方面在产业方面给予子基金和项目上下游的支持，另一方面在政策方面应给予项目方更多帮助。这样，引导基金才能更好地帮助被投子基金及企业，从而实现政策引导和经济效益的平衡。

4. 政府引导基金抱团合作投资

仍以北京高精尖产业基金为例，这是一只纯产业引导基金，计划总体规模为200亿元左右，截至2020年12月，已确定合作子基金27只。在《资管新规》出台前，上市公司、龙头企业以及与它们相关产业投资方作为发起人在每只基金的出资比例为38%左右，北京高精尖产业基金自身出资20%左右，金融机构出资15%，其他的市场机构出资比例约27%。而在《资管新规》出台后，这一比例发生了较大的变化，主要体现在北京高精尖产业基金和其他政府引导基金抱团投资，如和北京市其他的引导基金一起投资，占每只基金的比例为40%左右，发起人和产业投资方出资占到40%左右，他们能起到很好的协同作用；此外，金融机构出资占比 20%左右。从这个比例变动中，不难看出产业投资方和政府的项目投资是有一定平衡性的。

三、政府引导基金目前亟待解决的问题

第一，对政府引导基金的顶层设计存在需要完善的地方。地方政府的钱一定是有自己诉求的，基金形式可能不是最适合的招商模式。而做基金，就要充分发掘全国在各个细分领域里最好的机会，就是要由这种诉求的资金端来匹配基金管理人，才能做到最优的结果。目前各地政府引导基金，最终能有多少转化为有效的资本，能够真正高效地投资优秀的基金管理人，还有很多不确定性。未来随着数字化渗透程度越来越深，各地政府想以单方意志去人为主导规划建成一些强势产业，难度很大。今后最终的话语权是资源的决定权。资源整合不应以地域为单位，要在全国范围内去寻找最优秀的公司，去投资最优秀的资产管理人。资金应该没有地域限制地去寻找最匹配的对象，这样才有可能打破现在的这种格局。

第二，退出通道亟须改善。在我国创投市场，绝大部分已投项目是通过 IPO 实现退出的。但在 2018 年资本市场发展低迷的情况下，全年仅有 100 家左右的公司实现了 A 股 IPO。而我国的基金管理人超过 1.4 万家，管理规模超过 10 万亿元。在这种情况下，如果仅靠 IPO 退出通道，私募股权投资行业无法形成自循环。但是一个产业发展会有一个周期，并且资本如果持续存在的话，也会有自己在每个阶段的特定需求，所以专注于私募股权二级市场的 S 基金会大有作为。从某种程度上来讲，解决政府引导基金痛点的最好方法就是大力发展 S 基金。不过，对于运作中的基金如何估值，也是投资人关注的问题。

第三，退出问题。比如，政府引导基金在退出时，是按本金退，还是按收益退。通常制定基金管理办法时，最初的让利设定为投资期内引导基金本金退出；退出期内按引导基金本金加银行同期贷款利息退出；期限太长的，引导基金和社会资本同股同权退出。相当于时间越长，让利的程度越低。利用让利的方式来激励退出，在引导基金发展早期比较多，如启迪、深创投早期管理的引导基金，实现了这类退出，但最终由于产业基金和创投基金运作方式有一定差异，改成政府引导基金同股同权退出。

第四，对政府引导基金的过度审计对其投资形成一定的掣肘。以某省级引导基金为例，引导基金所有资金来源于财政资金。其最近两年可能主要面临的问题就是审计问题。每年审计会对每只基金是否按照文件执行去核实审计，是否按照省委省政府的意图去进行充分的调查取证。审计不仅是针对有红头文件的规定，对于一些窗口指导，也会充分地对比核实。到底有多少基金成立了，有多少钱投到实体经济里面去了等细节问题都会进行指标的量化分析。这种高密度的审计可能在某种程度上对投资效率和效果形成掣肘。

政府引导基金是在我国特定时期出现的特定产物，对我国经济实现新旧动能转换、支持产业升级、产业集聚等各方面产生了积极影响，但在运行过程中也有很多需要各方合力解决

的问题。那么，如何把国家的战略、政府引导基金以及市场化资本有机地融合起来，需要各方思考和探索。

四、国家级引导基金的投资使命

政府引导基金是由政府出资设立，吸引有关地方政府、金融和投资机构、社会资金进入，通过投资机构的市场化运作，以股权投资的方式支持创新创业和产业发展的资金。政府引导基金的任务主要在于“引导”。这里“引导”一是体现在引导社会资本进入股权投资领域，发挥财政资金的杠杆放大作用；二是体现在引导资本进入到国家重点扶持产业。

国家级引导基金是指由财政部联合各部委共同设立的引导基金，引导基金资金主要来源于中央财政。从某种意义上说，国家级引导基金代表了国家意志，其投资方向和领域体现了各大部委重点扶持的方向和产业发展的重点。

以下重点介绍 13 只国家级引导基金及其合作子基金的投资偏好及投资运营情况，分别是国资委发起的 6 只引导基金、科技部发起的 1 只引导基金、工信部发起的 3 只引导基金、国家发展改革委设立的 3 只产业引导基金。

1. 国资委发起的引导基金

国资委全称为国务院国有资产监督管理委员会，是国务院直属正部级特设机构，代表国家履行出资人职责，监管中央所属企业的国有资产。目前，国资委共管理 96 家中央所属企业，其中包括中国国新控股有限责任公司、国家开发投资集团有限公司、中国诚通控股集团有限公司等积极参与股权投资领域的国有机构。

国资委发起引导基金，主要目的在于通过股权投资的手段，引导社会资本参与推进国企改革，深化国企结构调整。2018 年 9 月，中共中央办公厅、国务院办公厅印发的《关于加强国有企业资产负债约束的指导意见》明确提出，“引导国有企业通过私募股权投资基金方式筹集股权性资金，扩大股权融资规模”，“鼓励各类投资者通过股权投资基金、创业投资基金、产业投资基金等形式参与国有企业兼并重组”。不仅如此，2018 年 7 月，国务院印发的《关于推进国有资本投资、运营公司改革试点的实施意见》，明确国有资本运营公司以“基金投资等方式，盘活国有资产存量，引导和带动社会资本共同发展，实现国有资本合理流动和保值增值”。基于此目的，国资委发起以下几只引导基金：

（1）中国国有资本风险投资基金

管理机构：中国国新控股有限责任公司

出资人：中国邮政储蓄银行、中国建设银行、深圳市投资控股有限公司

管理规模：1000 亿元

投资领域：技术创新、产业升级项目

从投资项目来看，中国国有资本风险投资基金通过直投或通过国新风险投资管理（深圳）有限公司设立的子基金参与了 31 个项目的投资，其中包括很多国企央企的子公司。从行业来看，投资生物医药类企业 11 个，占比 35.48%；其次为信息技术、航天军工、新能源等领域。如表 3-1 所示。

表 3-1　中国国有资本风险投资基金投资情况

序　号	公司名称	行　业
1	北京中科寒武纪科技有限公司	信息技术
2	锋源新创科技（北京）有限公司	信息技术
3	深圳微品致远信息科技有限公司	信息技术
4	深圳市前海第四范式数据技术有限公司	信息技术
5	昆明昆船物流信息产业有限公司	信息技术
6	孚能科技（赣州）股份有限公司	新能源
7	湖南长远锂科股份有限公司	新能源
8	厦门厦钨新能源材料有限公司	新能源
9	北京盖兰德生物科技有限公司	生物医药
10	上海邦耀生物科技有限公司	生物医药
11	福森药业（1652.HK）	生物医药
12	润生药业有限公司	生物医药
13	光景生物科技（苏州）有限公司	生物医药
14	江苏瑞科生物技术有限公司	生物医药
15	上海联影医疗科技有限公司	生物医药
16	上海联影智慧医疗投资管理有限公司	生物医药
17	广州康诺医药科技有限公司	生物医药
18	上海凯赛生物技术股份有限公司	生物医药
19	深圳市药欣生物科技有限公司	生物医药
20	北新国际木业有限公司	批发业
21	深圳中电国际信息科技有限公司	批发业
22	国药控股（中国）融资租赁有限公司	金融
23	保创投资发展有限公司	金融
24	中油资本（000617.SZ）	金融
25	深圳市投控发展有限公司	工程建设
26	航天建筑设计研究院有限公司	航天军工
27	中国重工（601989.SH）	航天军工
28	航天科工火箭技术有限公司	航天军工
29	亚太卫星宽带通信（深圳）有限公司	航天军工
30	中船重工杰瑞科技控股有限公司	高端制造
31	中船重工汉光科技股份有限公司	高端制造

资料来源：工商信息、融中母基金研究院。

（2）国新国同基金

管理机构：国新国控（杭州）投资管理有限公司（由国新国控、申万宏源、中信证券、五矿股份、三峡资本、富浙资本发起）

出资人：申万宏源、中信证券、浙江富浙、招银国际、中银创新发展、五矿股份、三峡资本、中国交通建设、深圳市汉威华基股权投资有限公司、中广核资本、中国电信、航天投资、中航工业

管理规模：目标规模1500亿元，首期700亿元

投资领域：支持央企开展国际产能合作、重大国际工程承包、高端制造领域国际并购等项目投资

从投资方向来看，国新国同基金不仅直接投资项目，同时也设立子基金。从直投项目来看，国新国同基金投资了众多国企央企投资平台，如中航投资控股有限公司、广西防城港中广核核电产业投资有限公司、浙江浙能投资管理有限公司等。子基金方面，国新国同基金合作的子基金管理人也均为国企央企背景。如表3-2所示。

表3-2　国新国同基金投资情况

直投项目			设立子基金		
序号	公司名称	行业	序号	子基金管理人	发起人
1	中航投资控股有限公司	金融	1	润电投资	华润电力
2	全兴精工集团有限公司	高端制造	2	五矿创新	五矿集团
3	广西防城港中广核核电产业投资有限公司	金融	3	浙能资本	浙能集团
4	广东润电环保有限公司	节能环保	4	国信国际	国新公司
5	浙江浙能投资管理有限公司	金融	5	招商局资本	招商局集团
6	航天投资控股有限公司	金融	6	国创基金	航天投资控股等
7	三峡资本控股有限责任公司	金融			
8	东方红卫星移动通信有限公司	航天军工			

资料来源：工商信息、融中母基金研究院。

（3）国新央企运营投资基金

管理机构：中国国新控股有限责任公司

出资人：国新公司、广州市政府各出资100亿元，浦发银行出资300亿元

管理规模：基金总规模1500亿元，首期规模500亿元

投资领域：中央企业供给侧结构性改革、混合所有制改革、股份制改制上市、资产证券化、并购重组等兼具社会效益和经济效益的项目

从投资方向来看，国新央企运营投资基金重点关注国企混合所有制改革。基金先后参与了云南铜业股份有限公司、国投资本股份有限公司、中国南方航空股份有限公司、中国广核

电力股份有限公司的混改。如表 3-3 所示。

表 3-3 国新央企运营投资基金投资情况

序 号	公 司 名 称	股 票 代 码
1	云南铜业股份有限公司	000878.SZ
2	国投资本股份有限公司	600061.SH
3	中国南方航空股份有限公司	600029.SH
4	中国广核电力股份有限公司	003816.SZ

资料来源：工商信息、融中母基金研究院。

（4）国新科创基金

管理机构：国新科创基金管理有限公司

出资人：亦庄国投、中国烟草、国科控股、社会资本

管理规模：45.45 亿元

投资领域：重点投向中央企业、地方国有企业、大型民族企业科技创新进入产业化发展阶段的项目，重点关注节能环保装备及服务、新一代信息技术、新能源及高效能源利用、高技术服务业、高端装备制造、生物医药及医疗设备、新材料制造及应用、新能源汽车关键零部组件等行业领域中的重大项目

从投资方向来看，国新科创基金投资了中国电子投资控股有限公司和中星技术股份有限公司。其中，中国电子投资控股有限公司为中国电子信息产业集团有限公司、建信投资、亦庄国投、国新科创合作设立的投资平台。中国电子投资控股有限公司投资了集团内的企业，如中电通商融资租赁有限公司、中电信用服务有限公司等，以及其他新兴企业，如澜起科技、安迪苏（600299.SH）。

（5）中央企业国创投资引导基金

管理机构：国创基金管理有限公司（中国航天科技集团公司、中国中车集团、国新国际、中国保险投资基金、中国工商银行、中国邮政储蓄银行、上海浦东发展银行、顺义科创代表北京市政府出资设立）

出资人：中信信托、渤海汇金资管、中国保险投资基金、工银瑞信投资、航天投资控股、中车资本、国新国同、顺义科创

基金规模：总规模 1500 亿元，首期规模 1139 亿元

投资领域：投向处于世界先进水平、市场空间巨大、成长迅速的航天、核能、船舶等军民融合产业，高铁、先进电网装备、新一代信息技术、清洁能源、新能源汽车等产业；并对量子通信、3D 打印、机器人、石墨烯、碳纤维、高温合金、高强轻质合金、生物医药、节能环保等一批中央企业优质项目，进行投资布局

从投资方向来看，中央企业国创投资引导基金除了参与航天租赁（天津）有限公司、航

天投资控股有限公司、东方红卫星移动通信有限公司等航天领域的企业直接投资以外，也与中车资本、航天投资合作设立子基金。

（6）中国国有企业结构调整基金

管理机构：诚通基金管理有限公司

出资人：中国邮政储蓄银行、招商局、中国兵器工业集团、中国石化、神华集团、中国移动、中车资本、中国交建和北京金融街投资（集团）有限公司、诚通集团

基金规模：总规模3500亿元，首期规模1310亿元

投资领域：重点投资领域有四类，一是战略投资领域，二是转型升级领域，三是并购重组领域，四是资产经营领域。该基金将重点关注六大投资方向：一是关系国家安全、国民经济命脉的重要行业、关键领域和重大专项任务；二是中央及地方重点国有企业转型升级、国际化经营、实现创新发展项目；三是中央及地方重点国有企业强强联合、产业链整合、专业化整合和并购重组项目；四是发掘中央及地方重点国有企业重组整合和清理退出过程中的具有投资价值的项目；五是与中央企业以及境内外优秀资产管理机构共同设立专注于特定领域的子基金；六是其他具有经济效益和社会效益的项目

从投资方向来看，中国国有企业结构调整基金的投资方式分为基金投资、项目直接投资、债转股、定增或IPO的基石投资等。

项目直接投资方面，中国国有企业结构调整基金先后参与了某新能源车企增资项目、某央企金融平台公司增资项目、某央企混改项目、某科技有限公司项目、某互联网金融公司增资项目，总金额为152.99亿元。

设立子基金方面，中国国有企业结构调整基金共参与了18只子基金的设立，合作的GP主要是国有资本的投资平台和社会化的基金管理人。其中，国调招商并购基金［深圳国调招商并购股权投资基金合伙企业（有限合伙）］是中国国有企业结构调整基金出资最多的子基金。该基金的管理人为招商局资本，国调基金单币出资达到190.5亿元。如表3-4所示。

表3-4 中国国有企业结构调整基金合作子基金管理人

国有基金管理人	市场化基金管理人
中车资本	国富资本
中国兵器工业集团	海岸投资
航天科工	钟鼎资本
中国铝业	洪泰资本
五矿集团	和利创投
华润医药	
金融街资本	
中信产业基金	
招商局资本	

（续）

国有基金管理人	市场化基金管理人
金浦投资	
中信农业产业基金	
赛领资本	

资料来源：工商信息、融中母基金研究院。

2．科技部发起的引导基金

科技部全称为中华人民共和国科学技术部，是科技创新、科技成果转化的主管单位。科技部通过设立引导基金，贯彻落实《国家中长期科学和技术发展规划纲要》，深入实施创新驱动发展战略，加强供给侧结构性改革，促进经济结构调整和转型升级。引导基金可以通过金融手段，加速科技成果资本化、产业化，促进经济发展新旧动力转换，提高全要素生产率。科技部发起的引导基金是国家科技成果转化引导基金。

管理机构：国家科技风险开发事业中心

出资人：财政部

管理规模：已设立子基金 14 只，总规模 247 亿元

投资领域：通过设立创业投资子基金、贷款风险补偿、绩效奖励三种方式支持科技成果转化。其他投资方向须符合国家重点支持的高新技术领域

从合作子基金管理人来看，国家科技成果转化引导基金合作设立的子基金管理人分别有瑞华控股、君联资本、天创资本、国科投资、国投创业、中国风投、双创投资、沃衍资本、高特佳。子基金均专注于初创期科技型中小企业以及科技成果转化项目。

3．工信部发起的引导基金

工信部全称为中华人民共和国工业和信息化部，是根据 2008 年 3 月 11 日公布的国务院机构改革方案组建的国务院直属部门。

工信部设立引导基金更多地关注于先进制造、集成电路等重点生产领域的创新与转化。先进制造业是我国制造业转型升级的主要方向，是制造强国建设的重中之重。基于以上目的，工信部先后发起国家中小企业发展基金、国家集成电路产业投资基金、先进制造业产业投资基金。

（1）国家中小企业发展基金

管理机构：以政府申报和公开招标的方式选择基金管理机构。目前管理人分别是深圳国中创投（政府申报）、清控银杏（公开招标）、江苏毅达（公开招标）、深圳众合瑞民

出资人：财政部出资 150 亿元。其中不同管理人所管理基金根据自身资源吸引社会资本，具体如下：

深圳国中：深圳市中小企业服务署、特华投资控股有限公司、深创投、华安财险、

深圳市融浩达投资有限公司、深圳市华晖集团有限公司

清控银杏：清华控股

江苏毅达：江苏省政府引导基金、太平财险

深圳众合瑞民：深圳市引导基金、安信证券、深圳汇通金控、万科、创东方投资、东方富海

管理规模：认缴总规模 195 亿元，基金总共完成投资项目 222 个，投资金额超过 60 亿元

投资领域：高端装备制造、新能源、新材料和生物医药、节能环保、信息技术等战略性新兴行业

（2）国家集成电路产业投资基金

管理机构：华芯投资

出资人：国开金融、中国烟草、亦庄国投、中国移动、上海国盛、中国电科、紫光通信、华芯投资、武汉金控、中国联通、中国电信、中国电子（CEC）、大唐电信、赛伯乐投资、武岳峰资本

基金规模：1387.2 亿元

投资领域：集成电路制造 67%，设计 17%，封测 10%，装备材料类 6%

第二期于 2019 年 7 月已募集完成，规模 2000 亿元。

从具体投资标的来看，国家集成电路产业投资基金的投资标的涵盖集成电路生产的整个产业链，包括设计、制造、封测、设备、材料、产业生态。同时，国家集成电路产业投资基金不仅直接投资于企业，也参与了众多子基金的投资。已经合作的资金管理人包括北京集成电路产业投资基金、中芯聚源、苏州元禾等。如表 3-5 所示。

表 3-5　国家集成电路产业投资基金

领　域	投 资 项 目	投资规模（亿元）	占　比
设计	紫光集团有限公司、纳思达股份有限公司、国科微电子股份有限公司、北京北斗星通导航技术股份有限公司、深圳市中兴微电子技术有限公司、深圳国微技术有限公司、盛科网络（苏州）有限公司、浙江万盛股份有限公司、北京兆易创新科技股份有限公司、深圳市汇顶科技股份有限公司、芯原微电子（上海）有限公司、长沙景嘉微电子股份有限公司、苏州国芯科技有限公司、北京华大九天软件有限公司、福州瑞芯微电子股份有限公司	205.9	19.66%
制造	中芯国际集成电路制造有限公司、三安光电股份有限公司、杭州士兰微电子股份有限公司、长江存储科技有限责任公司、中芯北方集成电路制造（北京）有限公司、上海华力集成电路制造有限公司、北京耐威科技股份有限公司、纳微矽磊国际科技（北京）有限公司、山东共达电声股份有限公司、上海华虹宏力半导体制造有限公司、中芯南方集成电路制造有限公司、华虹半导体（无锡）有限公司、中芯集成电路（宁波）有限公司、中芯国际集成电路制造有限公司、北京燕东微电子有限公司	500.14	47.76%

（续）

领　域	投 资 项 目	投资规模（亿元）	占　比
封测	江苏长电科技股份有限公司、华天科技（西安）有限公司、中芯长电半导体（江阴）有限公司、通富微电子股份有限公司、苏州晶方半导体科技股份有限公司、无锡市太极实业股份有限公司	115.52	11.03%
设备	中微半导体设备有限公司、杭州长川科技股份有限公司、沈阳拓荆科技有限公司、北京七星华创电子股份有限公司、睿励科学仪器（上海）有限公司、ACM research（盛美半导体）	12.85	1.23%
材料	江苏鑫华半导体材料科技有限公司、上海新昇半导体科技有限公司、安集微电子科技（上海）有限公司、烟台德邦科技有限公司、江苏雅克科技股份有限公司、北京世纪金光半导体有限公司	14.15	1.35%
产业生态	北京制造和设备子基金、巽鑫（上海）投资有限公司、北京市集成电路产业投资基金、北京芯动能投资管理有限公司、芯鑫融资租赁有限责任公司、上海市硅产业投资有限公司、福建安芯产业投资基金、中芯聚源股权投资管理（上海）有限公司、江苏中能集团有限公司、苏州元禾控股股份有限公司、深圳中电国际信息科技有限公司、闻泰科技股份有限公司	198.58	18.96%
总计		1047.14	100.00%

资料来源：TrendForce、广发证券发展研究中心、融中母基金研究院。

（3）先进制造业产业投资基金

管理机构：国投创新

出资人：财政部、工银瑞信投资管理有限公司、上海电气、广东粤财、辽宁省产业引导基金、江苏省政府投资基金、浙江省产业基金有限公司、云南省投资控股、重庆市两江新区产业发展集团

管理规模：首期规模 200 亿元

投资领域：重点投资先进制造业、传统产业升级和产业布局的重大项目，加快培育高端制造业，促进传统制造业优化升级

4．国家发展改革委设立的产业引导基金

国家发展改革委全称为中华人民共和国国家发展和改革委员会，是综合研究拟订经济和社会发展政策，进行总量平衡，指导总体经济体制改革的宏观调控部门。

国家发展改革委设立引导基金旨在扶持战略性新兴产业的发展，以及区域性协同发展。为贯彻落实《“十三五”国家战略性新兴产业发展规划》，国家发展改革委于 2018 年对《战略性新兴产业重点产品和服务指导目录》进行了修订，主要涉及新一代信息技术产业、高端装备制造产业、新材料产业、生物产业、新能源汽车产业、新能源产业、节能环保产业、数字创意产业、其他服务业等九个大类。为此，国家发展改革委特设立战略性新兴产业发展基金，并通过公开招投标，选定中金佳成、国投创合、盈富泰克三家基金管理人。

（1）中金启元国家新兴产业创业投资引导基金

出资人：财政部、博时资本、湖北交投、湖北省联合发展投资集团有限公司、武汉光谷产业投资有限公司、烟台市财金发展投资集团有限公司、中金佳成、四川交投产融控股有限公司、浙江省产业基金有限公司、江苏广电、万林国际控股、建信（北京）投资

管理规模：总规模400亿元

合作机构：钟鼎资本、微影资本、光速中国、博远资本、创始伙伴、明势资本、弘晖资本、经纬中国、光谷产投、晨兴资本、晨山资本、济峰资本、动域资本、通和毓承、联想之星、红点创投、元禾控股、北极光创投、株洲中车时代、分享成长、曜为资本、基因资本、远毅资本、礼来亚洲风险投资基金、纪源资本、川流投资、光谷金控、昆仲资本、险峰长青、追远创投、华盖资本、天图资本、本草资本、建信投资、东湖天使基金、华映资本、基石资本、天善资本、将门创投、维思资本、翰颐资本、顺融资本、襄禾资本、杭州大头投资、山蓝资本、元生创投、创业接力、千乘资本、东方弘道、雅惠资产管理、清新资本、云启资本、沸点资本、火山石资本、辰德资本、丹华资本（DHVC）

（2）盈富泰克国家新兴产业创业投资引导基金

出资人：华润信托、财政部、龙岗区金投、鲲鹏资本、安徽省高新技术产业投资有限公司、河南国土资产运营管理有限公司、合肥高新建设投资集团公司

管理规模：总规模100亿元

合作机构：盈富泰克、深圳惠友投资、高捷资本、拓金资本、雷石资本、前海长城基金、杭州荷清投资、创维投资、正和资管、银河吉星、济南建华、大连航天半岛高新投资、镜成资本、博衍资本、合肥高新投、兴皖基金、立达资本、中美创投

（3）国投创合国家新兴产业创业投资引导基金（有限合伙）

出资人：财政部、国家开发投资公司、北咨公司、中国邮政储蓄银行、顺义科创、中信银行、广州基金、杭州和港

管理规模：总规模178.5亿元

合作机构：仙瞳资本、华耀资本、合创资本、戈壁创投、清创投资、正赛联资本、IDG、上海醴泽投资、华登国际、元生资本、鼎晖资本、高特佳、方广资本、源码资本、阿米巴资本、越秀产业基金、千骥创投、德同资本、三泽创投、安龙基金、金沙江联合、晨晖创投、天优投资、中电科国投、普丰国际、助力资本、沿海资本、通和毓承、峰谷资本、厦门国贸控股、亦联资本、麦星投资、金域医学、悦民投资、圆璟投资、龙磐投资、九合创投、新龙脉、苏州元禾、楚商领先、拾玉资本

综上所述，不同主体发起的引导基金肩负着不同的任务。如：国资委发起的引导基金以国企结构调整为主要目标；工信部发起的引导基金则更专注于工业自动化、集成电路等工业领域的发展；科技部发起的引导基金主要致力于实现科技成果的转化与产业化；国家发展改

革委发起的引导基金则是落实战略性新兴产业发展的实践。

"国家队"在了解引导基金目标的前提下，要更好地完成自己的使命和任务，也需要其子基金管理人的通力合作，尤其需要子基金管理人对相关产业有更深刻的理解，因为没有产业资源的投资机构或将被淘汰。

五、纾困基金的价值

2018 年 10 月以来，股票质押业务和纾困基金在市场上受到的关注度颇高，原因在于 A 股从 2018 年伊始就持续低迷，造成股票质押业务的流动性风险"螺旋式"加大。而当年 10 月"一行两会"等管理层通过国资兜底、资管计划纾困等方式参与化解上市股票质押风险，进一步提高了市场的关注度。其实，纾困基金这一形式并非我国首创，最早源于 2010 年欧债危机期间欧盟联合国际货币基金组织推出的用来解决希腊债务危机的救援基金。2018 年 10 月，北京海淀区成立百亿纾困基金支持优质科技企业发展是我国近年来最早设立的国资纾困基金。2018 年 11 月 21 日，投控共赢股权投资基金由深圳市投资控股有限公司（简称深投控）联合建信信托、鲲鹏资本、国信证券发起设立，总规模为 150 亿元。投控中证信赢股权投资基金由深投控联合中信证券发起设立，总规模为 20 亿元。这两只基金是全国首批按照市场化原则设立的上市公司纾困私募基金，基金管理人均为深投控的子公司深圳市投控资本有限公司。

1. 上市公司股票质押出现系统性流动性风险的原因分析

股票质押业务本身是质押式贷款业务，它不仅受到经济基本面的影响，还受到股票二级市场行情、政策层面的影响，因此相对一般质押贷款业务而言，其面临的风险隐患更大。

相比传统贷款业务，股票质押回购业务有两个显著特征：一是以股票为标的资产，受市场风险影响较大，对担保物价值的监测频率、时效明显高于传统贷款；二是融入方多为上市公司大股东、董事、监事、高级管理人员等，融入方偿债能力与质押股票相关性较高，市场下行阶段风险暴露速度加快。因此，该业务的信用风险、市场风险与流动性风险往往相互交织、高度相关，有其特殊的评估方式。

对于质权人而言，股票质押业务的风险主要包括三个方面：一是信用风险，即资金融入方未能履约，致使融出方遭受资金损失的风险；二是市场风险，即所质押股票价格波动的风险；三是流动性风险，即所质押股票变现能力不足导致融出方违约，处置无法覆盖融资本息的风险。2019 年以来，股票二级市场整体上处于上行阶段，从目前市场环境与政策环境来看，质押股票的流动性风险相对于 2018 年大大降低了。

2. 如何化解上市公司股票质押流动性风险——国资成立纾困基金

（1）国资成立纾困基金入场接手民营上市公司股权，提供流动性支持

从 2018 年 10 月起，上市公司股权质押难题开始受到高层关注，地方政府以及金融、财

政、司法等部门都相继开会并发布政策、细则以及纾困基金计划，全力帮助上市民企渡过难关。在此政策颁布后的 1 个多月后，券商、险资以及各个地方政府成立或拟成立的纾困专项基金规模就超 5000 亿元。其中，券商支持民营企业系列资管计划落地规模超 700 亿元。随着纾困资金逐步到位，股权质押这颗“雷”得到了有效缓解，A 股市场股权质押风险也逐步降低。

目前国资参与纾困上市公司有五种常见方式：①国资协议受让上市公司股份；②国资参与上市公司定增；③国资重组上市公司控股股东；④国资通过向实控人借款、受让股票质押债权等方式为公司或实控人纾困；⑤债转股、债权债务重组、授信担保。

国资成立纾困基金入场接手民营上市公司股权，既可提供流动性支持，又可完善自身产业布局，国内成立较早的深圳市投控共赢基金提供了很好的例证。

深投控为深圳市市属国有资本投资公司、综合型金融控股集团和市级科技金控平台，业务涵盖科技金融、科技产业、科技园区三大板块，服务深圳现代化国际化创新型城市建设，资本实力雄厚。

投控资本统筹管理深投控基金群业务板块，通过整合旗下投控东海和深投控体系内高新投创投、中小担创投（汇博成长）、国信弘盛、中国科学技术开发院等基金管理平台，围绕科技创新和产业升级，布局千亿基金群战略。截至 2018 年底，深投控基金群已构建完成涵盖企业全生命周期的基金投资链条，设立包括天使、VC、PE、Pre-IPO、并购等各类基金，总规模近 650 亿元，为企业提供从初创期、发展期到成熟期等全阶段的扶持。

共赢基金所做的一系列投资均系围绕其主业而开展的战略性投资。从投资项目来看，截至 2019 年 3 月 31 日，共赢基金累计摸排近百个项目，立项 10 个项目，已决策通过 6 个项目，已实施 4 个项目，其证券简称分别为达实智能（002421）、顺络电子（002138）、翰宇药业（300199）、铁汉生态（300197），累计投资金额 16.09 亿元，如表 3-6 所示。

表 3-6　共赢基金投资项目一览表

证券简称	所属行业	协议签订日	转让方式	转让比例	每股转让价（元）	区间涨跌幅
达实智能	计算机	2018 年 12 月 17 日	协议转让	5%	3.81	24%
顺络电子	电子	2019 年 1 月 23 日	大宗交易	2%	14.3	39%
翰宇药业	医药生物	2019 年 3 月 23 日	协议转让	6%	10.287	4%
铁汉生态	建筑装饰	2018 年 12 月 20 日	协议转让	10%	3.76	21%

注：区间涨跌幅计算区间为协议签订日至 2019 年 4 月 19 日。

资料来源：公开信息、融中母基金研究院。

共赢基金投资的四个项目受让比例均不超过 10%、未触及 30%的要约收购，均不会导致上市公司控制权发生变化。投资标的均为深圳市重点发展的产业，包括信息技术、生物医药等，体现了国有企业纾解民营上市公司实控人或大股东流动性风险的示范和引导作用，且各被投企业的业务布局与共赢基金管理人的母公司具有较强的战略协同性。在协议签订日后，四个项目的股价涨幅明显，实现了多方共赢。第一，与被投企业结成股权的纽带，抓住粤港澳大湾区发展的历史机遇，与深投控及其下属企业或科技产业集群进行业务协同，促进战略合作；第二，借助深投控的金融服务资源，为被投企业提供金融支持；第三，通过共同设立产业投资基金、共同直接投资优势项目、产业园区落户配套支持等方式实现资源对接，推动上市公司在产业链上下游的布局和延伸；第四，将有效解决被投企业大股东的质押风险与压力，使企业家能够专注于公司成长、提升公司业绩。

比如该基金最早投资的达实智能所经营的智慧医疗、智慧建筑、智慧交通业务为深圳市产业政策支持的重点产业方向。共赢基金战略投资达实智能，是基于对该公司行业竞争力的认可，体现了深圳市发展新兴产业、扶持优质民企、推动粤港澳大湾区产业优化升级的战略。

投控资本作为投控共赢基金的管理人，坚持价值成长型投资理念，依照市场化原则从市政府提供的上市公司名单中严格筛选优质企业，专注创新科技、高成长行业，从上市公司行业地位、发展趋势、基本面水平、当前估值等多维度精选投资标的，发掘具有高成长价值的投资机会。作为深圳市股权类纾困工作的重要实施主体，并协同母公司旗下高新投集团、中小担集团等金融机构为企业提供质押、融资担保等多种债权融资支持，全面缓解上市公司实控人流动性压力。

深投控的共赢基金投资案例是我国众多国资入场帮助民营上市公司大股东降低负债比例、纾解流动性风险的经典案例，值得借鉴。

（2）私募股权投资机构与上市公司合作设立产业并购基金进行纾困

对一级市场的投资者而言，部分上市公司大股东因股权质押爆仓、深陷债务危机选择出售股权，私募股权投资机构可以通过和上市公司设立并购基金的形式进行纾困。

上市公司发起设立产业并购基金的基本模式有以下两种：①结构化基金；②非结构化基金。其投资逻辑和基金要素大体相同，只是收益分配方面存在着优先劣后的区别。上市公司作为 LP，投资公司作为 GP，以设立有限合伙企业的形式去投资与该上市公司上下游存在联系的企业或者项目，一般会约定上市公司有优先收购权。所投资项目以资产注入的方式进入上市公司体系内，实现基金退出。

为支持私募基金管理人、证券期货经营机构募集设立的私募基金和资产管理计划参与市场化、法治化并购重组，纾解当前上市公司股权质押问题，10 月 22 日，基金业协会对符合条件的私募基金和资产管理计划特别提供产品备案及重大事项变更的“绿色通道”服务，针对参与上市公司并购重组交易的私募基金和资产管理计划的新增产品备案申请，基金业协会在材料齐备后 2 个工作日内完成备案并对外公示。

数据显示，在上述优惠政策发布后的一个月内，已经有 55 只个股获得“纾困基金”驰援。其中，24 家上市公司以质押融资的方式获得地方政府救援。受益于纾困资金，A 股股权质押“排雷”进展顺利。全市场质押股数 6424.93 亿股，较 10 月底减少 5.4 亿股，结束了 2018 年以来单月持续增长的态势。

私募股权投资机构+上市公司的纾困方式不失为我国众多的私募股权投资机构的一种投资和退出路径。

（3）银行理财资金可直接投资二级市场进行纾困

按照国家既有政策，银行理财产品可直接开立证券账户和资金账户，投资股票二级市场，将形成的股票类资产按理财产品说明书中权益类资产的配置比例，分向风险等级为 PR3 级及以上的客户。

其运作方式为：通过大宗交易减持、二级市场投资等方式，承接国家支持发展的行业，投资那些估值水平低但具备增长潜力且存在股票质押风险等流动性问题的上市公司的股票，可采取平层投资模式，事后自行择机卖出。

风控方面：选择符合国家发展方向的战略性新兴产业，做好行业分析、企业选择、控制集中度，设置止盈止损线。

收益安排：投资回报率不低于年化 10%，同时也可以与交易对手方签订差额补足/保证金协议，在该基金减持后若无法收回投资本金并获取预先约定款和保证金条款，则可要求交易对手将资金划转至协议约定的账户，用于缓释业务风险，争取综合回报率不低于年化 8%。

交易策略：

1）基金本金总体规模不高于 50 亿元，单只股票投资额不超过 5 亿元（原则上为 1 亿～2 亿元），单只股票投资占比不超过股票总股本 5%。

2）投资单一行业集中度不超过 30%。

3）基金内项目投资期原则上不超过 2020 年 9 月 30 日，最晚不得超过 2020 年 12 月 30 日。

4）对于二级市场平层投资项目，单只股票涨幅超 10%后可以择机进行减持，涨幅超 20%原则上减持比例不低于 50%，涨幅超过 30%后及时完成减持退出。

标的股票筛选标准：

1）在主板和创业板上市的实体经济领域优质上市民营企业，公司及实际控制人不涉及重大舆情或风险事件，无重大违法违规和重大失信记录，股权清晰且不存在重大权属纠纷，上市（含借壳）时间不短于 1 年。

2）优先选择注册在京津冀、长三角、珠三角经济带区域企业。

3）优先选择具备参与上市公司并购重组等资本运作条件的特定行业，包括：科技创新能力突出并掌握核心技术、市场认可度高的战略性新兴产业；具备转型升级前景的传统支柱产业；关系国计民生的水力、电力、能源等基础性产业；具备优势的医药、消费等传统产业。原则上不投资地产和影视行业。

4）公司主营业务突出，具备持续盈利能力，上年度及近一期净利润为正，具有较好的发展前景。

5）公司不处于停牌状态且距离上次停牌结束超过 30 个交易日。

6）原则上公司资产负债率不高于 60%，上年及上一期的无形资产和商誉占净资产比例均不超过 30%；无形资产主要以采矿权、特许经营权、土地成本形式存在的，可适当放宽本条限制。

（4）险资参与化解股权质押风险，为市场提供长期资金

2018 年 10 月 25 日，银保监会发布《关于保险资产管理公司设立专项产品有关事项的通知》(以下简称《专项产品通知》)，允许保险资产管理公司设立专项产品，参与化解上市公司股票质押风险。因此，当化解优质上市公司股票质押流动性风险时，可在私募投资基金的基础上，由险资设立专项产品作为私募股权投资基金 LP，再由该私募股权投资基金以参与非公开发行、协议转让、大宗交易等方式，购买已上市公司股票，如图 3-2 所示。

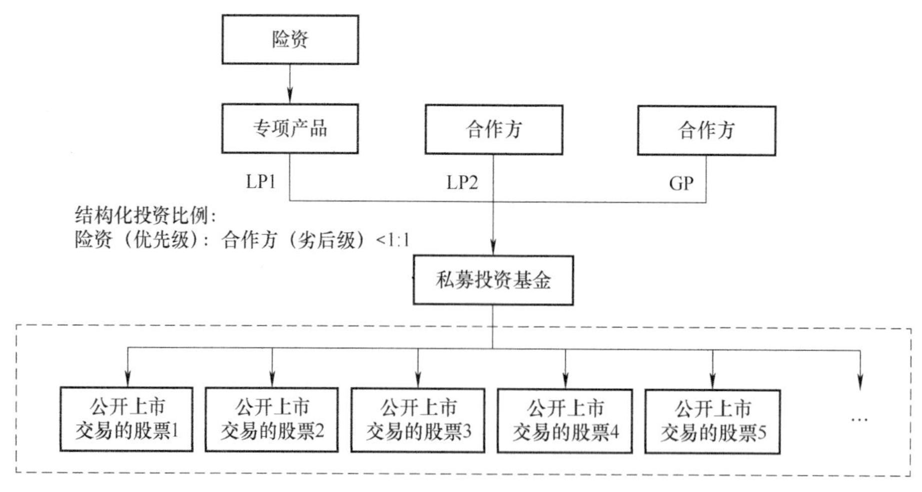

图 3-2　险资作为 LP 参与化解股票质押风险交易结构

资料来源：融中母基金研究院。

此外，银保监会表示充分发挥保险资金长期稳健投资优势，加大保险资金财务性和战略性投资优质上市公司的力度。允许保险资金设立专项产品参与化解上市公司股票质押流动性风险，不纳入权益投资比例监管，这无疑有助于稳定市场预期，促进整个金融市场稳定发展。“不纳入权益投资比例监管”则是对保险资金参与化解上市公司股票质押流动性风险的针对性举措，救市意味明显。

对保险资金而言，由于保险资金具有规模大、期限长等特点，可以通过保险资金投资进行战略性或财务性投资安排，为保险公司赢得好的收益预期，回报给保险消费者。

此前，《关于加强和改进保险资金运用比例监管的通知》中明确指出，投资权益类资产的账面余额，合计不高于保险公司上季末总资产的 30%，且重大股权投资的账面余额，不高于保险公司上季末净资产。

不纳入权益比例监管，不受 30%比例限制，意味着监管正在鼓励和支持更多的保险资金配置上市公司股票。同时，通过参与化解上市公司股票质押流动性风险，还可以促进金融市场稳定。不过，由于优质上市公司股票质押规模有限，保险公司参与的量也会有一定限制。

有媒体报道，深圳证监局在 2018 年 11 月曾联合深圳银保监局（筹）召集深圳地区 14 家经营规模较大的保险公司及 4 家保险资管公司召开座谈会。深圳证监局有关同志呼吁参会保险机构主动参与辖区上市公司大股东股票质押风险纾解工作。深圳银保监局将全力支持辖区保险资金化解上市公司股权质押风险工作，协助解决相关障碍、困难。在深圳之后，各地陆续出台了类似政策。截至 2018 年年底，保险业已有 5 只目标规模共 780 亿元的专项产品设立；密集设立纾困专项产品后，保险机构着手推进首期投资落地，这意味着以价值投资为核心的保险资金大规模地进入了市场。

纾困基金在缓解上市公司股票质押流动性方面发挥着重要作用，特别是以深投控共赢基金为代表的国资纾困基金在提供资金帮扶的同时，又可完善自身产业布局，实现多方共赢。

第四节　市场化母基金的投资策略

市场化母基金没有返投地域和特定投资行业的限制要求，投资策略相对灵活。在整体投资布局上，通常将宏观经济作为基础，将产业趋势作为核心，结合企业自身产业发展或者多元化发展的战略需求，进行基金定位和投资方向的顶层设计。

关注热门、新兴行业，以大的趋势产业为方向，依据行业不同阶段的发展特征及股权市场的变化，把握时机进入，是多数市场化母基金的投资逻辑。例如，元禾辰坤的主管合伙人徐清提出，专项基金需要正视行业周期，他们比较认可的模式是，基金在一个细分行业的资金配置占到总基金规模的 60%～70%，其他资金配置到“第二产业”中。元禾辰坤是元禾控股专业化的母基金投资管理平台，在投资布局中，对国家鼓励的行业、当前热门行业及新兴行业会重点关注，对新兴行业看准后会提前布局，而非等到行业热门后再去接盘。同时，成熟的市场化母基金，都强调价值投资和长期投资，看重长线布局、长线投资的机会，提高抗波动的能力。

从具体策略上来看，综合性的市场化母基金机构通常采取 PE 基金、S 基金和直投（或跟投）联动的组合策略。但整体来看，大多数机构仍以 PE 基金投资为主，直投比例占到三成，部分能达四成。在 S 基金方面，随着 2017 年以后退出压力加大，且很多基金迎来退出潮，S 基金被重视的程度日益提高，例如元禾辰坤、淳石资本、宜信财富母基金、歌斐资产等都将 S 基金作为重要策略。

在子基金投资筛选方面，市场化母基金看重财务回报，没有返投要求，对投资标的规模、单笔投资规模的限制也少，因此对于吸引全国各类子基金有更大的优势。市场化母基金看重 GP 投资领域对于产业发展的协同效应或者对于企业多元战略的支撑作用。基于这种诉求，市场化母基金在 GP 类型的选择上，主要以成熟型、知名度高的 GP 合作为主，对于新 GP 的选择比较谨慎，即使合作，大多也会选择从一线头部投资机构出来的合伙人设立的 GP；部分市场化母基金也青睐在垂直型领域深耕的专业投资机构，会挖掘一些产业特点鲜明、有独特市场竞争力的垂直基金，以借助垂直机构的专业化投资能力，提升在特定领域的竞争力和影响力。

市场化母基金通常会构建自己的 GP 圈子或者资源池，建立自己的行业信息知识库和行业标杆数据库，节省尽职调查考察的时间，并且依靠长期积累的优秀 GP 资源库，通过与合作的 GP 保持良好的合作关系，持续拓展和提升子基金获取的渠道和能力。

在尽职调查中，市场化母基金重点考察：①投资策略以及投资风格的持续性，子基金对产业链的理解、对投资方向的判断、投资逻辑、投资时点，项目投资逻辑与投资策略的匹配性、延续性等；②团队业绩、投资项目的数量、投资项目的真实回报、投资背后成功的因素等；③投进成交和赋能能力，即 GP 是否具备差异化的投进能力、完善的投后赋能体系、促进投后管理的综合资源等；④治理机制：投资文化、治理机制、决策机制、风控机制等。

一、前海方舟母基金投资策略

前海方舟资产管理有限公司成立于 2015 年，是前海股权投资基金（有限合伙）（简称“前海母基金”）的管理人。前海母基金 2015 年 12 月在深圳前海注册成立，认缴出资额为 215 亿元，目前募资规模 285 亿元，是国内最大的商业化募集母基金。

在资本结构上，前海采取国资民资搭配的混合所有制模式，兼顾了基金的引导性和市场化的要求，即一方面，引导基金少量出资，有助于其参与一些关系国计民生的重大项目；另一方面，民营资本占据大多数，有利于市场化、商业化运作，实现收益的最大化。

前海母基金集聚了当前国内有实力、有影响力、有互动资源的投资人 LP，主要包括四类：政府、保险金融投资机构、知名企业和上市公司、有商业成就的个人。政府方面，政府引导基金合计出资占比约 20%，其中深圳市政府出资 10 亿元，福田区、南山区、龙华新区的政府引导基金等有部分出资；保险金融投资机构，12 家保险公司和 3 家银行，包括中国人保、太平人寿、北京银行、招商银行、渤海银行等；知名企业和上市公司，包括中国电信、富华国际、国信证券、太太药业、星河集团、喜之郎；有商业成就的个人，即第一批上市公司和著名企业的实际控制人。

针对我国投资人情况，前海母基金对母基金商业模式进行大胆创新，开创性地提出投资子基金与直接投资相结合、不双重征费、收益率与流动性兼顾的商业模式。

前海母基金的投资策略，从投资方向看，覆盖子基金投资、中短期的流动性投资、直接股权投资三类；从资金投资属性看，覆盖综合性子基金和专业性子基金，包括产业并购基金、阶段性的投资基金及创新性的另类投资基金；从投资阶段看，基金配置覆盖早期、中期和晚期各阶段。

1. 子基金投资

子基金投资主要投资优秀的创业投资和私募股权投资基金，其中参股 VC 基金较多。在子基金的筛选上，前海母基金根据基础性质、市场化的特点，主要考量财务回报、是否满足社会的各种需求，选择专业性、功能性、互动性强的基金。专业性是指基金长期积累的各种能力，包括团队的背景能力、知识范围、团队体系，团队投资流程和风控投资流程的实际执行、协同匹配的能力等；功能性主要看基金的定位和目标；互动性主要是指基金在一定范围内主动进行生态互动、提出投资需求意愿等信息交流行为，因为前海母基金很多项目来自生态互动，而不是市面上大家都知道的项目，这些互动得到的项目往往是获得效益最多的项目。

在对子基金的考察中，注重深入子基金的投委会和项目进行分析，尤其注意观察子基金项目的发展情况。

2. 中短期的流动性投资

为提升流动性，前海母基金将股权投资配合总资金约 15%的债权投资，实质上类似于夹层投资。通过债券型投资和单次结算型投资的结合，可以在获得比传统债权投资更高收益的同时，增加股权投资的流动性。这也是前海强调的收益率与流动性兼顾的理念。

3. 直接股权投资

为了提高基金收益，避免重复收费，减轻投资人负担，使募资更加容易，前海母基金设置了“投基金与直投相结合”的策略。直接投资项目以选择性跟投、已投资项目的后一轮融资及联合投资为主，具体方式如下：

第一，选择性跟随投资，是主要的直接投资策略。在项目跟投中，前海母基金信任 GP 的专业能力，但同时也会对其关心的关键问题进行复核；在决策过程中，前海母基金平台上的专家会公开讨论，将每个拟投项目风险都提前预测和把握，从而提高投资效果。

第二，项目后期融资，是前海母基金的重要投资标的之一。例如，前海母基金在投资了项目的 A 轮后，又陆续参与其 A+轮和 B 轮的投资等。

第三，联合投资，前海母基金发现的一些项目，会选择已投基金中与项目相关的，由这些基金来做具体尽职调查工作。对于少数明星项目，前海母基金牵头投资，发挥其团队的优势。前海母基金不参与二级市场股票买卖，但是可以做参与上市公司的定增业务。

前海母基金的业务模式如图 3-3 所示。

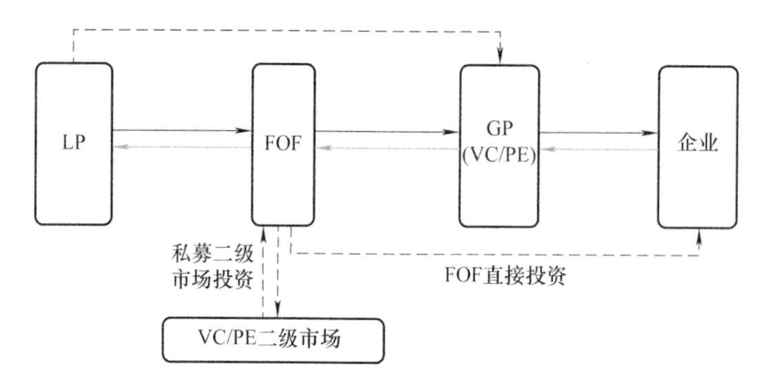

图 3-3 前海母基金的业务模式

资料来源：前海母基金官网。

经过三年多的运作，前海母基金的商业模式得到了较好的验证。截至 2020 年 6 月，前海母基金投资子基金 45 多只，直投项目近 223 个，合计投资金额超过 176 亿元，子基金规模合计超过 750 亿元，投资项目近 1300 个。直接投资、间接投资项目上市超过 34 个，已投资项目中近 60%实现后续融资。在 2017 年，前海母基金就开始对 LP 进行分红了，分红比例较高。

二、盛世投资母基金投资策略

从 2010 年起，盛世投资逐步走上了市场化母基金管理和政府引导基金管理的路线。在筛选 GP 上，盛世投资非常看重 GP 投资逻辑和对产业的导入效应，更关心 GP 对于产业的理解力以及投资策略。

1. 盛世投资的“3.0”模式

作为国内领先的政府引导基金管理机构，盛世投资在 GP、政府、产业方等多方间进行协调，以期为各方创造更多价值。

截至目前，盛世投资已经对包括君联资本、华盖资本、松禾资本等在内的近两百家优秀 GP 进行投资。回顾走过的路，在一二级市场不断变化的十年，历经了不断整合、深耕、创新，盛世投资的步伐越走越坚定。

2010 年，是盛世投资的初创阶段。彼时，人民币基金不断涌现，GP 品牌价值凸显，本土创投第一梯队雏形显现。随着 2009 年中国创业板的重磅推出，境内资本市场退出渠道得以完善。人民币基金数量激增，纷纷分享创业板的蛋糕。当年的一项数据显示，2009 年人民币基金投资案例占据投资总额的 50.7%，打破了早期美元基金的主导地位。

这一时期，人民币基金的 LP 构成仍以高净值个人为主。当时 1 亿元规模的基金，可能有 50 多个个人 LP，相当于一个人投资额度在 100 万～200 万元。但随着人民币基金的崛起，GP 也开始倾向于母基金等机构投资者，原因除了个人 LP 募资难度高外，其“短期、高回报”的逻辑与一些 GP 长期投资的价值观也南辕北辙。

成立同年，盛世投资成功募集了第一期母基金，并在第二年迈出了在政府引导基金管理上的第一步。

2013 年，双创热潮的前夕，政府逐步公开招标。此后两年间，借由政策红利和股权投资市场环境的进一步完善，盛世投资加速在政府引导基金管理领域的拓展，中标管理了北京市集成电路产业母基金等，管理资产规模从几十亿元增至百亿元级体量。

自 2016 年起，盛世投资正式进入“3.0 阶段”，将业务范围延伸至全国十余个省份，并深耕科技、文化消费、医疗大健康等产业板块，区域与产业板块矩阵式协同格局初现，努力构建区域产业导入服务体系。同时，盛世投资深耕退出市场，大力布局二手份额和并购交易等业务。

2. 偏爱垂直型专业化 GP

募资是 GP 永恒的热门话题。当前，市场“二八”效应显著，甚至有声音认为这个差距将进一步拉开为“0.5 和 9.5”效应。

一家机构的基因很大程度取决于团队。在选择 GP 时，盛世投资并不一味偏爱“大牌”，而是更关注投资团队能力和相关机制，非常重视投资团队本身。人决定了投资机构未来的业绩，而团队激励则是保证机构稳定发展的关键环节。只有团队的稳定，才能让机构的投资逻辑平稳有序地实施。除了投资团队，盛世投资对基金投资策略和执行情况、决策机制、风控流程和激励机制等也着重关注。

此外，盛世投资更偏爱垂直型投资机构。“专注才能专业。”在对投资行业的选择上，盛世投资已覆盖集成电路、先进制造、生物医药、人工智能、新材料、新能源等产业。

为了增强投后服务能力，盛世投资整合资金链、产业链、人才链，通过多样化的资本工具，为被投基金和项目提供定制化的增值服务。

同时，二手份额接转业务是盛世投资投后退出的“杀手锏”之一，强大的接转能力、专业的估值定价能力、较强的产品结构设计能力和扎实的实务操作能力，使盛世投资具备服务基金退出的实力。

3. 强化产业导入服务能力

早在 2002 年，我国就已经有了第一家政府引导基金——中关村创业投资引导资金，总规模 5 亿元。此后的几年，政府引导基金开始了缓慢发展。直到 2014 年，这种僵局才被打破。

从 2011 年起，盛世投资开始布局政府引导基金的管理运作业务。目前，盛世投资已受托管理 70 多只财政属性基金。

在实际运作中，不同于市场化母基金，政府引导基金有其独特诉求。政府找市场化机构进行基金托管，除了能更专业地运作基金，也是实现隔离风险的举措。政府引导基金的主要诉求并不是高投资收益，而是更看重对于当地的产业拉动作用。盛世投资将政府引导基金的功能归纳为“引资”“引智”“引制”“引产业”。作为一家懂政府、懂产业、懂投资的投资机构，在过去多年的实践中，盛世投资从财政资金的实际需求出发，以市场化方式运营政府引导基金，成为我国优秀的区域产业导入服务提供商。

以湖南湘江新区为例，在基金设立的第一年间，就累计投资子基金 13 只，引导资金集聚超过 80 亿元，助力美团点评等新经济代表企业发起设立产业基金，并促成了美团点评 B2B 业务总部落地湘江新区。盛世投资受托管理的北京集成电路产业发展股权投资基金，是国内第一只政府出资的集成电路产业投资基金，母基金拉动了超过 17 倍的社会投资，形成了与国家资金、区县资金和社会资本的协同效应，实现了政府资金有效放大，助力北京实现集成电路产业跨越式发展。

盛世投资通过发挥母基金的资源配置作用，聚合优秀基金和龙头企业，努力为各区域产业发展输入新血液、增添新动能。

三、光大控股母基金投资策略

私募股权母基金是光大控股重要的投资方向之一。光大控股母基金集合了光大控股自身、政府引导基金市场化运作和创新创投资源，为地方政府、金融控股平台、金融机构以及大型国有企业组建产业母基金搭建平台。同时以投资子基金和直投方式带动地方产业发展，扩大财政与国企资本规模，促进区域性地方经济发展、招商引资，放大经济效益。

光大母基金投资平台从深刻理解出资人诉求出发，充分发挥与地方政府、金融控股平台、金融机构以及大型国有企业的丰富合作经验优势，积极对接优质项目，同时利用光大跨境资产管理平台吸引境外投资，进而满足当地产业引导诉求。

光大母基金投资组合的行业跨度从消费零售、医疗健康、信息技术，到辅助配置先进装备制造和知识成果转化领域，在地域配置上着重关注北京地区、长三角地区、粤港澳大湾区等地优质项目，合理配置天使、PE、VC 基金，覆盖企业发展全生命周期，从而打造出完整的母基金生态闭环。与此同时，光大母基金还具备优质的投资人资源，兼顾行业、阶段、地域的投资逻辑搭配，加上专业、经验丰富的团队和高效灵活的管理体系，为光大母基金投资平台创造了极大的优势。

光大控股母基金业务主要为大型机构提供集潜在回报和流动性于一体的金融服务方案，协助机构投资者进行多元化投资，降低投资组合相关性市场波动。截至 2018 年底，光大控股母基金共管理 4 只母基金，总规模达 171 亿元，其中，与招商银行共同设立的多策略股权投资母基金——珠海横琴光控招银投资中心，规模达 50 亿元。光控溧阳母基金于 2018 年 11 月由光大成功发起设立，承诺出资额 20 亿元，由光大控股和江苏平陵建设投资集团有限公司以 1∶1 比例认购。该母基金围绕溧阳战略性重点发展相关领域的企业投资，重点对智能制造、信息技术、新能源、新材料、生物医疗、文化旅游、航天航空等新兴行业领域的企业进行股权投资和准股权投资。原则上，基金直接投资企业和通过子基金投资的金额比例为1∶1。与此同时，基于光大控股的国际化平台资源等优势，该母基金联合其他国内外优质基金管理公司，积极推进溧阳产业升级转型，共享经济发展成果。

光大控股深耕母基金领域，在资源整合、管理和投资方面都颇有建树。光大始终秉持着“专注致远，顺势有为”的理念，将其母基金投于地方产业发展，并以独到的视角洞察投资机遇，运筹帷幄，稳健经营，实现与地方经济的共同发展与繁荣。

四、恒旭资本综合基金投资策略

恒旭资本于 2019 年成立，公司作为上海汽车集团股权投资有限公司（简称“上汽投资”）旗下私募股权投资平台之一，以投资人收益最大化为目标，通过投资子基金及直投项目实现资产增值，在依托上汽集团整体优势，布局先进制造、前沿科技、大健康、大消费等战略性新兴产业的同时，以资本为纽带，为创新产业链的发展和出行生态圈的完善做贡献。

截至 2020 年，恒旭资本管理着 5 只人民币基金，核心团队历史上过往管理资产规模超过 360 亿元，过往管理业务范围涵盖天使基金投资、VC 基金投资、PE 基金投资、定向增发、二级市场股票投资，覆盖股权投资的全部生命周期。核心团队主导投资了数十个优质企业，陪伴企业成长为细分市场的龙头企业，其中 14 个企业已在 A 股成功上市。

在公司的发展历程中，恒旭资本得到了国内多元化投资人的大力支持，包括上市公司、政府引导基金、主流银行、保险等金融机构。目前恒旭资本基金管理规模 80 亿元，主要围绕汽车出行生态圈，通过基金投资、S 基金投资、项目直接投资等方式进行布局。

在投资领域上，恒旭资本不仅着眼于上汽集团本身所处的汽车产业，还放眼于一些延伸产业。首先，依托整个相对成熟的汽车产业链和其母公司现有资源优势，恒旭资本在先进制造领域重点布局，包括新能源汽车、新材料、汽车芯片、传感器、虚拟现实、自动驾驶、机器人、军工行业的龙头、军工高科技供应链企业及 5G 产业链相关机会等跟汽车本身属性密切相关的行业。其次，从延伸产业的角度来看，恒旭资本认为，车作为一个载体，是生产端也是消费端，所以在大消费行业也有所涉猎，如汽车媒体、新媒体、体育、娱乐、自主品牌、快消、新生活方式、在线教育、教育科技等。与此同时，消费本身形成物流运输也使汽车产业与 B2B、B2C 电商平台息息相关，故移动电商平台及其衍生出的云计算、大数据、信息安全、车联网、物联网、企业服务、汽车物流、冷链生鲜、网络型物流、消费金融、汽车金融、供应链金融等领域也是恒旭资本投资的一大板块。除此之外，恒旭资本也将大健康领域纳入投资配置之一，并主要聚焦于医疗服务、医药研发、医疗器械和互联网医疗等细分领域。

恒旭资本在综合基金投资的资金分配方面有着清晰明确的逻辑：首先，将基金规模的一部分投入一些具有产业赋能或在某些细分领域表现优异的头部基金，为基金提供稳定收益；其次，基金规模的一部分将投入直投项目，其中重点投资于优质的中后期项目，比如一些商业模式成熟或细分行业龙头的直投项目，以此提升基金 IRR 和 DPI（投入资本分红率）。同时，恒旭资本也会依托头部基金和产业基金挖掘新的投资机会，获取领投机会；通过直投的形式，投资一些高成长性的项目。基金规模的一部分将分配于优秀的 S 基金。由于 S 基金具有明确的退出意愿与周期，可以带来快速的 DPI 回报，进而为基金提供流动性。在这样的分配下，整个投资组合可以在保证内部收益率的同时提高流动性，从而产生合理的财务回报。

产业协同是恒旭资本的另一大亮点与竞争力。上汽集团作为世界 500 强的中国工业制造企业和国内 A 股市场的汽车龙头，对于汽车产业有着深刻理解和丰富经验。恒旭资本可以为上汽集团的一些优秀投资标的并购或集团合作等资本运作提供良好的平台，起到对接协同的作用。在上汽集团的背书下，恒旭资本将资本作为杠杆，最大程度上撬动内外部资源，使被投机构或项目与集团深度绑定合作，抓住汽车产业价值重构带来的新机遇，打造汽车产业生态圈，实现产业协同。

五、歌斐资产母基金投资策略

歌斐资产成立于 2010 年，注册资本 1000 万元，为诺亚财富集团旗下全资资产管理平台。该公司致力于为全球华人多元资产提供专业化资产配置服务，追求绝对回报。

歌斐资产将母基金作为产品基石，提供投资服务与机构服务。投资业务范围涵盖私募股权投资、房地产基金投资、公开市场投资和家族财富及全权委托投资；机构业务采用渠道代销和直接投资的业务模式，在其母公司诺亚集团的助力下，已形成全国性的机构业务支持服务体系。截至今日，歌斐资产共管理 413 只基金，对外投资基金 262 只。作为登记为基金业协会“私募基金管理人”资格的基金机构之一，歌斐资产深入布局 TMT（Technology，Media，Telecom，即科技、媒体和通信）和医疗行业，横向布局，兼顾成熟市场与新兴市场，把握跨行业和跨阶段的投资机遇，牢抓优质初创企业价值上升空间，并通过内部资源整合及跟投提高投资收益，同时实现母基金的多元分散配置。

股权投资方面，歌斐资产扎根中国，布局全球，拥有一套完整严密的投资逻辑。其投资逻辑从深刻理解市场规律落脚，谨慎判断市场趋势，顺势而为；依托强大的信息发掘和判断能力与行业敏感度进行深入调研；同时反向行之，运用独立思维透过现象探求本质，提前布局；并通过低相关性的各类资产和标的的投资组合分散非系统性风险，平衡收益，做到进中求稳；后期持续跟踪投后动态，判断局势，及时调整干预，顺势而为，形成一套逻辑闭环。

值得一提的是歌斐资产提出了“D+S+G”的投资策略，即以 S 基金为主，D（Direct）、G（GP，FOF 精选）为辅的策略。

1. S基金

S 基金于 2013 年创立，首轮募资达 5.6 亿元，成为目前国内规模最大的专注于 PE 二级市场的 FOF 基金。S 策略又细分为“核心池策略”“成长策略”“尾盘策略”。

（1）“核心池策略”

“核心池策略”是指将二级市场的概念创新运用于一级市场，建立由具有持续交易价值基金组成、集流动性和成长性于一体的“核心池”（类似二级市场的“股票优选池”），围绕核心 GP 的优质份额，与其他 LP 展开长期的持续交易，做到对“核心池”定期估值、快速报价，挖掘动态交易机会，把握最佳时机。在该策略中，歌斐利用与市场上众多 GP 深度联动的天然优势，保证对资产质量和管理团队两个风险点双重筛选，严格把控。同时，“核心池”的可视性与稀缺性也成为该策略的另一个亮点。

（2）“成长策略”

“成长策略”重点关注期限不低于两年、底层资产清晰、具有较高成长性的高质量资产，以提高投资组合的 MOIC，进而提高整体的成长性。

（3）“尾盘策略”

“尾盘策略”主要着眼于 2014 年前成立、即将进入延长期，却未达到 LP 预期，具有明显退出意愿和清晰退出路径的资产，以便尽快达到现金回流的目的，实现流动性纾困，提高组合 DPI，为整体提供流动性。

除“核心池”外，S 策略首度将二级市场的“要约收购”概念引入一级市场，即以折扣价打包买入私募股权基金份额，并予以其成长时间，最终收益不局限于买入卖出的折扣差价，还有被投项目的价值增长。总而言之，S 策略的逻辑为聚焦于“核心池”，在“成长”和“尾盘”策略的共同加持下，找到回报倍数与 DPI、成长性与流动性间的平衡点。截至目前，歌斐资产 S 基金管理已进入第六期，管理资产总额逾 66 亿元。

2. 直投

D 策略旨在横向布局，直投范围覆盖消费、科技、金融、医疗和数据五大行业，做到紧跟消费升级趋势、追逐科技驱动浪潮、拓宽金融科技的广度与深度、抓住具有爆发力量的医疗项目机会、挖掘大数据科技的投资机遇。

3. FOF精选

G 策略是一个厚积薄发的过程，主要依托于十年 PE 领域沉淀中的 FOF 精选策略积累和 GP 筛选机制的完整性。歌斐资产从管理人的投资策略和风格、退出策略，投资判断与执行能力、投后增值服务能力和风险控制能力，过往项目回报以及整个 GP 团队的结构、稳定性等多维度出发，站在长期的角度进行定量与定性评估，选择优质 GP 标的。

D、S、G 三个策略持续深度迭代、相辅相成，打造出了“核心”加“卫星”的投资布局，如图 3-4 所示。

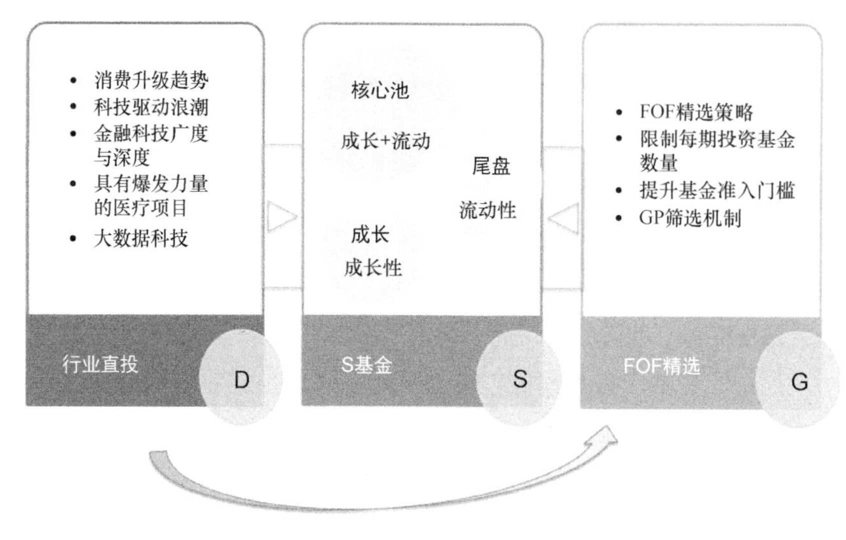

图 3-4 歌斐资产投资策略

资料来源：歌斐资产。

歌斐资产秉持着“专注资产配置，追求绝对回报”的投资理念，实施“D+S+G”的投资策略，兼顾筛选评估、组合配置、风险管理三个层面，贯彻多元化投资，有效降低风险，实现持续受益。凭借优质的投资组合、高效的风险控制和独树一帜的创新思维，歌斐资产在业内地位稳居前列，广受投资人认可。截至 2020 年第二季度，歌斐资产管理规模已达 1594 亿元，共有 44 只主动管理基金，主动管理资产总规模超过 330 亿元。与此同时，歌斐资产与市场上超过 100 家的优质基金管理人保持良好的关系，其中尽职调查并追踪的基金管理人超过 200 家，投资 100 多家基金管理人，200 多只子基金，间接投资累计超过 5000 家企业。

第五节　国外母基金的投资策略

相较于国内私募基金专业化监管的要求，国外对于母基金的整体投资范围和限制相对较少，因此，国外母基金在资产选择、投资策略上更具多样性。

一、大类资产配置策略

众所周知，母基金可以通过分散投资来平滑风险。但是同类型资产通常相关性较高，即使分散投资不同的子基金也无法很好地分散风险。随着宏观经济环境的变化，不同类型资产表现各不相同，单一类型资产已经很难抵御风险获得稳定收益。因此，大类资产配置的概念在体量较大的母基金中非常受追捧。大类资产配置将资金配置到不同类型的资产中，利用资产间相关性低的特点可以有效地平滑基金资产的整体波动。

在母基金做大类资产配置的决策中，需要将定量分析和定性分析相结合。通常其配置流程分为以下几部分：

1. 设定投资目标

不同的投资目标代表着资金的不同风险偏好，母基金的风险偏好直接决定了在资产配置决策中的资产选择和配置比例。投资目标包括收益目标和风险目标，具体包括年化收益率、组合净值（NAV）的波动率、最大回撤等目标。

2. 战略资产配置（SAA）

战略资产配置主要是指母基金中长期（5～10 年）的投资方向。通过对中长期宏观经济和不同类型资产走向的分析研判，制定母基金中长期的投资规划。战略资产配置一般情况下不会因为各类资产的短期波动而改变。

3. 战术资产配置（TAA）

战术资产配置更关注短期投资机会。通过对当前市场的研判，动态调整不同资产或投资标的、子基金的比例。战术资产配置可以有效地规避资产短期波动给整个母基金带来的影响。

4. 定期回顾及再平衡

在投后管理的过程中，需要不断对所投资产进行回顾和再平衡，保证母基金不会因为个别资产短期的巨大变化而违背资产配置策略。同时，要结合市场情况定期复盘，辅助制定下一期的战略和战术资产配置。

在国际上，耶鲁的大类资产配置理论备受推崇。在过去 20 年时间里，耶鲁捐赠基金的总资产达到 312 亿美元（2020 年 6 月 30 日数据），其投资收益率达到年化 9.7%，在过去十年间其年化收益率达到 12.8%，在美国各机构投资者中收益率排名很高。耶鲁捐赠基金 2021 财年资产配置计划如表 3-7 所示。

表 3-7 耶鲁捐赠基金 2021 财年资产配置计划

资产类型	配置比例
绝对收益类资产	23.50%
风险投资	23.50%
杠杆收购	17.50%
国外权益类	11.75%
房地产	9.50%

（续）

资 产 类 型	配 置 比 例
债券和现金	7.50%
自然资源	4.50%
本国权益类	2.25%

资料来源：耶鲁大学。

在 2021 财年中，耶鲁捐赠基金计划在股权投资类的配置比例为 41%，其他权益类（国内外股票市场）为 14%，对市场风险不敏感的资产（债券、现金、绝对收益类资产）配置比例为 31%，另类资产（房地产、自然资源等）配置比例为 14%。同时，耶鲁捐赠基金希望配置更多流动性较低的资产获得更高的收益，包括风险投资类资产、杠杆收购、房地产等，未来该部分配置可以达到总资产的 50%。

根据耶鲁大学的报告，过去 20 年风险投资的资产对于整体收益的贡献度最大。风险投资在过去 20 年达到 241.3%的收益。耶鲁大学对于风险投资的资产配比达到 21.5%，而其他大学捐赠基金的风险投资配比平均为 5.5%。

二、股权投资基金配置

因为投资团队背景的原因，很多母基金没有储备足够的人才来做大类资产配置，这些母基金会更多地专注于股权投资领域，并通过配置方法对子基金进行配置。尽管均属于股权投资领域，但是不同类型资产的风险收益特征也不尽相同。

在做股权投资基金的配置过程中，第一步同样是要设定母基金的收益目标和风险目标。根据其出资人风险偏好的不同，母基金会对不同风险类型的资产配置比例进行调整，做到母基金的风险收益特征与出资人的风险收益特征相匹配。例如，养老金（Pension）通常对于风险控制的要求较高，且流动性要求较低。如果母基金的资金来源多为养老金，那么该投资组合的风险应被控制在一个合理的范围内。

在基金配置中，主要的选择方向包括新发基金（Primary）、二手基金份额（S 基金）以及直投（Direct）或跟投（Co-Investment）机会。基金的投资阶段又可以分为早期基金（Early Stage）、创投基金（Venture）、成长期基金（Growth Capital）、各类型并购基金（Buyout）等。从行业来区分，还可以分为综合型基金、消费类基金、科技类基金、医疗健康基金等。从区域来区分，可以分为欧洲基金（Europe）、北美基金（US and Canada）、亚太基金（Asia Pacific）、全球基金（Global）等。

一方面，国外母基金侧重于专业化配置。国外母基金的配置方法通常不会简单地局限于 PSD 的分类，而是基于自上而下的宏观分析，发现不同市场、不同行业的中长期投资机会，从而确定其投资组合。从各大国际知名母基金管理人所管理基金来看，很多管理人会预先设定该只母基金的特定投资策略，如专门的股权二级市场基金（S 基金）、夹层基金（Mezzanine）、杠杆收购（LBO）基金等。不仅如此，母基金也可能会根据主要投资区域来设定投资策略，如亚太基金、欧洲基金、北美基金等。明确的投资策略不仅方便投资策略的执行，防止投资策略漂移，而且可以有针对性地向特定 LP 募资。

另一方面，国外母基金侧重于长期稳健收益。国外母基金的出资人通常都属于长期资金，如校友捐赠基金、企业年金、养老金、保险资金等。这类出资人对于短期收益并不关注，只有长期稳定的收益才能真正吸引他们。国外母基金通常有足够的时间等待被投资基金在合适的时间点退出，取得更好的收益。众多国外母基金在谈到其投资策略时往往都会提到风险调整后收益（Risk-Adjusted Return）。风险调整后收益是指将风险因素剔除以后的收益指标。对于长期资金来讲，吸引其投资的更多是在一定风险级别内获得较高收益。因此，在投资策略的配置上，国外母基金也会更多地从风险控制出发，保证不同基金的相关性较低，且整体基金净值平稳上升。

第六节　私募股权二级市场

一、私募股权二级市场投资机会

根据贝恩咨询一份调查结果，我国私募股权市场具备相当大的存量，2010 年前后成立的基金陆续进入清算期，尾盘交易的空间逐渐呈现。同时，政府引导基金自 2014 年起步入快速发展时期，如今已有大量资金等待退出。

从 2005 年到 2015 年这十年来看，中国完成了逾 5000 亿美元的投资，形成了一个巨大的资产池。

（一）私募股权二级市场交易逐步被投资者所认知

对于不少投资机构而言，私募股权二级市场的吸引力正在加大。从 20 世纪 90 年代开始，PE 二级市场逐渐开始出现。近几年，私募股权二级市场交易量飞速增长，逐渐成为市场上很多母基金的标配投资策略。全球私募股权二级市场基金总规模占到 VC/PE 总募资规模的 8%～10%。2008—2017 年，全球私募股权二级市场基金募资规模超过 2000 亿美元。

1.《资管新规》后金融机构寻求提前退出的途径

在 2018 年 4 月《资管新规》正式落地之前，各类型金融机构（特别是银行理财资金）是私募股权投资基金的主要募资来源。有数据统计，《资管新规》前金融机构在股权基金出资金额约占股权基金募资总额的 40%。根据《资管新规》的要求，通过资金池、多层嵌套、期限错配投资的非标准化资产均需要在 2021 年 12 月 31 日前清退。但是，私募股权投资基金并没有很好的流动性。因此，众多金融机构纷纷在股权二级市场寻求份额转让机会。

2. 不少私募股权投资基金面临退出的压力

数据显示，截至 2020 年 10 月，国内私募股权投资基金募集资金总额接近 9.42 万亿元，投资总额为 7.46 万亿元，募资总额与投资总额之间的差额将近 2 万亿元。与此同时，退出项目总数量仅为已投项目总数量的 37.3%，投退金额比严重失衡。值得一提的是，2010 年之前设立的基金已到了必须退出的时间点。

3. 引导基金通过份额转让提高财政子基金的使用效率

中国政府引导基金通过多年的发展，已经成为中国私募股权市场最主要的募资来源之一。而引导基金的主要诉求为产业带动、产业扶持，并不追求财务回报。因此，很多引导基金的管理办法都有提前退出的相关让利条款。通过股权二级市场，引导基金可以使财政资金提前从子基金中退出，可以让财政资金开展循环投资，提供财政资金的使用效率。

（二）国内外私募股权二级市场的现状

1. 国内私募股权二级市场

相较于国际市场，中国的私募股权二级市场发展较晚，规模也较小。截至 2020 年，中国私募股权二级市场母基金总管理规模约 600 亿元。相较于私募股权投资基金和创业投资基金总规模 10.97 万亿元，中国私募股权二级市场母基金的规模还很小。

在早期阶段，国内私募股权二级市场的交易模式相对比较单一，主要是一对一的私募基金份额转让，即在某转让方拟从某单一目标基金全部或部分退出时，仅将其对该目标基金的财产份额转让给单一受让方，并在取得该目标基金管理团队同意的前提下，完成转让。这种交易模式下，交易规模通常较小，涉及的相关方较少，交易结构和交易文件也较为简单。

私募股权二级交易的主要参与者通常包括：①目标基金，即财产份额被买卖、转让或流通的私募基金（简称“目标基金”）；②出让方，即持有目标基金财产份额并拟将其全部或部分财产份额出售、转让的主体（简称“出让方”）；③投资者，即拟购买、受让目标基金财产份额的主体（简称“投资者”）。

从出让方来看，大部分私募股权投资基金的退出方式都局限于 IPO、并购以及实际控制人回购。通过股权二级市场退出的基金的规模仅占全部退出基金规模的 0.11%。

而对于投资者来说，私募股权二级市场对于很多母基金管理人或其他机构投资者来说还比较陌生。这也与中国私募股权市场的情况有关。中国最主要的私募股权母基金都是政府出资的引导基金。对于引导基金来说，其投资目的主要是要引导特定产业的发展，同时引导社会资本参与到产业引导中来。所以，尽管政府引导基金同样对资金安全性及回报有着较高的要求，但是私募股权二级市场基金并无法达到各级政府的投资需求。相关调研显示，中国私募股权投资基金投资人中有超过50%的投资人短期内并不会考虑投资于私募股权二级市场基金。

2. 国外私募股权二级市场

国外市场上最早的私募股权二级市场基金为美国创业投资基金，成立于 1982 年，随后伴随着美国风投的高速发展，在 2002 年泡沫前，私募股权二级市场基金的发展进入高峰。私募股权二级市场基金出于积极管理、优化投资组合或调整投资策略的目的，不乏打包出售其若干甚至大量私募基金财产份额的情况。且在买方参与者众多的情形下，往往需要在将卖方拟转让的目标基金财产份额做整体切分后，由不同的买方分别受让。这种模式下，参与私募股权的二级交易频繁，通常具有需求量大、交易额大、交易结构复杂等特点。

一笔典型的私募股权二级市场基金交易流程如图 3-5 所示。

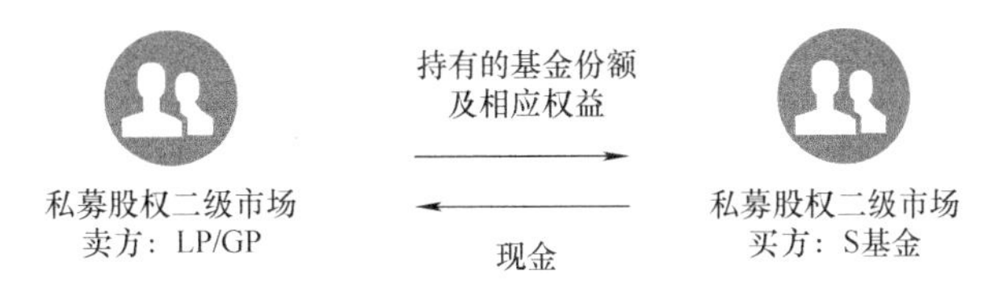

图 3-5　典型的私募股权二级市场基金交易流程

资料来源：融中母基金研究院。

（三）私募股权二级市场基金的投资机会

基金二手份额交易是件多赢的事，通过权益转让，对卖方投资者来说，可以很快收回大部分投资和回报；对基金管理人来说，解决 LP 的退出问题有利于后续基金的募资；对买方投资者来说，投资二手份额基金同样具有多重好处。

1. “淘宝”挖掘市场机会

私募股权二级市场是一个非公开市场，这个市场的出售和购买信息，以及对于这一市场中产品的价格评估等活动，都处于私下和私密交流的状态。信息不对称使这个市场蕴藏着价值被低估的商品，即存在优质的投资机会。

2. 基金份额价格优惠

此外，由于私募股权二级市场具有买方市场的特征，卖方为了尽快出售自己手中的基金份额往往愿意承担一定的折扣或其他优惠条件，以及愿意接受复杂的交易安排以进一步降低购买方的投资风险。为此，私募股权二级市场的投资往往可以达到风险更低、回报更高的投资效果。

3. 投资风险较小

投资某基金份额所对应的被投资企业已经运作一段时间，这些出资份额所对应的权益已经现实地体现在了被投资企业之中。

4. 与基金管理人建立关系

优秀的基金管理人是一种稀缺资源，大量的投资者都向往这些优秀基金管理人设立的基金。投资人可以先通过二级市场购买这些优秀基金管理人管理的基金中的出资份额，从而双方建立合作关系，为后续投资做准备。

（四）私募股权二级市场基金估值考量和标准参考

因为私募股权投资基金本身就是非标准化产品，很难估值，所以为了确定合适的购买价格，买方需要获得大量的信息并进行尽职调查，包括调查基金的财务状况、目前的出资情况、基金现金流、基金投资组合情况等。

1. 估值考量方面

定价估值体现在三个层次：首先，对私募股权投资基金的被投资企业进行定价与评估。其次，在确定了被投资企业的价值之后，需要确定作为被投资企业股东之一的私募股权投资基金在整个被投资企业中所享有的权益。最后，在整个私募股权投资基金所获得的权益得到确定之后，就可以进一步分析和确定拟出售基金权益的 LP 在整个基金中所占有的权益数量。只有完成了以上三个层次的定价与评估之后，才可以正确地对 LP 权益份额的转让交易的可行性做出合理结论。

2. 标准参考

对于私募股权基金及其被投项目的估值，主要参考 2018 年 3 月由基金业协会颁布的《私募投资基金非上市股权投资估值指引（试行）》相关标准进行估值。

（1）市场法

在估计非上市股权的公允价值时，通常使用的市场法包括参考最近融资价格法、市场乘数法、行业指标法。

1）参考最近融资价格法

a. 可采用被投资企业最近一次融资的价格对私募基金持有的非上市股权进行估值。由于初创企业通常尚未产生稳定的收入或利润，但融资活动一般比较频繁，因此参考最近融资价格法在此类企业的估值中应用较多。

b. 在运用参考最近融资价格法时，应当对最近融资价格的公允性做出判断。如果没有主要的新投资人参与最近融资，或最近融资金额对被投资企业而言并不重大，或最近交易被认为是非有序交易，则该融资价格一般不作为被投资企业公允价值的最佳估计使用。此外，还应当结合最近融资的具体情况，考虑是否需要对影响最近融资价格公允性的因素进行调整，相关因素包括但不限于：①最近融资使用的权益工具与私募基金持有的非上市股权在权利和义务上是否相同；②被投资企业的关联方或其他第三方是否为新投资人提供各种形式的投资回报担保；③新投资人的投资是否造成对原股东的非等比例摊薄；④最近融资价格中是否包括了新投资人可实现的特定协同效应，或新投资人能否享有某些特定投资条款，或新投资人除现金出资外是否投入了其他有形或无形的资源。

c. 特定情况下，伴随新发股权融资，被投资企业的现有股东会将其持有的一部分股权（简称“老股”）出售给新投资人，老股的出售价格往往与新发股权的价格不同。针对此价格差异，需要分析差异形成的原因，如老股与新发股权是否对应了不同的权利和义务、是否面临着不同的限制，以及老股出售的动机等。结合价格差异形成原因，综合考虑其他可用信息，合理确定公允价值的取值依据。

d. 估值日距离融资完成的时间越久，最近融资价格的参考意义越小。在后续估值日运用参考最近融资价格法时，应当根据市场情况及被投资企业自身情况的变化判断最近融资价格是否仍可作为公允价值的最佳估计。对最近融资价格进行调整的情形包括但不限于：①被投资企业的经营业绩与财务预算或预设业绩指标之间出现了重大差异；②被投资企业实现原定技术突破的预期发生了重大变化；③被投资企业面对的宏观经济环境、市场竞争格局、产业政策等发生了重大变化；④被投资企业的主营业务或经营战略发生了重大变化；⑤被投资企业的可比公司的业绩或者市场估值水平出现了重大变化；⑥被投资企业内部发生欺诈、争议或诉讼等事件，管理层或核心技术人员发生了重大变动。

e. 若因被投资企业在最近融资后发生了重大变化而判定最近融资价格无法直接作为公允价值的最佳估计，同时也无法找到合适的可比公司或可比交易案例以运用市场乘数法进行估值，可以根据被投资企业主要业务指标自融资时点至估值日的变化，对最近融资价格进行调整。主要业务指标包括但不限于有代表性的财务指标、技术发展阶段、市场份额等，在选择主要业务指标时，应重点考虑被投资企业所处行业特点及其自身的特点，选择最能反映被投资企业价值变化的业务指标。

2）市场乘数法

a. 根据被投资企业的所处发展阶段和所属行业的不同，可运用各种市场乘数（如市盈率、市净率、企业价值/销售收入、企业价值/息税折摊前利润等）对非上市股权进行估值。市场乘数法通常在被投资企业相对成熟、可产生持续的利润或收入的情况下使用。

b. 在运用市场乘数法时，应当从市场参与者角度出发，参照下列步骤完成估值工作：①选择被投资企业可持续的财务指标（如利润、收入）为基础的市场乘数类型，查找在企业规模、风险状况和盈利增长潜力等方面与被投资企业相似的可比上市公司或可比交易案例，通过分析计算获得可比市场乘数，并将其与被投资企业相应的财务指标结合得到股东全部权益价值（调整前）或企业价值。②若市场乘数法计算结果为企业价值，基金管理人应当扣除企业价值中需要支付利息的债务，得到股东全部权益价值（调整前）。应当在股东全部权益价值（调整前）的基础上，针对被投资企业的溢余资产或负债、或有事项、流动性、控制权、其他权益工具（如期权）可能产生的摊薄影响及其他相关因素等进行调整，得到被投资企业的股东全部权益价值（调整后）。③如果被投资企业的股权结构复杂，各轮次股权的权利和义务存在明显区别，应当采用合理方法将股东全部权益价值（调整后）分配至私募基金持有部分的股权。如果被投资企业的股权结构简单（即同股同权），则可按照私募基金的持股比例计算持有部分的股权价值。

c. 市场乘数的分子可以采用股东权益价值（股票市值或股权交易价格）或企业价值，应当基于估值日的价格信息和相关财务信息得出，若估值日无相关信息，可以采用距离估值日最近的信息并做一定的调整后进行计算。市场乘数的分母可以采用特定时期的收入、利润等指标，也可以采用特定时点的净资产等指标，上述时期或时点指标可以是历史数据，也可以采用预期数据。确保估值时采用的被投资企业的利润、收入或净资产等指标，与市场乘数的分母在对应的时期或时点方面保持完全一致。

d. 在估值实践中各种市场乘数均有应用，如市盈率（P/E）、市净率（P/B）、企业价值/销售收入（EV/Sales）、企业价值/息税折摊前利润（EV/EBITDA）、企业价值/息税前利润（EV/EBIT）等。从市场参与者的角度出发，根据被投资企业的特点选择合适的市场乘数。

e. 在使用各种市场乘数时，保证分子与分母的口径一致，如市盈率中的盈利指标应为归属于母公司的净利润，而非全部净利润；市净率中的净资产应为归属于母公司的所有者权益，而非全部所有者权益。一般不采用市销率（P/Sales）、市值/息税折摊前利润（P/EBITDA）、市值/息税前利润（P/EBIT）等市场乘数，除非可比公司或交易与被投资企业在财务杠杆和资本结构上非常接近。

f. 考虑到被投资企业可能存在不同的财务杠杆和资本结构，在 EV/EBITDA 适用的情况下，通常可以考虑优先使用 EV/EBITDA。在 EV/EBITDA 不适用的情况下，可以考虑采用市盈率进行估值，但需要注意被投资企业应具有与可比公司或可比交易案例相似的财务杠杆和资本结构。对净利润中包括的特殊事项导致的利润或亏损，通常应进行正常化调整，同时考虑不同的实际税率对市盈率的影响。如果被投资企业尚未达到可产生可持续利润的阶段，可以考虑采用销售收入市场乘数（EV/Sales），在确定被投资企业的收入指标时，考虑市场参与者收购被投资企业时可能实现的收入。

g. 市场乘数通常可以通过分析计算可比上市公司或可比交易案例相关财务和价格信息获得。关注通过可比上市公司和可比交易案例两种方式得到的市场乘数之间的差异并对其进行必要的调整，对于通过可比交易案例得到的市场乘数，在应用时应注意按照估值日与可比交易发生日市场情况的变化对其进行校准。

h. 充分考虑上市公司股票与非上市股权之间的流动性差异。对于通过可比上市公司得到的市场乘数，通常需要在考虑一定的流动性折扣后才能将其应用于非上市股权估值。流动性折扣可以通过经验研究数据或者看跌期权等模型，并结合非上市股权投资实际情况综合确定。

i. 对市场乘数进行调整的其他因素包括企业规模和抗风险能力、利润增速、财务杠杆水平等。上述调整不应包括由于计量单位不一致导致的溢价和折扣，如大宗交易折扣。

3）行业指标法

a. 行业指标法是指某些行业中存在特定的与公允价值直接相关的行业指标，此指标可作为被投资企业公允价值估值的参考依据。行业指标法通常只在有限的情况下运用，此方法一般被用于检验使用其他估值法得出的估值结论是否相对合理，而不作为主要的估值方法单独运用。

b. 并非所有行业的被投资企业都适用行业指标法，通常在行业发展比较成熟及行业内各企业差别较小的情况下，行业指标才更具代表意义。

（2）收益法

在估计非上市股权的公允价值时，通常使用的收益法为现金流折现法。

a. 可采用合理的假设预测被投资企业未来现金流及预测期后的现金流终值，并采用合理的折现率将上述现金流及终值折现至估值日得到被投资企业相应的企业价值，折现率的确定应当能够反映现金流预测的内在风险。还应参照市场乘数法中提及的调整或分配方法，将企业价值调整至私募基金持有部分的股权价值。

b. 现金流折现法具有较高的灵活性，在其他估值方法受限制之时仍可使用。

c. 在确定此方法采用的财务预测、预测期后终值以及经过合理风险调整的折现率时，需要大量的主观判断，折现结果对上述输入值的变化较为敏感，因此，现金流折现法的结果易受各种因素干扰。特别是当被投资企业处于初创、持续亏损、战略转型、扭亏为盈、财务困境等阶段时，通常难以对被投资企业的现金流进行可靠预测，应当谨慎评估运用现金流折现法的估值风险。

（3）成本法

在估计非上市股权的公允价值时，通常使用的成本法为净资产法。

a. 可使用适当的方法分别估计被投资企业的各项资产和负债的公允价值（在适用的情况下需要对溢余资产和负债、或有事项、流动性、控制权及其他相关因素进行调整），综合考虑后得到股东全部权益价值，进而得到私募基金持有部分的股权价值。如果被投资企业股权结构复杂，还应参照市场乘数法中提及的分配方法得出持有部分的股权价值。

b. 净资产法适用于企业的价值主要来源于其占有的资产的情况，如重资产型的企业或者投资控股企业。此外，此方法也可以用于经营情况不佳可能面临清算的被投资企业。

（五）国内私募股权二级市场基金的发展展望

国内私募股权二级市场基金从 2013 年开始逐渐发展起来，主要由如歌斐资产、盛世投资、磐晟资产、新程投资以及一些财富管理公司从事，数量较少，市场待开发潜力巨大。对于投资者而言，相较于新募基金，投资 S 基金更具优势，因为 S 基金的管理人专业性更强、投资 S 基金的时间更短、资金退出更快。

1. 歌斐资产

2013 年，歌斐资产成立了市场上首只专注私募股权二级市场转让机会的 S 基金。由于该基金是受让二手份额，每一个份额在此之前已被持有若干年，剩余存续期缩短，相应地，退出时间也加快。例如，2014 年所投的 2008 年成立的基金，后者当时已有一定的回报，这一类基金占据了该期 S 基金较高比例。

2. 盛世投资

盛世投资早在 2011 年就在业内率先设立了二手份额接转基金。作为市场上少有的具有丰富二手份额接转实操经验的基金管理人，盛世投资过往积累了丰富的案例，覆盖了诸多明星项目。

盛世投资认为，私募股权二级市场份额交易需重点培养三大能力：

首先，要拥有较多的合作方资源。目前，国内以基金管理人主导的二手份额交易居多，交易的私密性较强，在尽职调查、交易等环节 GP 发挥着实际关键作用。与 GP 长期合作产生协同价值，从而实现多方受益的最终目的，是二手份额交易中非常重要的能力之一。

其次，制定符合机构自身特点的二手份额交易策略，围绕核心策略搭建筛选和估值体系。二手份额交易策略的制定和体系的搭建需要由独立的专业团队来执行，且对于团队综合素质要求较高，除了具备甄别管理人和判断资产的能力外，还要具备交易结构设计能力。

最后，二手份额交易对效率及灵活性要求较高。当前市场中好资产依然相对稀缺，需要高效的决策流程。同时，显著区别于传统直投及母基金投资，二手份额交易需要针对不同 LP 的多样化需求和不同资产的特点，对投资模式及交易架构进行灵活设计，这都非常考验交易参与者的专业能力。

3. 新程投资

新程投资在 2011 年成立后，就开始在亚洲包括中国操盘私募股权二级市场份额的转让交易了，是亚洲较早参与此类交易的机构。TPG 尽管此前在亚洲股权市场也非常活跃，但还没有参与过亚洲股权转让的市场。2017 年，TPG 经过与新程投资的多次沟通，决定以投资入股新程的方式，参与这个新兴的市场，这也传递出这个老牌私募基金公司看好亚洲特别是中国私募股权二级市场的前景。

总体来看，随着私募股权一级市场蓬勃发展，大量的一级市场交易已培育出一大批能够识别、判断投资机会并把控投资风险的优秀人才，并有能力在较短时间内将一级市场的经验转化为二级市场的经验。目前，不少大型母基金或资产管理机构凭借其广泛的市场资源和丰富的人才资源，已纷纷开始布局私募股权二级市场，以期抢占市场先机。

虽然私募股权二级市场的前景可观，但仍然存在一些潜在风险。其中最主要的问题之一为基金估值体系不完善。这和私募股权二级市场的私募属性有重要关联，在众多不确定因素存在的情况下，可能会造成卖方恐慌性折价出售优质基金份额、买方盲目抄底质量不佳的基金份额等情况。要解决不确定因素，一种途径是共同建立有效的私募股权二级市场交易体系。

二、私募股权二级市场的非典型投资者

股权二级市场是指可以从原有私募股权投资基金的 LP 手中购买相应的投资权益的市场，也包括从 GP 手中购买私募股权基金持有的部分或所有的投资组合。PE 二级市场交易的类型：一是指私募股权基金的 LP 将自己已经实际出资的出资份额以及尚未出资的出资承诺出售给其他投资者的交易行为；二是私募股权基金在 GP 的管理和运营下，将投资于一家、数家甚至全部被投资企业中的权益出售给其他投资者的行为。

股权二级市场的参与者主要是股权母基金管理人或者更专注 S 基金的管理人。与此同时，越来越多的"非典型投资人"也开始关注这一领域。

"非典型投资人"即除专业母基金或者 S 基金管理人之外的投资人。根据 Preqin 的数据，在欧美市场，62%的股权二手份额的投资人属于"非典型投资人"这一范畴。同时，在这个大的范畴中，公共养老基金（Pension Fund）占比最高，达到 21%。保险公司的保险资金也青睐该类型资产，占比 12%。其他各类型资产管理机构占比 10%。

1. 国外股权二手市场概况

（1）S 基金募资情况

2013 年第一季度至 2018 年第二季度全球 S 基金募资额度如图 3-6 所示，2013 年至 2018 年上半年 S 基金平均募资额度如图 3-7 所示。

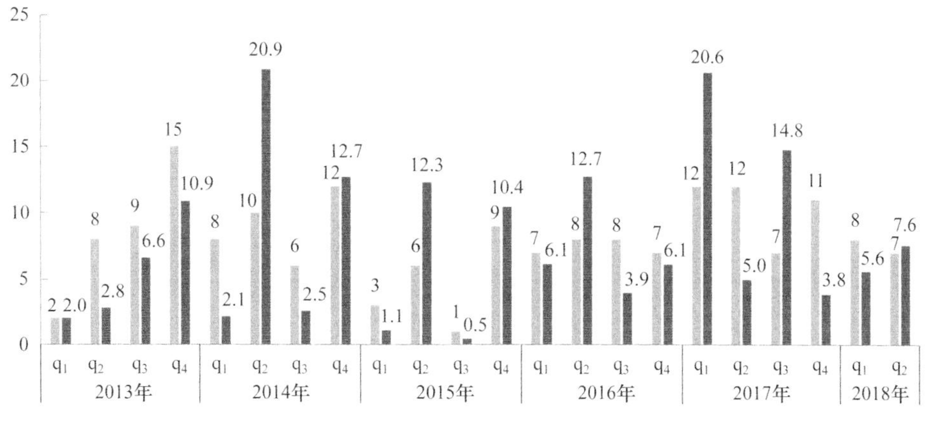

图 3-6　2013 年第一季度至 2018 年第二季度全球 S 基金募资额度

资料来源：Preqin、融中母基金研究院。

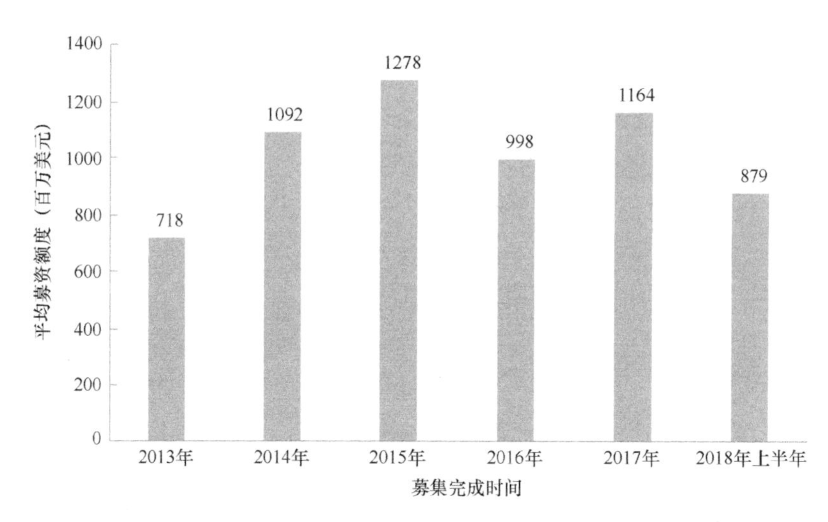

图 3-7　2013 年至 2018 年上半年 S 基金平均募资额度

资料来源：Preqin、融中母基金研究院。

国外股权二级市场从 2008 年开始迅速发展。经过 10 多年高速发展，S 基金募集基金数量和募集基金规模相对稳定。虽然募集基金数量有所增加，单季度募集完成 S 基金 7 只，但是，平均每只基金的募集额为 8.79 亿美元，是 2014 年以来最低的。越来越多的 S 基金管理人和投资人更青睐于规模小但投资策略相对多样的基金，这样的投资策略不仅可以提高基金的整体流动性，同时也会创造更多的投资机会。例如 Montana Capital Partners 所管理的 S 基金投资范围涵盖基金的各个周期。

（2）股权二级市场主要出让方（Sellers）

未来 1～2 年股权二级市场份额主要出让方如图 3-8 所示。

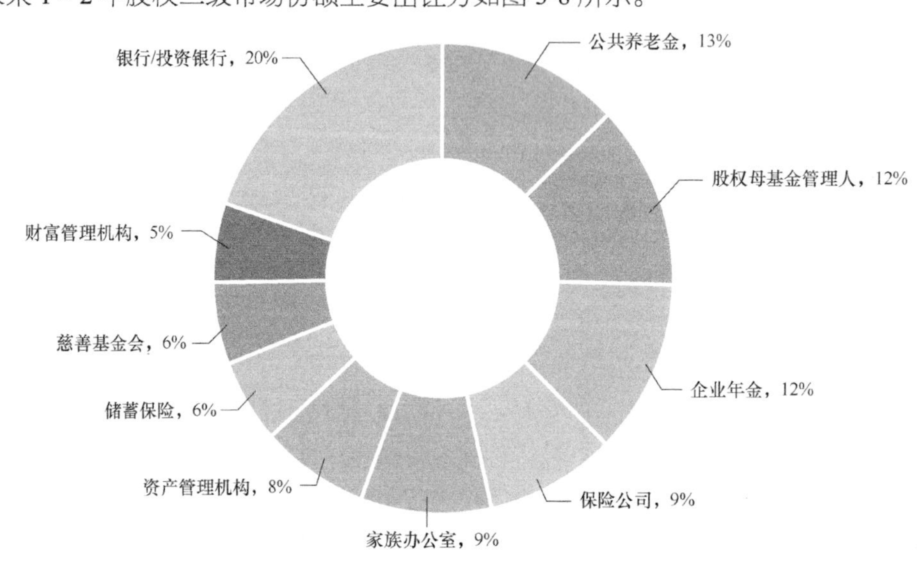

图 3-8　未来 1～2 年股权二级市场份额主要出让方

资料来源：Preqin、融中母基金研究院。

股权二级市场的出让方，主要是指因为其自身原因（如资产配置比例调整、资金流动性要求等原因）出让已投资股权基金份额的一方。从 Preqin 在 2018 年统计的数据来看，股权二级市场的主要出让方为银行或投资银行（Bank/Investment Bank），占比 20%。紧随其后的出让机构分别是公共养老金（Public Pension）、股权母基金管理人（Private Equity Fund of Funds Manager）、企业年金，分别占比 13%、12%和 12%。

（3）股权二级市场主要受让方（Buyers）——非典型投资人

股权二级市场主要受让方如图 3-9 所示。

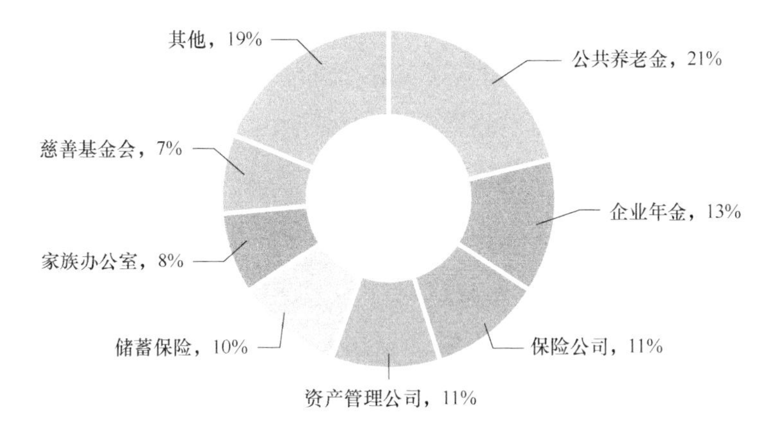

图 3-9 股权二级市场主要受让方

资料来源：Preqin、融中母基金研究院。

从受让方来看，非典型投资者占据了主要的市场份额。其中，公共养老金占比 21%，是市场第一大 S 基金投资者。占比紧随其后的机构类型包括企业年金（Private Sector Pension）、保险公司、储蓄保险（Endowment Plan）等。

（4）为什么 S 基金如此吸引非典型投资者

非典型投资者这个概念从一开始就是区别于以追求高收益为主要目的的一般投资机构。非典型投资者之所以格外青睐 S 基金，主要还是因为 S 基金独特的优势与投资者资金属性和投资目的相契合。

众所周知，企业年金、保险资金、养老金等资金都对资金的安全性和流动性有着较高要求。该类型基金首先要保证资产可以稳定增值，对整体投资组合的收益率并没有太高要求。同时，该类型资金也需要按期赎回以满足保险赔付、养老金支取等需求。

S 基金拥有如下优势：

1）避免盲池投资（Blind Pool）。美国的私募股权基金，特别是风险投资基金，通常存续期都在 10 年以上。基金管理人通常采取“先募后投”的模式，所以基金投资人在出资时通常并不知道基金真正的投资标的。这就造成了盲池投资的风险。而在股权二级市场出让的基金份额，通常已经过了投资期进入退出期。这个阶段的基金已经基本完成投资，投资标的明确，并且绝大多数投资标的都拥有具体的退出方案。这大大提高了基金收益的确定性，减少了风险。

2）更短的 J-Curve 效应。众所周知，股权基金投资的收益都会面临 J-Curve 现象，即基金投资人需要等待基金过了投资期、进入退出期才能获得基金收益。而 S 基金则避开了投资期，在基金进入退出期才进入，并且以折扣价格进入。这样可以有效解决 J-Curve 的问题。

3）实现资产配置。股权基金的资产配置通常通过在不同时间点（Vintage Year）投资不同周期和不同行业的投资标的来实现。通常一级市场母基金投资周期不会太长，所以很难实现覆盖多个 Vintage Year 的投资。而在股权二级市场，母基金管理人可以寻找特定某几个 Vintage Year 的基金进行投资，更加分散了风险。同时，因为国家政策、技术发展趋势，不同年份的基金也会追随市场潮流重点投资于某一类或者某几类产业。投资于不同年份的基金，也是为了更能做好投资行业的分散。

2. 中国股权二级市场和中国的非典型投资人

（1）中国股权市场的非典型投资人

与中国股票市场相似，中国私募股权市场的投资人依然是以高净值个人为主的散户市场。调查显示，49%的股权基金出资人穿透后是高净值个人。而国际市场，股权投资的出资人主要以机构和母基金为主。散户化的出资人制约了中国私募股权二级市场的发展。一方面，从 S 基金出让方来讲，高净值个人对于通过股权二级市场退出的认识不够，也没有能力找到交易对手方；另一方面，从 S 基金的受让方来讲，高净值个人需要更专业的能力来与出让方确定交易价格。这对于非专业投资者来说都很难实现。

对于大部分机构来说很少参与私募股权投资。

例如中国最大的金融机构——银行。银行在《中华人民共和国商业银行法》（简称《商业银行法》）、《资管新规》等政策法规的限制下很难让资金进入股权投资领域。同时，银行的股权投资占款也将并入银行的资产负债表，并且需要按照 1250%的比例计提风险准备金。这增加了银行进行股权投资的机会成本，减少了银行的股权投资的动力。所以有银行表示，如果股权投资的年化收益率达不到行内要求，是不会考虑进行投资的。出于资金安全性考量，市场也有很多声音表示银行资金应该更多地考虑母基金投资，甚至是 S 基金投资。但事实并非如此，如果投资收益率不够高的话，银行是没有动力参与其中的。

对于长期投资，另一个主要长期资金来源便是保险资金。尽管监管一再将保险资金投资于权益市场的上限提高，但囿于保险公司内部的风控要求，保险资金还是以固定收益类投资为主。保险资管业协会最新发布的《2019—2020 年保险资产管理业调研报告》数据显示，截至 2019 年年末，保险资金在资产配置方面仍以固定收益类资产为主，其中债券投资占 36.5%，银行存款占 9.3%。而股权投资仅占保险资金投资的 8.4%（见图 3-10）。尽管现在银保监会对于保险资金投资权益类资产的上限定为 30%，并且有报道称监管也在积极讨论是否从 30%的投资上限提升到 40%。但是大多数保险机构的权益资产投资比例都较低，只是提升投资比例上限并不能引导保险资金进入权益投资市场。

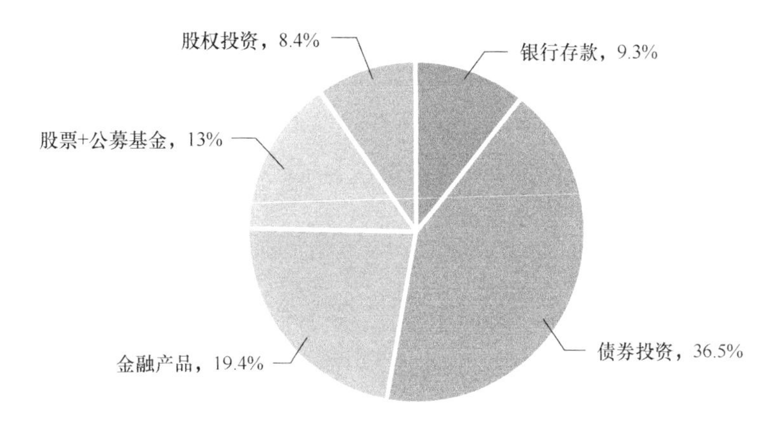

图 3-10 2019 年年末保险资金大类资产配置情况

资料来源：保险资产管理业协会、融中母基金研究院。

综上所述，中国股权二级市场的非典型投资人目前占比仍然很小，并不能成为该市场的主要参与者。

（2）中国非典型投资人的趋势

经过了过去一年的“资本寒冬”，中国股权投资市场的投资人也逐步从“散户化”向“机构化”转移。更多的机构投资者正在逐步发现母基金和 S 基金的魅力。相较于股权一级市场的母基金拥有众多投资机构参与，股权二级市场母基金的主要管理人主要是第三方财富管理公司旗下的母基金管理人，例如诺亚财富旗下的歌斐资产。而在未来的私募股权二级市场，中国的非典型投资人又在哪里呢？

首先，理财子公司的开业可能会带来新的机遇。之前获批的理财子公司近期也纷纷开业。截至目前，工商银行、建设银行、交通银行的理财子公司均已开业。理财子公司开业后也表示要借助科创板开板的东风，积极拥抱股权投资市场。2019 年 6 月 13 日，第十一届陆家嘴论坛举办期间，工商银行、中金资本以及黄浦区政府代表中金共赢长三角科创发展基金的发起方现场签署了合作备忘录，该基金规模将不低于 100 亿元。在此之前，6 月 6 日，中金公司与工银理财签署战略合作协议。中金资本将与工银理财在私募股权投资领域展开合作。这是未来理财子公司积极拥抱股权母基金，甚至是股权二级市场基金的积极信号。

其次，监管一直致力于推动保险资金、慈善基金等进入私募股权市场。但是，单纯的提高权益类资产的投资上限并不能直接带动该类型基金进入股权投资领域，应该通过其内部风控指标的修改来为该类型资金“松绑”，而且提高投资上限不如提高投资权益类资产的下限。合理的私募股权配置并不会增加资金的风险，反而会使长期资金稳健保值增值。而股权二级市场基金则能更好地满足该类型基金安全性和流动性的需求，未来长期资金参与股权二级市场的规模可期。

第七节 母基金跨资产配置

自 2018 年 8 月 29 日基金业协会在《私募基金登记备案相关问题解答（十五）》中明确私募资产配置管理人申请要求、基金备案登记要求后，基金业协会于 2019 年 2 月 12 日公布的首份私募资产配置类名单共有三家。这三家分别是珠海横琴金晟硕业投资管理有限公司、浙江玉皇山南投资管理有限公司、中国银河投资管理有限公司。什么是私募资产配置管理人？这又与私募证券管理人和私募股权、创业投资基金管理人有何区别呢？

基金业协会对于私募资产配置管理人的信息公示如图 3-11 所示。

编号	私募基金管理人名称	法定代表人/执行事务合伙人(委派代表)姓名	机构类型	登记编号	注册地	办公地	成立时间
1	中国银河投资管理有限公司	宋卫刚	私募资产配置类管理人	P1000682	北京市	北京市	2000-08-22
2	浙江玉皇山南投资管理有限公司	施建军	私募资产配置类管理人	P1006249	浙江省	浙江省	2014-10-22
3	信银（深圳）投资管理有限责任公司	张昊	私募资产配置类管理人	P1063886	深圳市	深圳市	2017-06-01
4	珠海横琴金晟硕业投资管理有限公司	李骅	私募资产配置类管理人	P1069509	广东省	深圳市	2018-01-12
5	深圳乐瑞全球管理有限公司	唐毅亭	私募资产配置类管理人	P1070163	深圳市	深圳市	2014-12-25
6	潮商东盟投资基金管理有限公司	陈萍	私募资产配置类管理人	P1071000	深圳市	深圳市	2019-12-30
7	*中国石油集团养老资产管理有限责任公司	刘强	私募资产配置类管理人	P1071090	北京市	北京市	2018-06-11
8	*北京常瑞资产管理有限公司	田宇	私募资产配置类管理人	P1071091	北京市	北京市	2019-07-19
9	上海道禾长期投资管理有限公司	杨德红	私募资产配置类管理人	P1071092	上海市	上海市	2020-04-02

图 3-11 基金业协会对于私募资产配置管理人的信息公示

资料来源：中国证券投资基金业协会。

一、资产配置管理人落地

早在 2018 年 3 月 23 日基金业协会第二届理事会第四次会议中，增设私募资产配置管理人的提案就开始被审议。为进一步提升私募基金管理人专业化运营的有效性，切实解决私募基金投资者跨类别配置投资的现实需求，基金业协会积极探索符合我国国情的私募基金管理人登记备案工作。对具有跨不同投资类型资产配置需求的私募基金管理人会员机构，研究增设“私募资产配置基金管理人”的管理人类型及相应的私募基金类型。

二、专业化经营要求

2017 年 3 月 31 日，基金业协会发布了《私募基金登记备案相关问题解答（十三）》，就私募基金管理人落实专业化管理原则的操作进行解答。

根据公布的内容，私募基金管理人在申请登记时，应当在“私募证券投资基金管理人”“私募股权、创业投资基金管理人”等机构类型，以及与机构类型关联对应的业务类型中，仅选择一类机构类型及业务类型进行登记；私募基金管理人只可备案与本机构已登记业务类型相符的私募基金，不可管理与本机构已登记业务类型不符的私募基金；同一私募基金管理人不可兼营多种类型的私募基金管理业务。

而在过去，私募基金管理人在备案过程中不必明确其主要投资领域。私募基金管理人的投资范围可以横跨一二级市场，既可以投资于未上市公司股权，也可以投资于上市公司股票。而在专业化经营之后，私募基金管理人需要在 amber 系统中明确该管理人的具体投资方向，不允许管理与本机构已登记业务类型不符的私募基金。

三、资产配置管理人的诞生

随着大类资产配置的需求越来越强，私募资产配置类管理人终于登场。私募资产配置类管理人并不等同于简单地允许管理人同时参与一二级市场投资，而是强调以基金为工具，做好资产配置。私募资产配置类管理人申请的具体要求如下：

1）实际控制人要求。受同一实际控制人控制的机构中至少一家已经成为基金业协会普通会员；或者受同一实际控制人控制的机构中至少包括一家在协会登记三年以上的私募基金管理人，该管理人最近三年私募基金管理规模年均不低于 5 亿元，且已经成为协会观察会员。

2）“一控”要求。同一实际控制人仅可控制或控股一家私募资产配置基金管理人。

3）股权稳定性要求。申请机构的第一大股东及实际控制人应当秉承长期投资理念，书面承诺在完成私募资产配置基金管理人登记后，继续持有申请机构股权或实际控制不少于三年。

4）高级管理人员要求。申请机构应具有不少于两名三年以上资产配置工作经历的全职高级管理人员，或者具有不少于两名五年以上境内外资产管理相关经验（如投资研究、市场营销、运营、合规风控或者资产管理监管机构或者自律组织工作经历等）的全职高级管理人员。

同时对资产配置类基金提出了具体的要求，具体要求如下：

1）初始规模要求。私募资产配置基金初始募集资产规模应不低于 5000 万元人民币。

2）封闭运作要求。私募资产配置基金合同应当约定合理的募集期，且自募集期结束后的存续期不少于两年。私募资产配置基金存续期内，应当封闭运作。

3）组合投资要求。私募资产配置基金应当主要采用基金中基金的投资方式，80%以上的已投基金资产应当投资于已备案的私募基金、公募基金或者其他依法设立的资产管理产品。私募资产配置基金投资于单一资产管理产品或标的的比例不得超过该基金资产规模的 20%。

4）杠杆倍数要求。结构化私募资产配置基金投资跨类别私募基金的，杠杆倍数（优先级份额/劣后级份额，中间级份额计入优先级份额）不得超过所投资的私募基金的最高杠杆倍数要求。

5）基金托管要求。私募资产配置基金应当由依法设立并取得基金托管资格的基金托管人托管。基金托管人不得从事与其存在股权关系以及有内部人员兼任职务情况的基金管理人管理的基金托管业务。

6）信息披露要求。私募资产配置基金进行信息披露时，应当符合《私募投资基金信息披露管理办法》及协会相关自律规则的规定，明确信息披露义务人向投资者进行信息披露的内容、披露频度、披露方式、披露责任以及信息披露渠道等事项。

7）关联交易要求。私募资产配置基金管理人运用基金财产投资基金管理人、托管人及其控股股东、实际控制人、关联机构或者与其有重大利害关系的机构的权益性资产，或者从事其他重大关联交易的，应当防范利益冲突，遵循持有人利益优先原则，建立健全内部审批机制和评估机制，符合基金的投资目标和投资策略，按照市场公允价值执行，并按照协会规定，履行信息披露义务。

8）单一投资者的基金要求。仅向单一的个人或机构投资者（依法设立的资产管理产品除外）募集设立的私募资产配置基金，除投资比例、托管安排或者其他基金财产安全保障措施等由基金合同约定外，其他安排参照上述要求执行。

9）在《私募基金登记备案相关问题解答（十五）》中规定的私募资产配置基金申请备案应当符合的要求中，最重要的两条分配是最低初始募集资产规模和组合投资要求。组合投资的要求中明确资产配置基金主要以母基金的形式进行投资，同时初始募集资产规模不应低于5000万元。在之前的征求意见会中，监管部门也表达了不希望资产配置类管理人成为规避专业化经营的方法。同时，成立门槛的限制制约了很多募资能力较差的管理人参与资产配置类管理人的申请。

四、资产配置管理人适合机构

资产配置类管理人可以通过投资基金最终进入一级市场和二级市场。但这种跨度较大的投资方式并不适合大部分投资机构。那么，什么样的投资机构更有动力成为资产配置管理人呢?

1. 家族信托

家族信托是指信托公司接受单一个人或者家庭的委托，以家庭财富的保护、传承和管理为主要信托目的，提供财产规划、风险隔离、资产配置、子女教育、家族治理、公益（慈善）事业等定制化事务管理和金融服务的信托业务。与普通信托计划相比，家族信托的期限较长，通常可达到 10 年以上。现阶段，家族信托的投资主要以二级市场和非标准化债权资产的资产配置为主。而股权投资的长期稳定收益具有不可替代性，在政策法规的鼓励下，未来家族信托将会融合一级市场和二级资产的不同类型资产进行真正的大类资产配置。

2．慈善基金和捐赠基金

慈善基金和捐赠基金在欧美一直是长期资金的典型代表。其中以耶鲁大学的捐赠基金最为著名，其资产配置方案也成为大类资产配置的标杆。

3．财富管理公司

财富管理公司的工作就是帮助高净值投资者完成资产配置。配置的资产涵盖一级市场的股权基金，也包括二级市场的公募基金、私募基金。现在主流的财富管理公司纷纷成立资产管理子公司，以母基金的形式为客户做配置。例如诺亚财富旗下拥有歌斐诺宝和歌斐资产等多家私募基金管理人牌照，涵盖私募证券、私募股权以及其他类管理人牌照。基于财富管理公司多年对各类型基金的筛选和研究的经验，其优势可以得到最大化发挥。

五、多资产配置的投资逻辑

根据基金业协会对于资产配置基金的要求，投资应该以母基金的形式为主。因此，资产配置基金可以投资于私募证券投资基金和私募股权投资基金。私募证券投资基金和私募股权投资基金各有其优势，两者相结合可以帮助基金组合的资产稳健增长。

1．私募证券投资基金的作用

截至 2019 年 3 月底，已登记私募证券投资基金管理人 8934 家，已备案私募证券投资基金 36235 只，基金规模 2.11 万亿元。私募证券投资基金在整个大类资产配置领域具有很多不可替代的优势。

首先，私募证券投资基金流动性较好。私募证券投资基金因为投资于二级市场，所以流动性较私募股权投资基金好。一般来讲，私募证券投资基金可以做到月度或季度开放申购赎回。有些以标准化债券为投资标的的私募证券投资基金可以做到每周开放申购赎回。

其次，私募证券投资基金可以投资于不同相关性较低的资产。大类资产配置在国内的实践最先开始于私募证券基金。因为私募证券投资基金可以投资于国内股票市场、国际股票市场、债券市场、期货市场等相关性较低的资产，所以可以通过量化的手段实现资产配置。同时，在相同资产下也可以通过不同的投资方法实现相同市场情况下的不同表现。例如，同样是投资于期货市场的量化期货交易基金，可以分为长周期的期货交易和短周期的期货交易，两者在相同的市场下会表现出截然不同的基金净值走势。由此衍生出很多不同量化资产配置模型，如风险评价模型（Risk Parity Model）、风险预算模型（Risk Budget Model）、均值方差模型（Mean-Variance Model）等。

最后，私募证券投资基金操作灵活。在遇到市场性风险的情况下，私募基金没有仓位限制，可以通过降低仓位来规避下行风险，保障投资人利益。而公募基金则因其规模较大，对市场影响较大，受到严格制约。

2. 私募股权投资基金的作用

截至 2019 年 3 月底，私募股权、创业投资基金管理人 14669 家，私募股权投资基金 27468 只，基金规模 7.92 万亿元。创业投资基金 6831 只，基金规模 0.94 万亿元。私募股权行业经过多年的发展，已经成为整个私募基金行业重要的中坚力量。

私募股权投资基金是当前市场上为数不多的可以容纳大量长期资金，且能带来丰厚回报的资产。通常，私募股权投资基金的封闭期为 7～10 年。以欧美为例，绝大部分捐赠基金、慈善基金、社保基金（Pension Funds）等长期资金，都通过配置超过 20%的私募股权投资达到了 20%左右的年化收益。得益于中国经济的发展，中国的私募股权投资也获得了丰厚的回报，并且培养了一批在各个领域都处于世界领先地位的独角兽企业。

3. 证券和股权二者结合的投资逻辑

基于私募证券投资基金和私募股权投资基金的特点，私募资产配置基金应该以长期投资资产配置为目标。所以其主要投资方向应为私募股权投资基金。同时，在寻找拟投资私募股权投资基金的同时，可以通过配置私募证券投资基金或其他现金管理类基金来提高整体基金的收益率。同时，在私募股权投资基金分批缴款时，母基金也可以通过配置私募证券投资基金进行投资，分散基金的整体风险。

以某基金为例，该基金成立于基金业协会专业化经营的规定之前，其投资策略是投资于私募股权投资基金的比例不低于 60%，剩余资产投资于私募证券投资基金。在不同阶段，其整体投资比例也不同。因为私募股权投资基金涉及分批缴款的问题，所以需要证券端投资做好流动性管理，如图 3-12 所示。

图 3-12　私募资产配置基金资产占比

资料来源：融中母基金研究院。

六、多资产配置的挑战

涵盖一级市场基金和二级市场基金的母基金说起来容易，而在实际操作过程中可能会遇到诸多难点。

首先，多资产配置的母基金需要综合性的投资团队。众所周知，一级市场和二级市场的整体投资逻辑相差比较大。即使在同一市场，不同类别资产、不同投资周期的整体投资逻辑也相差较大。尽管多资产配置母基金主要通过投资子基金来实现资产配置，但是其投资团队的专业性以及对不同类别资产的熟悉程度也至关重要。现在，只有部分信托、券商、银行、财富管理公司这样直接面对具有多资产配置需求客户的机构，会在一二级市场分别设置投研团队。而大部分私募管理机构的投资团队都专注于其主营投资领域，涉足新的资产需要大量招聘新的投研团队，无论是时间上还是成本上都有一定难度。

其次，多资产配置的母基金的估值难度较大。私募证券投资基金因为其投资标的为二级市场证券，每日都有公允价格，所以私募证券投资基金可以达到每周计算基金净值，甚至有些基金可以每日披露基金净值。而私募股权投资基金的流动性较差，通常在很长周期内都不会有估值变动。在以往私募基金信息披露的要求中，也对私募证券投资基金和私募股权投资基金的信息披露频率进行了区别。而作为母基金管理人，其子基金信息披露不同步同样会导致母基金的估值和信息披露出现问题。现在较为普遍的解决方法是对母基金层面不进行整体估值，但会对证券端基金组合和股权端基金组合分别披露。但这也会使得整体基金收益较为割裂，资产配置的优势体现不明显。

最后，基金到期后赎回的问题。股权基金因为其退出的不确定性导致了其经常会展期从而获得较好的收益。而当母基金面临到期的时候，部分投资者可能会要求先将证券端基金组合赎回，仅保留股权端基金组合。尤其是在二级市场表现较差的时期。而现行法规对于基金赎回也有一定限制。投资者无法在基金估值浮盈的情况下赎回超过基金收益的部分。

新类型私募的单只基金可以配置证券、股权和其他类资产，这在一定程度上突破了私募基金行业专业化经营的限制，填补了市场空白。全新管理人类别的诞生，意味着目前资产规模超过 13 万亿元的私募基金行业正式迈入私募资产配置的新时代。

第四章

母基金运营

第一节　母基金相关政策和监管

一、引导基金的监管格局

政府引导基金既是财政支出方式改革的重要体现，也是贯彻国家发展战略和产业政策的有效手段，政府引导基金在一定程度上弥补了市场失灵，实现了财政引导、产业发展、金融环境优化等多重目标。随着引导基金数量和规模不断扩大，重复投资、预算管理不到位等问题日益凸显，这些问题对政府引导基金的监管工作提出更高的要求。

目前，我国引导基金的监督体制形成了财政部、国家发展改革委、证监会“三足鼎立”的监管格局。从相关政策来看，财政部 2015 年出台《政府投资基金暂行管理办法》和《关于财政资金注资政府投资基金支持产业发展的指导意见》，对政府引导基金的设立、投资方向、审批权限、监管手段、监管环节做出规定，同时指出政府投资基金的运行将接受国家发展改革委的监督管理；国家发展改革委 2016 年出台《政府出资产业投资基金管理暂行办法》对政府出资产业投资基金的募资、投资、管理、退出等环节，以信息登记、绩效评价和信用评价的方式进行宏观信用信息监督管理；证监会未针对引导基金出台相关政策，其对引导基金的监管按私募基金一般规定执行。

三部门监管，对政府投资基金的规范运营起到了重要作用，在一定程度上保障了财政资金的安全，提高了财政资金的使用效率。但由于各地政府投资基金仍处在持续探索、实践阶段，在基金募、投、管、退各运行环节，新问题、新情况不断出现。例如，在募资阶段，政府引导基金过分追求募资规模，社会资本募集难度加大；在投资阶段，资金效率过低，资金沉淀、投资领域重叠比较严重；在管理阶段，绩效考核体系尚需完善，信息共享平台和资源整合机制缺乏；在退出阶段，退出机制设计模糊，导致退出方式单一等。

上述问题引起了相关部门的高度重视。2020 年 2 月 21 日，财政部出台《关于加强政府投资基金管理　提高财政出资效益的通知》，对政府引导基金出资约束、使用效能、绩效管理、退出机制和基金报告方面做出要求，旨在强化财政部门监管作用，加强履行国有资本出资人职责。

未来，财政部、国家发展改革委、证监会对政府引导基金的监管和引导作用的职责将会更加清晰，三部门协商构建政府投资基金监督管理制度体系，探索建立部级联席会议制度，形成协调配合、齐抓共管的良好局面。其中，财政部突出国有资本出资人职责，将财政出资纳入预算管理，保障出资合法合规，规范投资导向，建立绩效评价体系，完善退出机制；国家发展改革委强化对产业的引导，及时发布投资产业目录，明确产业投资方向；证监会负责登记备案政府投资基金，审核基金管理人身份，并要求每年度至少更新备案信息一次，保证备案信息的真实有效。

二、资管新规

2018 年 4 月 27 日，央行、证监会、银监会、外汇局联合发布了《关于规范金融机构资产管理业务的指导意见》(《资管新规》) 最终版问世。

《资管新规》表明，规范金融机构资产管理业务今后将立足整个资产管理行业，按照资产管理产品的类型统一监管标准。资产管理方面将实行公平的市场准入和监管，最大程度消除监管套利空间，促进资产管理业务规范发展。

作为首个横跨各类机构的规范章程，《资管新规》以坚持严控风险为底线，把减少存量风险、严防增量风险作为最重要任务。《资管新规》严控风险的路径，不仅提高个人私募的门槛，在机构监管方面，对于多层嵌套和募资通道等方面的限制，也对目前市场上的私募机构造成了冲击。

针对市场上流行的多层嵌套和通道模式，《资管新规》做了如下规定：金融机构不得为其他金融机构的资产管理产品，提供规避投资范围、杠杆约束等监管要求的通道服务。资产管理产品可以投资一层资产管理产品，但所投资的资产管理产品，不得再投资其他资产管理产品（公募证券投资基金除外）。

《资管新规》对于金融机构的这一规定，意味着结构化基金将面临严控，私募 FOF 受到更大限制，机构私募一向依赖的募、投、管、退通道受阻。

《资管新规》的去杠杆、限制金融衍生等措施，无疑会收紧银行募资和委外业务，银行是母基金募资的重要来源之一。因此母基金募资受到了限制。这一政策机制还会传导至券商以及其他资管机构，最终会影响 VC/PE 基金的募资。

资本市场对退出端的隐性规定，加上《资管新规》直接限制私募募资通道，使得私募股权行业腹背受敌。“两翼合围”下，VC/PE 行业“募资、退出两难”的情况已经发生，并将愈演愈烈。

根据《资管新规》，私募资管业务的备案核查与自律管理、委托第三方提供投资建议等方面的内容，均有了更加细化的规定。资管新政下，私募股权投资行业规范化发展将再进一步，结构化产品合规趋严，“标品化” 也是私募股权投资的必然趋势，是《资管新规》倒逼的结果。

根据《资管新规》，此后私募股权投资基金运作退出日不得晚于基金到期日。此外，消除多层嵌套和通道式募资，使私募股权投资基金银行募资遇阻。受限于《资管新规》第二十一条规定，消除多层嵌套和通道，私募 FOF 将受到极大的限制。

在具体模式方面，目前理财资金以私募基金、信托等方式，投向权益类资产（包括股票、未上市股权）的规模以数万亿元计。因此《资管新规》的影响会非常大。在私募基金去杠杆的背景下，结构化基金将面临严控。尤其是以往行之有效的“银行+资管计划+产业基金”“银行理财+FOF+私募基金”或“保险资管+FOF+私募基金”的模式已不再可行。

《资管新规》力行新政，对于规范 VC/PE 基金期限错配作用很大。过去理财资金以滚动发行、开放式资金池的方式匹配股权投资的操作空间被完全封杀。另外，VC/PE 基金的运作特点，决定了要明确退出安排是一件非常困难的事情，对 VC 基金来说尤其如此。现实中，VC/PE 基金的存续期限远远超出原定到期日也是常有的事。因此，VC/PE 基金在确定产品期限等方面将面临很大的考验；银行、信托、证券、基金、保险等金融机构以及私募管理机构也要面临调整募资和投资策略的考验；而大资管时代下的创投企业也面临着能否适应趋势与调整逻辑的风险。无论市场的哪一方，想要厘清资管新规下股权投资发展的应对之道，都需要从剖析新旧时代的转换背景开始。

《资管新规》与实施细则，无疑为私募股权行业的发展增加了更多限制。然而，监管层提高直接融资比例的大方向，仍然是改革的一贯目标。私募资管行业仍将被市场倚重。资管规范下，发展的大趋势仍然是坚定向好。

向好的大趋势下，更加严格的资管新规无疑是市场的一轮洗盘。重整之后，能够适应更加规范的市场操作，实现“标品化”的机构，将会占领行业制高点。《资管新规》提升了合格投资者的认定标准，势必对私募基金，尤其是品牌影响力不强的私募募资造成冲击，形成一轮新的机遇与挑战。

三、“两类基金”细则

2019 年 10 月 25 日，国家发展改革委、中国人民银行、中国财政部、中国银行保险监督管理委员会、中国证券监督管理委员会、国家外汇管理局六部委联合印发了《关于进一步明确规范金融机构资产管理产品投资创业投资基金和政府出资产业投资基金有关事项的通知》（以下简称《通知》）。

《通知》对两类基金提出两方面的豁免规定：

一是允许公募资管产品投资符合《通知》规定要求的两类基金。

为解决公募资管产品出资符合《通知》规定要求的两类基金的资质认定问题，《通知》

在资管新规的总体原则下，明确过渡期内，资产管理产品投资符合《通知》规定要求的两类基金的，金融机构应当加强投资者适当性管理，在向投资者充分披露和提示产品投资性质和投资风险的前提下，可以将该产品整体视为合格投资者。

也就是对于《资管新规》出台之前就签订认缴协议的“两类基金”，金融机构可以在过渡期内继续发行产品出资，不受资管新规影响。

同时，按规定，私募基金的投资者人有严格的数量和资质限制。有限合伙制基金投资者数量不能超过 50 人，契约制私募基金不能超过 200 人。将投向“两类基金”的资产管理产品整体视为合格投资者，大大降低了投资“两类基金”的门槛。

二是适度放开嵌套限制。

《资管新规》对资产管理产品的多层嵌套进行了较为严格的限制，这有利于减少资金在金融机构内部的流转环节，降低企业的融资成本。部分两类基金具有“母基金”性质，直接服务于实体经济，不属于《资管新规》禁止的资产管理产品在金融系统“脱实向虚”“体内循环”的情形。因此《通知》提出，符合规定要求的两类基金接受资产管理产品及其他私募投资基金投资时，该两类基金不视为一层资产管理产品，避免对基金运作产生影响，该政策适用于过渡期内和过渡期结束后。

其中，符合本《通知》规定要求的两类基金接受资产管理产品及其他私募投资基金投资时，该两类基金不视为一层资产管理产品。

四、强化政府投资基金管理办法

2020 年 2 月 24 日，为有效解决当前一些政府投资基金存在的政策目标重复、资金闲置和碎片化等问题，促进基金有序运行，财政部印发《关于加强政府投资基金管理 提高财政出资效益的通知》，对中央和地方政府直接出资的基金（包括作为管理平台的母基金）提出加强预算约束、提高财政出资效益、实施基金全过程绩效管理、健全基金退出机制、严禁变相举债、完善基金报告制度六项要求。

本通知强化了设立政府投资基金或注资的预算约束，提出了部分问题的解决思路。例如，划定了新设基金的红线，提高了政府投资基金的设立门槛，对政府投资基金的设立加强审核，对政府新设立投资基金的限制加强；强调资金统筹管理，避免重复投资，提升资金使用效能。支持地方政府推进基金布局适度集中，聚焦需要政府调节的关键性、创新型行业领域，防止对民间投资形成挤出效应。鼓励地方政府对目标定位雷同、投资领域重叠的基金，在尊重社会出资人意愿的基础上，实施整合，以提升资金统筹管理和使用效能；对基金退出提出明确的实操要求，提出在政府投资基金设立时，结合投资绩效预期目标明确基金提前退出的量化条件指标，使政府投资基金的退出更具可操作性。

五、基金减持新规

2020 年 3 月 6 日，创投行业减持新规重磅落地。证监会修订并发布《上市公司创业投资基金股东减持股份的特别规定（2020 年修订）》（以下简称《特别规定》）。上海证券交易所、深圳证券交易所同步修订实施细则，于 3 月 31 日正式实施。

此次《特别规定》降低了创投基金享受反向挂钩政策的门槛，取消了对从事 5 年以上长期投资基金锁定期满后的减持限制，条款直指创投基金桎梏。政策的落地，将放宽对创投基金的退出约束，对创投基金而言是重大利好。

政策的深层次影响是鼓励科技型的中小公司到资本市场来，通过一级市场的政策催化，让一、二级市场更好联动，同时也是响应国家政策扶持中小企业、降低实体经济融资成本号召的具体表现。

基金业协会称，反向挂钩申请的办理时限将由材料齐备后 20 个工作日缩减为材料齐备后 10 个工作日，为确保 2020 年 3 月 31 日按时上线升级功能，基金业协会升级了 AMBERS 系统，并与上交所、深交所、中国结算等单位进行系统联调，使创投基金可以在第一时间享受到政策优惠。

第二节　政府引导基金的运营模式

一、政府引导基金的出资模式

政府引导基金的出资模式主要为政府财政单独出资、政府财政+社会出资。其中政府财政单独出资的情况较少，政府财政+社会出资的类型最多。从具体的资金来源方来看，主要为政府机构、金融机构（银行、信托、资管计划等）、企业、PE/VC 基金、FOF、公共养老金、富有家族及个人等。

1. 财政单独出资模式

政府财政全额出资是政府引导基金较早的一种模式，数量较少，典型代表为国家科技成果转化引导基金。国家科技成果转化引导基金由财政部和科技部发起，由中央财政设立，实行有限合伙制，FOF 基金。通过设立创业投资子基金、贷款风险补偿和绩效奖励等支持方式，引导金融资本、民间资本和地方政府共同加大科技成果转化投入，主要用于支持转化利用财政资金形成的科技成果，包括国家科技计划等。

2. 政府财政+社会出资模式

这种模式是由政府财政和社会资本共同出资成立基金，其中政府财政出资部分纳入财政预算安排，财政出资人包括本级政府财政、下一级政府财政等，而社会资本则包括银行、保险、信托各类金融机构，以及民间资本。采用这种股本结构的基金，政府出资占比一般较小，出资在基金总规模的 20%以下，可以较好地发挥财政的杠杆作用。此外，如果采取子母基金的形式，子基金可以选择继续加杠杆，进一步放大财政杠杆的作用。

二、政府引导基金的组织形式

1. 有限合伙制

有限合伙制是政府引导基金最常见的组织形式，属于非法人经济实体。依据《合伙企业法》，有限合伙制基金主要由有限合伙人 LP 和普通合伙人 GP 组成，一般有限合伙人 LP 又可以分为几个优先等级。LP 主要负责出资，基本不参与经营，GP 是基金投资的决策者和执行者，是实际运作者。有限合伙人以其认缴的出资额为限对合伙企业债务承担责任，普通合伙人对合伙企业的债务承担无限连带责任。

2. 公司制

公司制也是政府引导基金组织模式的一种，但数量和规模不大。依照《公司法》，公司制基金由投资股东出资构成，并设有股东大会、董事会和监事会等机构，股东享受管理权、决策权、收益权等。典型的公司制私募为美国巴菲特的伯克夏·哈撒韦公司。相对来说，公司制私募管理较健全，但劣势在于双重收税，即企业所得税和个人所得税。

3. 契约制

契约制私募基金即信托式私募基金，基于《中华人民共和国信托法》《证券投资基金法》，并不具备法人资格，属于代理投资制度的范畴。投资者作为基金的委托人和受益人，通常不参与基金的运作管理，全权委托给基金管理人。

三、政府引导基金的管理模式

政府引导基金的管理模式主要分为基金自管和基金托管两大模式。而根据政府参与度的强弱，还可以进一步分为政府直接管理、国企出资管理、国企委托管理、第三方委托管理、合作设立母基金五类。

1. 基金自管

（1）政府直接管理

政府直接管理模式即政府部门通过下属事业单位，直接参与引导基金投资决策与日常管理。如原有的科技部中小引导基金、青岛市市级引导基金均采取此模式。

（2）国企委托管理

国企委托管理模式是政府委托下属国企负责引导基金的管理运作，引导基金没有独立的法人实体，资金由财政按需拨付。政府参与引导基金投资决策，不参与日常管理，可单设名义出资人。例如中关村引导基金、海淀区引导基金均采取此模式。

整体来看，自我管理型基金投资领域多为基建和公共服务等专业性要求相对不高的领域。在引导基金发展初期，由于大部分政府部门参与者尚处于尝试探索阶段，所以往往采取政府直接管理和国企委托管理模式，这两种模式也可看作政府引导基金管理模式的 1.0 阶段。

但这种模式的弊端也是显而易见的，例如在组织形式上，部分自管基金是按照事业单位的形式设立，集所有权、管理权、托管权于一体，责权利不清晰，加之薪酬管理机制难以吸引优秀管理人才，市场化程度不高。而部分地方政府则通过设立理事会或董事会的形式，对基金的具体经营进行干涉，难以充分发挥产业基金投资的引导作用，也扭曲了基金的市场运作机制。

此外，在国家的政策召唤下，近年来大量三四线城市均各自设立了大量政府引导基金，与此同时，由于这些三四线城市缺乏政府引导基金的专业管理人员，很多成员来自政府其他职能部门，对 VC/PE 基金的运作并不熟悉。

因专业管理经验欠缺，个别子基金还曾遇到与政府引导基金初谈后，实际上开始申报等工作已经间隔 1～2 年，而优秀的子基金在这个时间内基金已经募资完毕的情况。

毫无疑问，政府引导基金在主观上都希望与优秀 GP 合作设立子基金，从而能够更好地实现政府的政策诉求。但优秀 GP 的数量毕竟是有限的，在政府引导基金大爆发的背景下，不同地区政府引导基金之间的竞争越来越激烈，如何应对日益激烈的市场竞争，这对政府引导基金管理模式的选择提出了新要求。

事实上，随着政府引导基金的不断发展，由政府主导的管理模式存在的市场化程度和投资效率较低的问题已经较为突出，市场化改革的需求很大。未来随着政府引导基金相关制度的完善，政府引导基金将逐渐以国企出资管理和第三方管理模式为主，也就是所谓的管理模式 2.0 阶段。

2. 基金托管

（1）国企出资管理

国企出资管理是政府成立独立的引导基金公司和引导基金管理公司，由引导基金管理公司或由引导基金（公司制）自行管理。政府不参与或较少参与引导基金投资决策，不参与日常管理。浙江创投引导基金、宁波市引导基金均采取此模式。

（2）第三方委托管理

政府委托第三方专业母基金管理机构管理，不参与或较少参与引导基金投资决策，不参与日常管理。盛世投资管理北京市中小引导基金、熠美投资管理闵行引导基金均采取此模式。

如前所述，在政府引导基金发展的早期，基金自管模式已经暴露出了诸多问题。一方面，引导基金多是由地方财政出资，“地方财政”的性质使其在“引导”时会对合作基金有注册和投资的地域限制；另一方面，引导基金肩负着“引导社会资金投资创业企业发展”的政策性任务，因此投资收益并非其关注的重点，而是会把这部分利益让渡给社会资本——这在一定程度上成为寻租腐败等弊病的温床。

在这一背景下，2014 年 5 月 21 日，国务院总理李克强主持召开国务院常务会议，此次会议决议包括两个方面：一是“成倍扩大引导资金规模”；二是“完善市场化运作机制”。

以此时间为结点，我国的引导基金发展也开始走向市场化转型之路，虽然这一过程充满艰辛，但引导基金向市场化转型，会为引导基金自身提供长久发展的原动力。从这个角度来看，未来引导基金向市场化转型也将是大势所趋。

从资金配置效率的角度来说，在保证政府监管与政策目标的条件下，委托市场化的专业机构进行委托管理的母基金模式，将会是政府引导基金的未来发展趋势。

目前我国委托管理模式一般多采取产业基金和创投基金的管理模式，主要集中在对专业性要求相对较高的领域。采取委托管理的政府引导基金可以委托地方国有资产经营公司或政府投资平台公司对基金进行管理，也可以委托外部的第三方专业管理机构来进行管理。

以国家新兴产业创业投资引导基金为例，该基金通过公开招标方式选择专业化、市场化的团队对基金进行市场化运作，按照《国家科技成果转化引导基金管理暂行办法》，投资管理团队可提取一定比例的业绩提成，并可将部分收益奖励给投资管理团队。

对于资金规模较大的引导基金还可以引入委托竞争机制，即同时选择若干受托管理机构，在引导基金陆续参股创业投资企业的过程中，对于资金使用投资监管以及风险控制表现优秀的受托管理机构，可以增加其委托管理基金数量，反之则减少其委托管理的基金数量。如国家发展改革委、财政部在新兴产业创投计划中，就采用了招标形式，选择了两家受托管理机构。

而国家发展改革委、财政部新兴产业创投计划则分别选择国投高科技投资有限公司和盈富泰克创业投资有限公司作为受托管理机构；此外，河南省引导基金也委托了两家受托管理机构，从而有效提高了对受托管理机构的激励约束效果。

值得注意的是，在委托管理模式中，部分引导基金为了提高受托管理机构的积极性，往往会承诺按一定比例向受托管理机构让渡收益，但同时也伴随着委托管理费的减少或取消附加条件。这往往导致受托管理机构得不到足够的委托管理费，难以支撑正常运营的成本支出。

在这种情况下，引导基金托管机构在决策时，往往会更倾向于投资那些马上可以实现退出的中后期项目，以便尽快获得让渡收益。这对民间创投资本产生了挤出效应，最终形成“与民争利”的结果。

而那些真正急需获得资金的初创期中小企业，反而得不到引导基金的充分支持。因此，以让渡收益冲抵管理费的做法，是有悖于引导基金的原有政策性目标的，并不值得推荐。

（3）合作设立母基金

合作设立母基金即政府与专业母基金管理机构合作成立母基金，政府是母基金出资人之一，不参与母基金投资决策。中金启元引导基金、紫荆母基金、盛景海外母基金均采取此模式。有部分分析报告习惯其称为引导基金的 3.0 模式。

然而，该模式并未实质性突破国资部门的出资比例，母基金管理机构只是在管理责任以外，附加承担了部分募资配资的职责。这是在当前募资难的背景下，双方博弈的一种结果。而在市场化运作方面，该模式依然未能突破国资托管的范畴，因此称作 2.0+更为合适。

从投资逻辑来看，市场化母基金是为了获得最大收益并最大限度分散风险而设立，以营利为目的。

政府引导基金是一种政策性的基金，一般不以营利为目的，主要通过吸引民间资本进行财政资金的放大，引导社会资本投向本区域重点发展的产业。而且在收益分配上，政府引导基金还往往带有税收返还、让利等优惠政策，因此双方在初始目标方面存在一定冲突。

另外，市场化母基金的基金筛选投资标的主要依靠其长年积累的优秀投资管理人资源，并与其保持良好的合作关系，获取基金的渠道和研究能力往往是其确立竞争地位的核心能力。因此母基金其实很难把这部分行业信息知识库和标杆数据库资源拿出来与外界分享。

而引导基金往往必须采用公开招标的方式，对标的基金进行专家评审。出于国资安全角度考虑，则必须要求掌握托管方投资决策的关键信息，这也决定了双方在信息共享方面存在天然的鸿沟。

如前文所述，由于政府引导基金和市场化母基金在设立方式、管理方式和投资原则上的差异，决定了市场化母基金与政府引导基金可以合作的投资领域较为有限；在可以预见的一段时间内，委托管理的“2.0 模式”仍将是引导基金发展的主流方向。政府引导基金管理模式对比如表 4-1 所示。

表 4-1　政府引导基金管理模式对比

模　　式	政府直接管理	国企出资管理	国企委托管理	第三方委托管理	合作设立母基金
政府参与度	较高	较高	一般	一般	较低
市场化程度	较低	较低	较高	较高	较高
投资效率	较低	较低	一般	较高	较高
投资领域	较窄	较窄	一般	较高	较窄

资料来源：浙江金控、融中母基金研究院。

四、政府引导基金的投资模式及运营现状

1. 政府引导基金的投资模式

从投资模式来看，政府引导基金的投资方式主要分为参股投资模式、跟进投资模式、融

资担保模式和风险补助模式。

（1）参股投资模式

参股投资模式是政府引导基金的主要投资模式，即政府引导基金与社会资本共同建立子基金，子基金根据政策导向完成投资决策和日常管理工作，并在约定的期限内退出。该模式主要目的是通过发起设立新的创业投资基金引导社会资本参与创业投资。这种参股方式扩大了财政杠杆作用，子基金也有充分的灵活性，在国外已有很多成功案例。在该模式下，引导基金参股创投基金以参股不控股为原则，子基金中引导基金的认购比例一般不超过 25%，且不能成为第一大股东，从而起到政府资金的杠杆放大作用。

（2）跟进投资模式

跟进投资模式即当创投基金投资早期创业企业或政府重点扶持产业领域创业企业时，引导基金可按适当比例向该目标企业进行投资。引导基金投资形成的股权与共同投资机构享有同等权益，并委托共同投资的创投机构进行管理，按投资收益一定比例向投资机构支付管理费和效益奖励。

（3）融资担保模式

融资担保模式即政府引导基金为已成立的创业投资企业提供担保，其中创业投资企业以股权作为质押，而政府引导基金则为其债权融资提供担保，该模式一般针对历史信用记录良好的创业投资企业，以支持其通过债权融资增强投资能力。该模式在美国、德国较为成功，但在中国的运用较为有限。

（4）风险补助模式

风险补助模式是指政府引导基金对已投资于初创期科技企业的创业投资机构予以一定的补助，该补助一般是在创投机构已完成投资交易后自行申请，补助额度一般不超过实际投资额的一定比例或设定最高补助金额。

2．政府引导基金的运营现状

政府引导基金在合作设立子基金方面，截至 2020 年 11 月底，直接参与投资基金数量为 91 只，子基金目标规模总计 1528.48 亿元。

从子基金注册地来看，排名位于前五位的省级地区分别是江苏省（28 只）、广东省（15 只）、浙江省（5 只）、湖北省（4 只）、上海市（4 只）。不同地区子基金注册地的数量相差较大，这也与当地政府引导基金的活跃水平有着密切联系。值得注意的是，尽管上海市 2020 年新增合作子基金数量相对较少，但其目标规模总计达到了 434.77 亿元，占全国新增子基金目标规模总额的 28.44%。2020 年引导基金参股子基金注册地分布如图 4-1 所示。

从引导基金参股设立的子基金类型来看，合作子基金主要为成长基金，共计 46 只，占 2020 年新增合作子基金数量的 50.55%；其次为创业基金，共计 34 只，占 2020 年新增合作子基金数量的 37.35%。同时，2020 年政府引导基金也参与了 4 只母基金的设立。2020 年引导基金参股子基金类型如图 4-2 所示。

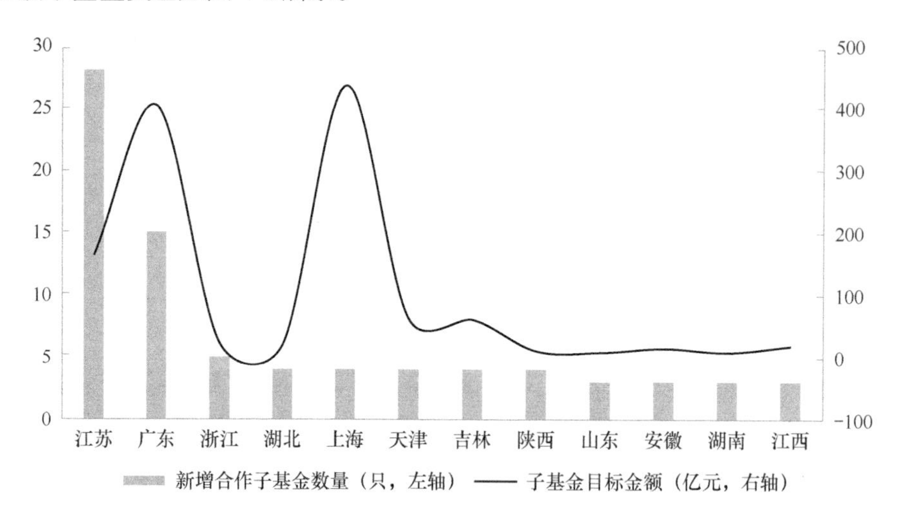

图 4-1　2020 年引导基金参股子基金注册地分布

资料来源：公开信息、Wind、融中母基金研究院。

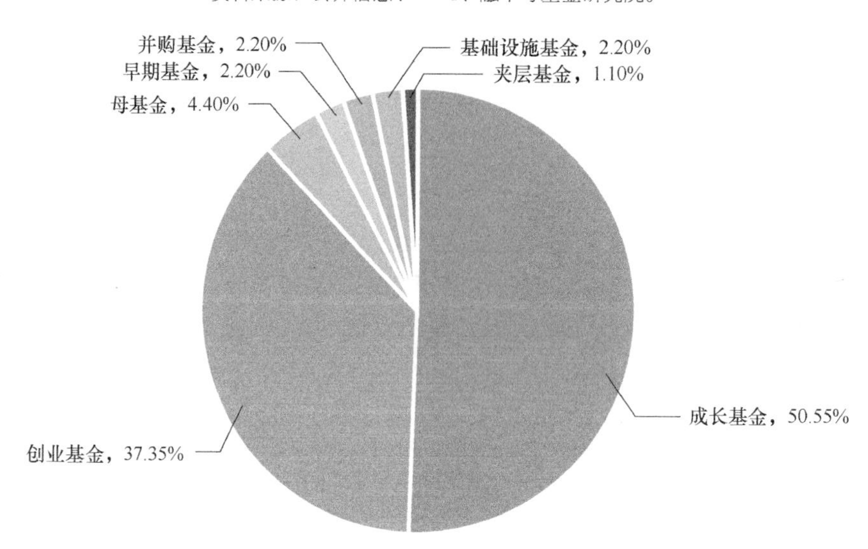

图 4-2　2020 年引导基金参股子基金类型

资料来源：公开信息、Wind、融中母基金研究院。

项目投资方面，2020 年政府引导基金直接或间接参与投资项目总计 631 个，投资案例数量总计 797 个，投资总金额为 587.57 亿元。

从项目的投资轮次来看，A 轮、B 轮投资是政府引导基金参与项目投资的主要轮次。A 轮投资案例 291 个，占总投资案例数量的 36.51%；B 轮投资案例 173 个，占总投资案例数量的 21.71%；天使轮投资案例 56 个，占总投资案例数量的 7.03%。成长期项目数量合计占比达到 65.25%，这也与政府引导基金希望扶持创新创业的目标相符。2020 年引导基金参与投资项目轮次分布如图 4-3 所示。

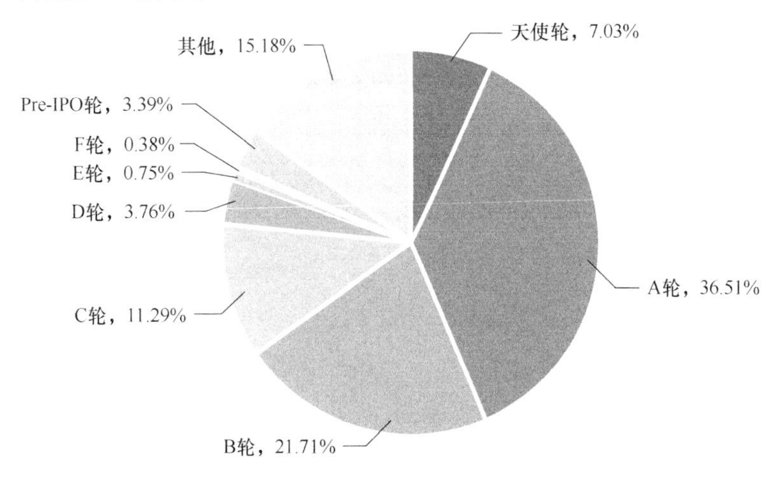

图 4-3　2020 年引导基金参与投资项目轮次分布

资料来源：公开信息、Wind、融中母基金研究院。

从行业分布来看，政府引导基金参与投资排名前五位的行业分别是生物医药（192 个）、半导体和集成电路（182 个）、IT（146 个）、互联网软件与服务（65 个）、高端装备制造（53 个）。由于疫情影响，生物医药项目投资数量剧增，2020 年政府引导基金参与项目所处行业为生物医药的案例数量达到 192 个，占全部投资案例数量的 24.09%；半导体和集成电路行业仍为热门，2020 年政府引导基金参与投资案例数量为 182 个，占全部投资案例数量的 22.84%。2020 年引导基金参与投资项目行业分布如图 4-4 所示。

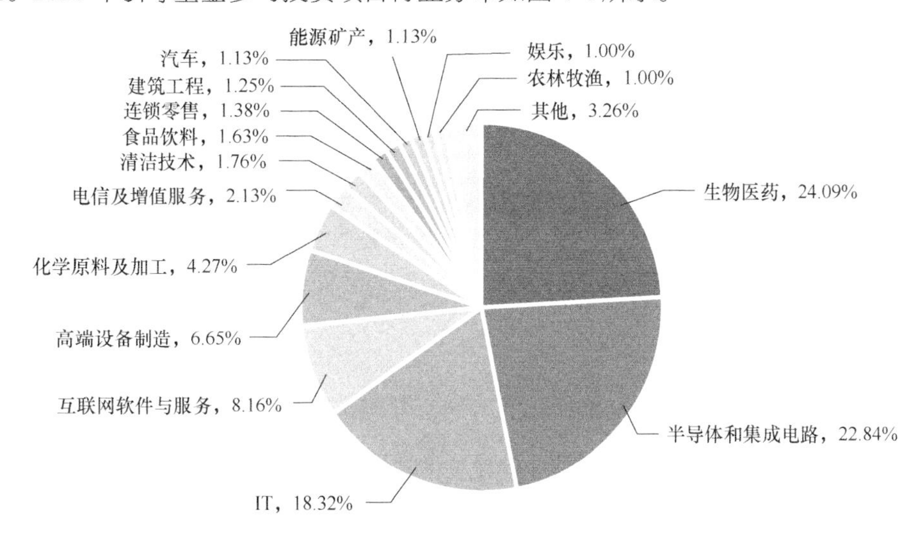

图 4-4　2020 年引导基金参与投资项目行业分布

资料来源：公开信息、Wind、融中母基金研究院。

五、典型案例分析

1. 厦门产业引导基金

厦门产业引导基金成立于 2015 年 2 月 1 日，初期资金规模为 100 亿元，是由厦门市政府设立、政府引导、市场化运作、专业化管理的政策性基金，引导社会资本投向厦门市"5+3+10"的现代产业支撑体系，以构建加快发展先进制造业、大力发展现代服务业、优化提升传统产业、着力培养战略性新兴产业、做精做优现代都市农业为战略重点，以龙头大项目、园区载体、创新环境为主要抓手，培育平板显示、计算机与通信设备、机械装备、生物医药、新材料五大先进制造业，以及旅游会展、航运物流、软件和信息服务、金融、文化创意五大现代服务业等十大千亿元产业链。

在管理模式方面，厦门产业引导基金采取了"2.0 模式"中的国企委托模式，即决策、评审和日常管理相分离的管理体制。

基金设有理事会作为决策机构，下设办公室于市财政局，负责日常事务；同时设有独立的专家评审委员会，对拟投资方案进行独立评审。

厦门金圆投资集团有限公司作为市财政的出资代表，委托金圆集团下属企业厦门市创业投资有限公司作为受托管理机构，具体负责引导基金的日常运营管理。政府只负责"两端"，即在前端负责审定总体投资方案，在后端把握投资方向，不干预基金的运行管理，完全按照市场化原则运行。

具体项目方面，厦门产业引导基金与合作伙伴优客工场在海沧区合资设立了两岸合作的青年创业孵化器，积极引入中建投等合作伙伴，并设立了 2 只规模各约 3 亿元的基金。

此外，厦门产业引导基金还对厦门坚果兄弟创业投资合伙企业（有限合伙）开展了 5 笔投资，覆盖范围从天使轮、A 轮直到新三板定增，主要投向电子商务、其他网络服务、B2B、无线互联网服务行业，地区分布在厦门、武汉、上海等多地。

除参股产业子基金外，厦门产业引导基金还参股前海母基金 5 亿元，后者目标总规模超过 100 亿元。通过参股前海母基金，厦门产业引导基金可以与境内外知名基金管理人建立协作关系，吸引优秀股权投资机构在厦门设立产业子基金及投资厦门市企业项目。

2. 盛世投资

盛世投资是我国最早起步、以市场化方式运作私募股权母基金的专业机构之一，也是我国最大的民营股权母基金管理机构、最大的民营政府引导基金管理机构。截至 2020 年 6 月底，盛世投资已经受托管理了 70 余只财政属性基金，规模超 1000 亿元。

在管理模式方面，盛世投资参与的引导基金属于典型的第三方委托的"2.0 模式"，即政府引导基金作为 LP，设定负面清单等框架性指标，而具体投资的主要决策权交给基金管理人。市场化的管理运作方式，提升了引导基金的投资效率，还有效隔离了风险。

从财政资金的实际需求出发，盛世投资坚持用资本手段服务实体经济发展，成为我国优秀的区域产业导入服务提供商。以湖南湘江新区引导基金为例，2017 年，湘江盛世基金设立，规模 20 亿元。通过母子基金两级放大，有效实现了财政资金的杠杆效应。自设立以来，作为湘江新区政府引导基金的市场化管理机构，盛世投资积极配合湘江新区的产业发展方向，循序布局高端智能制造、新能源与节能环保、新材料等重点行业。截至 2020 年 6 月底，湘江盛世基金已投资 18 只子基金。以基金为纽带，盛世投资为政府与产业方穿针引线，促成了美团点评 B2B 业务总部、深耕智能城市管理以及占领全场景作业机器人的酷哇中联、新一代云网络架构的解决方案提供商和全球领先的开放式网络交换机设备提供商星融元等落地湘江新区。

盛世投资受托管理的北京集成电路产业发展股权投资基金，是国内第一只政府出资的集成电路产业投资基金，母基金拉动了超过 17 倍的社会投资，形成了与国家资金、区县资金和社会资本的协同效应，实现了政府资金有效放大，助力北京实现集成电路产业跨越式发展。

第三节　母基金遴选子基金标准和尽职调查程序

一、母基金遴选子基金标准

股权投资是推动实体经济发展的重要力量，很多上市公司的背后都有 VC/PE 基金的身影。在国际私募股权机构蜂拥而至的背景下，我国本土私募股权投资基金也在快速发展壮大，已成为服务实体经济、推动产业发展、促进经济新旧动能转换的重要力量。基金业协会的数据显示，截至 2019 年 3 月底，我国已登记私募股权、创业投资基金管理人 14669 家。面对如此众多 GP，LP 们如何选择呢？下面就从理论和实践两方面对于 LP 挑选 GP 的指标进行详细分析。

不同机构类型私募基金管理人登记情况如图 4-5 所示。

1．4M 评价体系

母基金最重要的特点之一是实行资产配置多样化，以分散风险。秉持市场导向和分散投资的原则，构建涵盖早期、成长期、成熟期以及并购等各阶段和覆盖各行业的多样化的投资组合，是母基金的普适性投资策略。相较于政府引导基金，市场化母基金在选择子基金时，以投资人利益最大化为首要目的，实现风险与收益的平衡。市场化母基金在关注子基金业绩的同时，还需重点考察投资策略、基金的运营管理、是否有持续发展能力等。

母基金对子基金的整体评价可总结出一套 4M 评价体系，该评价体系包含 4 个一级指标、12 个二级指标以及 32 个三级指标。4 个一级指标分别是：如何做基金？能否做好基金？是否有动力做好基金？如何实现基业长青？对应的英文单词分别是 Main、Merit、Motivation、Management，简称 4M 评价体系。如图 4-6 所示。

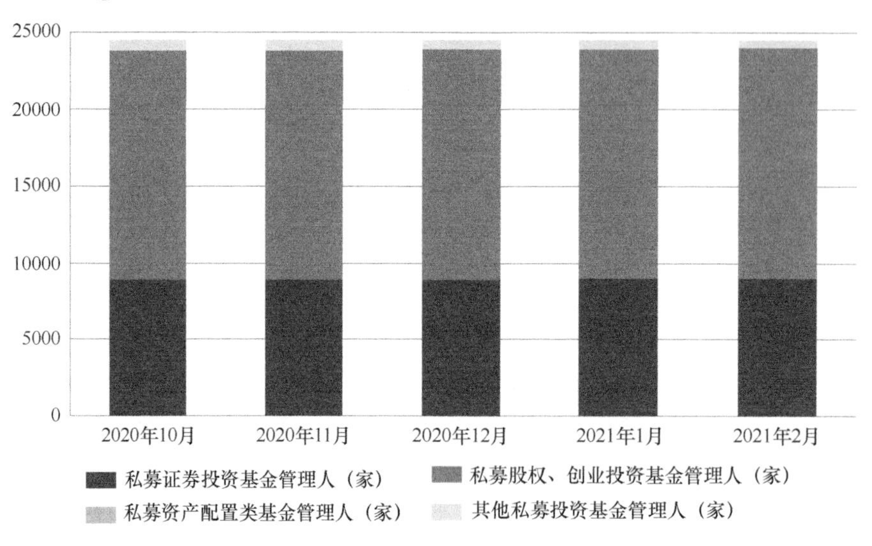

图 4-5　不同机构类型私募基金管理人登记情况

资料来源：基金业协会、融中母基金研究院。

Main	未来经济洞见能力	投资策略及执行	项目开发与执行	如何做基金？
Merit	优异团队	历史业绩	储备项目	能否做好基金？
Motivation	激励机制	利益一致性	组织结构	是否有动力做好基金？
Management	运营管理	企业文化	投后管理	如何实现基业长青？

图 4-6　4M 评价体系

资料来源：融中母基金研究院。

具体来看，母基金应关注如下 12 个方面的二级指标：

（1）未来经济洞见能力

是否具备宏观经济和未来产业的洞见能力？

是否具备新技术的洞见能力？

是否具备新的商业模式的洞见能力？

（2）投资策略及执行

是否有清晰的未来投资策略及完整的过去投资策略总结？

基金过往策略和打法是否可以持续？

基金是否已经建立自身成熟的研究和投资体系？

（3）项目开发与执行

你是如何开发项目的？

你对项目所在行业是否非常熟悉？

你是如何进行投资的？流程怎样？

（4）优异团队

你的团队是否富有经验、稳定尽责？

核心团队是否年富力强？是否有可实施的接班人计划？

团队成员之间是否有互补性？

团队是否有很强的募资能力？

团队是否有独立管理基金的能力？

（5）历史业绩

基金历史业绩是否优秀？业绩归因？能否持续？

基金是否有完整的风控体系？

基金是否有清晰的投资流程？

（6）储备项目

储备项目的质地如何？

储备项目之间是否能产生业务协同？

基金是否具备为公司赋能的能力？

（7）激励机制

基金是否有合适的激励机制来激发员工的工作热情？

（8）利益一致性

是否愿意与母基金深度合作？

是否提供投委会列席、共同投资、carry 比例打折等权益？

（9）组织结构

GP 的组织结构是否能促进投资决策快速、严谨形成？

（10）运营管理

运营管理体系是否完整？

基金规章制度是否完整？

（11）企业文化

是否建立了适应基金长期发展的良好企业文化？

GP 的企业文化与投资策略是否适应？

（12）投后管理

增值服务及协调资源的能力如何？

被投公司的评价如何？

过去合作过的 LP 的评价如何？

同业基金的评价如何？

2. 母基金遴选 GP 流程

按“投前”“投中”“投后”三个阶段，梳理市场化母基金的 GP 遴选流程。投前主要涉及的流程包括初步接触、初步筛选、尽职调查、立项阶段、投资决策阶段；投中、投后主要涉及的流程包括投资执行、投后管理和基金退出。这些流程的参与方包括母基金的投资团队、子基金提供材料的团队、法务团队、基金运营团队等；输出文件包括商业、财务、法务的尽职调查报告，以及投资决策会议纪要、有限合伙协议、子基金的季度运营报告等。如图 4-7 所示。

初谈
- 对基金初步访谈，获取历史业绩、募资等材料
- 如需要，可以签订保密协议等

初筛
- 分析历史业绩，与团队进行讨论，完成初筛报告
- 基金评级及初筛报告

尽职调查
- 基金尽职调查、基金路演、关键条款谈判，4M打分，并对基金进行估值等
- 撰写尽职调查访谈纪要、风险评估报告、立项报告等

立项
- 尽职调查检查表，总经理专题会进行立项
- 撰写立项专题会议纪要、立项决议文件等

投资决策
- 基金补充尽职调查、关键条款谈判、总经理专题会投资决策会议等
- 撰写补充尽职调查访谈纪要、投资决策报告、投资决策专题会议纪要等

投资
- 签约流程发起、出资流程发起、条款谈判和确认
- 签订有限合伙协议、补充协议、出资审批文件等

投后
- 基金定期走访、投资人大会、获取基金报告等
- 走访会议纪要、获取季度运营报告等

退出
- 退出及清算方案、退出决策会议、基金估值评估、法律条款拟订和审阅
- 相关交易文件和决策会议文件等

图 4-7　投资决策流程

资料来源：融中母基金研究院。

3. 政府引导基金遴选子基金的特点

作为中国特定阶段的特定产物，政府引导基金在促进区域经济协调发展、增加地方税收等方面发挥着不可替代的作用。政府引导基金又称创业引导基金，是指由政府出资并吸引有关地方政府、金融、投资机构和社会资本进入，不以营利为目的，以股权或债权等方式投资

于创业风险投资机构或新设创业风险投资基金，以支持创业企业发展的专项资金。

政府引导基金依然是母基金，所以上文所述的遴选 GP 的体系和流程对政府引导基金依然适用。但是政府引导基金又区别于市场化母基金，GP 管理人在与政府引导基金合作过程中往往被赋予较多的政策性目标。具体表现在：

1）投资要求上，很多地方政府引导基金对基金注册地、投资地域、投资范围、返投比例等做出了限制。

2）组织形式上，有的基金类似事业单位，集所有权、管理权、托管权于一体，权责不清晰，加之薪酬管理机制难以吸引优秀管理人才，市场化程度不高。

3）运营管理上，部分地方政府通过设立理事会或董事会，干涉基金的具体经营进行。

从特征来看，政府引导基金通常不以营利为目的，而是通过子基金的市场化运作，发挥财政资金的杠杆放大效应，强调扶持创新型企业发展，推动产业转型升级和经济结构调整。当然，无论是市场化母基金还是政府引导基金，都更愿意选择与那些经过周期检验的投资基金或者是投资人合作。

4. 国外母基金遴选子基金的特点

外资 LP 步长资产管理中心认为，应该全面考核 GP 的能力宽度和能力深度，重点评价 GP 的未来洞见能力、团队、投资策略、过往业绩、行业评价、统一利益，这六大方面又可以细分为 17 个细项，并给予不同的权重。姒亭佑认为对未来的预判，比如未来的投资策略、未来的宏观经济发展走势、未来的产业洞见，对一个 GP 来说是最重要的，特别是医药行业，现在看到的风口在经历几年的审批临床试验后可能就不是风口，所以一定要有独到的洞见未来的能力。对这一能力给予 30%的权重。其次，姒亭佑认为过往业绩、风控能力、尽职调查分析能力，以及独特的项目资源能力、增值服务能力是第二重要的，分别给予 20%的权重。他总结出如果一个 GP 在团队和资源整合能力、广泛行业知识、独特的项目源、未来投资策略和产业洞见四方面都占优，那么它的创新力、创造力、竞争力也十分强大。理想的目标 GP 条件如图 4-8 所示。LP 的评价体系及 GP 公司的能力层次如图 4-9 所示。

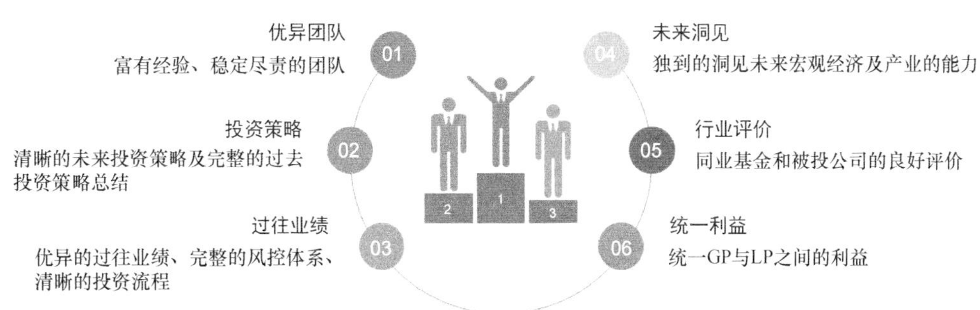

图 4-8　理想的目标 GP 条件

资料来源：步长资产管理中心。

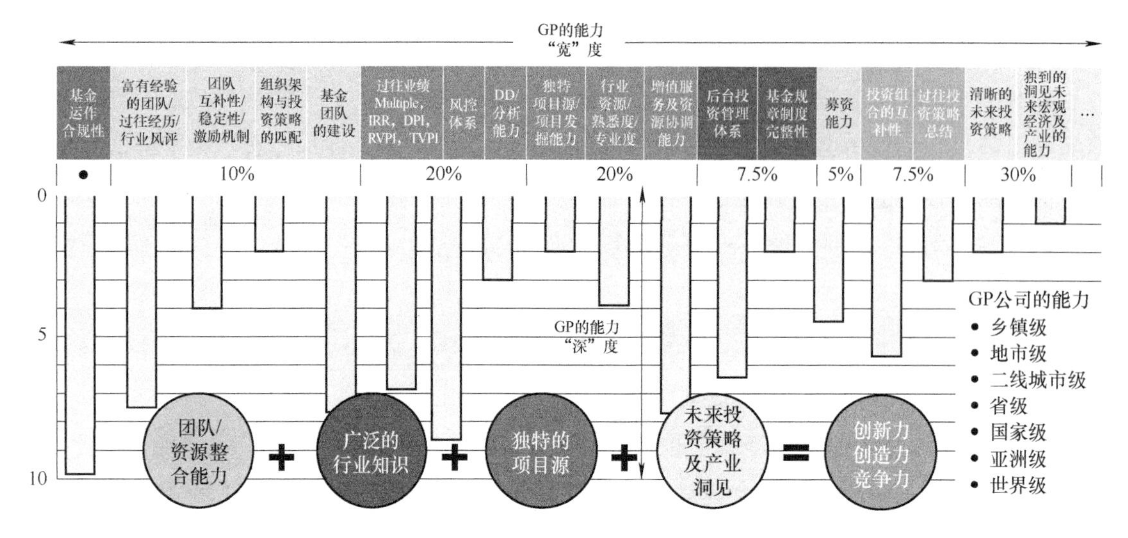

图 4-9　LP 的评价体系及 GP 公司的能力层次

资料来源：步长资产管理中心。

5．子基金评价实例

此处以一只政府引导基金拟投的子基金作为实例进行具体评分展示。该基金的管理人于 2002 年成立，管理总规模为 100 亿元左右，在管基金数量 20 只，过往基金 IRR 为 36%，合伙人有 7 人，从业年限超过 10 年，每年离职率不到 15%。子基金方面，基金预计募资规模为 5 亿元左右，主投 B 轮之前的初创型企业，重点关注医药、高端制造等行业。对该基金的评价根据调研的政府引导基金的投资目标，对各类指标进行适当赋权，按照定性和定量打分原则，采用百分制，得出该只子基金的分数为 85.9 分，超过 80 分的标准线，符合投资要求。如表 4-2 所示。

表 4-2　子基金评分实例

一级指标	二级指标	100 分	80 分	60 分	权重	得分	加权分	得分
GP 信息	管理基金数量	A.>10 只	B.5～10 只	C.<5 只	1	100	100	
	管理总规模	A.≥200 亿元	B.50 亿～200 亿元	C.<50 亿元	1	80	80	
	过去管理基金 IRR	A.>35%	B.20%～35%	C.<20%	1	100	100	
	合伙人数量	A.>5	B.2～5	C.1	1	100	100	
	合伙人从业年限	A.>10 年	B.5～10 年	C.<5 年	1	100	100	
	团队稳定性	A.离职率<5%	B.离职率<10%	C.离职率<15%	1	60	60	
	管理人成立期限	A.>10 年	B.2～10 年	C.<2	1	100	100	
小结					7		640	91.4

（续）

一级指标	二级指标	100 分	80 分	60 分	权重	得分	加权分	得分
子基金信息	投资人对未来经济的洞见能力	A.优	B.良	C.中	20	80	1600	
	投资人是否有清晰的策略	A.优	B.良	C.中	10	100	1000	
	投资人是否有独特的项目发掘能力	A.优	B.良	C.中	5	80	400	
	团队是否有很强的募资能力	A.优	B.良	C.中	10	80	800	
	基金规模	A.1 亿～10 亿元	B.10 亿～20 亿元/0.5 亿～1 亿元	C.＜0.5 亿元/＞20 亿元	2	100	200	
	是否有完整的风控体系	A.优	B.良	C.中	5	80	400	
	组织结构是否有利于投资决策	A.优	B.良	C.中	3	60	180	
	是否愿意与母基金深度合作	A.优	B.良	C.中	5	60	300	
	根据过去合作过的 LP 和被投企业的评价计算 IRR	A.优	B.良	C.中	5	100	500	
	增幅服务及协调资源的能力	A.优	B.良	C.中	10	60	600	
	分配原则	A.即退即分	B.	C.循环投资	2	100	200	
	子基金层面管理费	A.2%	B.2%～3%	C.＞3%	2	100	200	
	子基金 Carry	A.≤20%		C.＞20%	2	100	200	
	是否有其他特殊费用（财顾费/咨询服务费及其他不明费用）	A.无	B.	C.有	2	100	200	
	在当地是否有常设机构和投资人员	A.有	B.	C.没有	1	100	100	
	在当地是否有成功的投资案例	A.有	B.	C.没有	1	100	100	
小结					85		6880	80.9
被投企业	投资轮次（投资金额 50%以上的主要轮次）	A.A-B	B.天使轮	C.C 轮以后	1	100	100	

（续）

一级指标	二级指标	100 分	80 分	60 分	权重	得分	加权分	得分
被投企业	行业数量	A.≤3	B.4～5	C.＞5	2	60	120	
	母基金重点关注的行业排名	A.Top5	B.Top5～Top10	C.Top10 以下	1	100	100	
	拟投标的数量	A.2～20	B.21～40	C.＞40/单项目	1	100	100	
	单个项目的投资占比上限	A.＜20%	B.20%～40%	C.＞40%	1	100	100	
	特定地区项目储备数量	A.＞20 个	B.10～20 个	C.＜10 个	1	100	100	
	被投企业的股份占比上限	A.1%～10%	B.10%～20%/＜1%	C.＞20%	1	100	100	
小结					8		720	90.0
综合得分								85.9

资料来源：融中母基金研究院。

总之，不论是市场化母基金还是政府引导基金，选择适合自身的 GP 是它们共同的诉求。除了上述一些量化、普适性的评判标准之外，投资需要和宏观经济周期、各行各业不尽相同的产业周期、企业产品发展周期相匹配，能够长跑的 GP 才是好 GP。此外，成熟专业的 GP 必须是勇于承担社会责任的投资机构。

二、子基金尽职调查程序

尽职调查是母基金对子基金投资前的必要环节。通过翔实的尽职调查，重点了解子基金的团队情况、历史业绩、投资策略等关乎基金未来发展的重要方面。因为私募基金具有信息不透明性，尽职调查已经成为最高效、最全面帮助母基金了解子基金的方法。通过桌面调研、访谈、三方信息核验等尽职调查方法，有效发现子基金的投资价值，揭示子基金的投资风险，辅助母基金的整体投资决策。

1. 子基金尽职调查流程

通常，子基金尽职调查需要经历项目立项、资料收集、调研访谈、报告分析撰写几个步骤。如聘请第三方对子基金进行尽职调查，母基金还需要与尽职调查执行方沟通本次尽职调查的关键点、讨论修改后期报告等。一般来说，整个尽职调查的流程需要 21 天。融中母基金研究院尽职调查流程如图 4-10 所示。

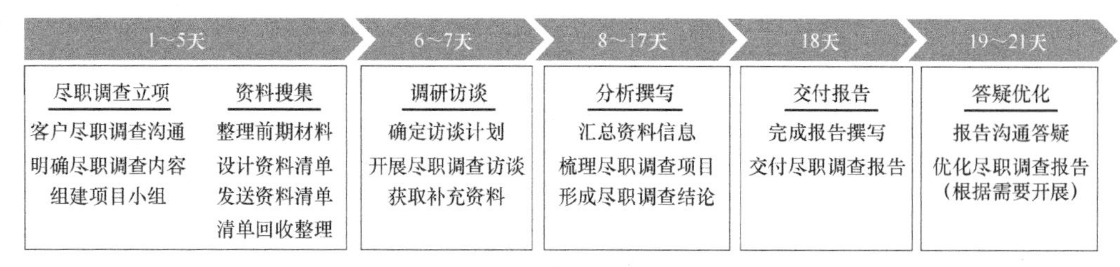

图 4-10　融中母基金研究院尽职调查业务流程

资料来源：融中母基金研究院。

2. 前期准备

在前期确定好需要尽职调查的子基金和管理人后，尽职调查团队需要在正式进场前做好一系列准备，包括但不限于管理人股权架构和历史沿革、管理人及其核心团队成员失信情况、是否列为基金业协会所规定的异常机构等。通过公开资料初步了解子基金管理人的情况，可以在制作尽职调查材料清单时有的放矢。

比如，某双 GP 子基金的其中一个普通合伙人的实际控制人因涉及被投企业相关诉讼而被法院列为失信人。那么，在发送尽职调查材料清单前，需要子基金管理人提供该事件的正式说明。如果已消除相关判决，则需要子基金管理人提供相应证明文件等。

3. 尽职调查材料清单

完成公开资料调研和材料准备后，则需要根据实际情况设计尽职调查材料清单，一般包含以下几个方面：

1）子基金基本信息。该部分包括但不限于基金名称、基金组织形式、注册地址、普通合伙人（GP）、基金管理人、基金目标规模和募资进度、基金费率等信息。除此之外，还需要子基金管理人提交基金有限合伙协议初稿、其他 LP 出资承诺函、基金募集说明书等证明文件。

2）子基金管理人基本情况。该部分包括但不限于管理人股权结构、历史沿革、工商注册信息和基金业协会备案信息、分支机构情况、关联公司情况等。此外，还需要提供公司营业执照、基金业协会备案公示、公司基本介绍等证明材料。

3）子基金管理人团队情况。一般来讲，子基金管理人团队可以分为核心团队和执行团队。对于中型和大型基金管理人来说，核心团队主要涉及管理公司的董监高等高级管理人员。核心团队人员未必直接参与基金投资业务，但是其管理能力、分工、从业背景等直接对基金业绩形成重大影响。执行团队则是指本次尽职调查基金的具体执行人员，包括投资经理、投资总监、风控人员等直接参与基金管理的人员。该部分需要子基金管理人提供团队花名册、社保缴纳证明、基金从业证明、个人履历、团队合作情况等证明文件。

4）子基金管理人过往投资情况。该部分包括但不限于管理人及关联方过往管理基金相关资料、管理人及关联方过往投资项目相关材料、管理人及关联方过往退出项目相关材料。针对过往业绩，部分母基金可能会要求子基金管理人提供收益测算底稿、基金年报、基金审计报告等辅助证明材料。

5）子基金管理人财务状况。在有可能的前提下，可以要求子基金管理人提供近三年经审计的财务报告。重点关注其资产负债表情况、营收情况、经营活动产生现金流和投资活动产生现金流情况。

6）子基金管理人制度建设情况。该部分包括但不限于子基金管理人公司章程、财务审批制度、投资流程制度、风险控制制度、募资制度、投后管理制度、关联交易制度、激励制度等。

7）子基金项目储备情况。需要子基金管理人提供本基金的项目储备名称、储备项目基本介绍、项目相关进展等材料。如有可能，还需提供项目尽职调查报告等证明材料。

4. 尽职调查问题清单和访谈

在收到子基金提交的尽职调查材料后，尽职调查团队需要根据收到的资料，设计尽职调查问题清单。尽职调查问题清单一方面是对尽职调查材料的二次验证，另一方面也是对尽职调查材料没有详细披露的细节的补充。

基于问题清单对子基金管理人的相关人员通过面对面、电话、网络视频等方式进行访谈，对现场发现的其他有待澄清的问题与子基金管理人的团队进行深入交流。在交流的同时应做好访谈纪要并留存，以备后续投资决策时查阅。

对子基金管理人的访谈通常会涉及子基金管理人主要负责人（如董事长、CEO、创始合伙人）、执行团队负责人（如合伙人、投资总监）、执行团队成员（如投资总监、投资经理）、风控负责人、募资负责人、财务负责人、人力资源负责人等。

在整体访谈过程中，会根据被访谈人的职责对其在子基金中的作用深入沟通。具体访谈问题如图 4-11 所示。

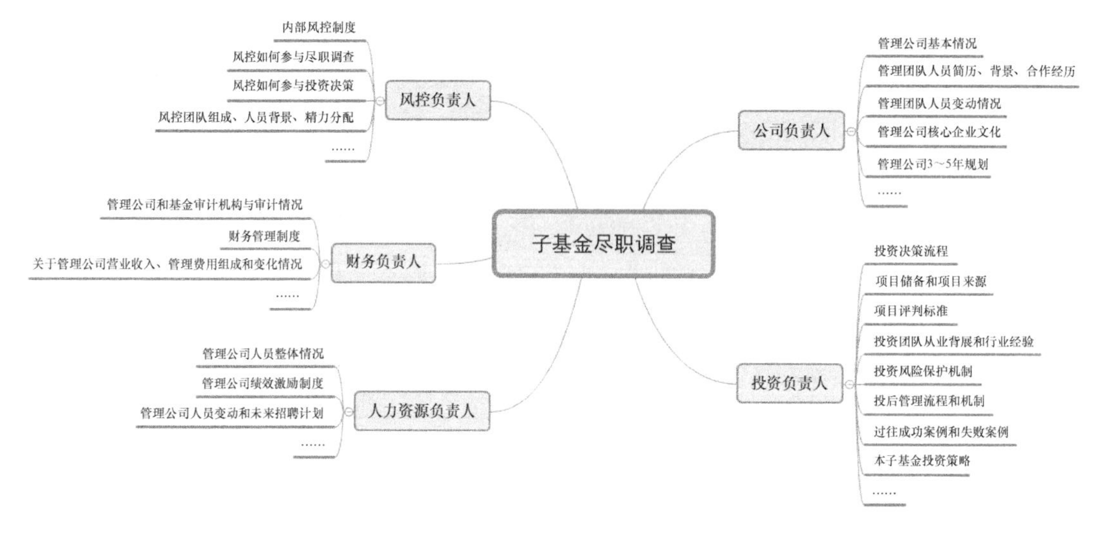

图 4-11　子基金尽职调查问题清单

资料来源：融中母基金研究院。

除了对子基金管理人访谈以外，一般还会涉及外部人员访谈，包括但不限于子基金管理人过往投资项目负责人、过往合作 LP 等。通过外部人员，可以再次验证管理人在投前、投后、投资决策、信息披露、行业资源等方面的真实性。

5. 尽职调查报告

在完成子基金和子基金管理人的尽职调查后，要完成相应的尽职调查报告。尽职调查报告将作为母基金投资决策会做出投资决策的重要辅助材料。

尽职调查报告应该包含以下几个方面：

1）本尽职调查报告摘要。

2）拟设基金关键要素。

3）基金管理人情况。

4）基金管理人内部治理情况。

5）基金运营机制。

6）拟设基金运营策略。

7）对拟设立基金和拟出资 LP 要求符合性审查。

8）利益冲突与防范。

在报告正文以外，尽职调查报告还应该附上其他证明材料，如 LP 出资承诺书、出资人合格投资人证明、关键人锁定证明等。

6. 尽职调查需要关注的其他问题

在实际的尽职调查中，往往要根据子基金的不同而关注很多特殊的问题。这时候往往需要尽职调查团队在行业内有丰富的实操经验和问题处理经验。

例如，某母基金对 CVC 设立的子基金做尽职调查时，往往会更加关注投资团队内部的风险隔离和精力分配。产业资本自身在经营中也会有战略投资的需求，而如何处理自身投资和基金投资的关系就成了此类尽职调查的重点。不仅如此，CVC 管理人也往往会依托母公司的产业资源，为被投项目退出提供良好的渠道。那么，在这类关联交易中如何定价也就受到了母基金管理人的关注。

三、中外 LP 对 GP 的尽职调查差异

LP 投资 GP 的目的是希望 GP 团队在 LP 所投基金的运作上为 LP 带来最大回报。所以，国内外 LP 都将筛选优秀的 GP 作为重中之重。LP 通常以尽职调查的方式从众多 GP 中遴选出符合标准的 GP。那么，中外 LP 在 GP 尽职调查过程中关注的重点都有哪些？各自的异同点在哪里？

1. 内资 LP 尽职调查时最看重的十大方面

（1）未来经济洞见的能力

GP 是否具备洞见宏观经济和未来产业的能力？是否具备洞见新技术的能力？是否具备

洞见新的商业模式的能力?

（2）投后管理

增值服务及协调资源的能力如何？被投公司的评价如何？过去合作过的 LP 的评价如何？同业基金的评价如何?

（3）投资策略

GP 是否有清晰的未来投资策略及完整的过往投资策略总结？基金过往策略和战术是否可以持续？基金是否已经建立自身成熟的研究和投资体系?

（4）项目开发与执行

GP 是如何开发项目的？对项目所在行业是否非常熟悉？是如何进行投资的？流程怎样?

（5）历史业绩与团队

基金历史业绩是否优秀？业绩归因？能否持续？是否有完整的风控体系？是否有清晰的投资流程？ GP 的团队是否富有经验、稳定尽责？核心团队是否年富力强？是否有可实施的接班人计划？团队成员之间是否有互补性？团队是否有很强的募资能力？团队是否有独立管理基金的能力?

（6）储备项目

储备项目的质地如何？储备项目之间是否能产生业务协同？基金是否具备为公司赋能的能力?

（7）激励机制

基金是否有合适的激励机制来激发员工的工作热情?

（8）利益一致性

是否愿意与母基金进行深度合作？是否提供投委会列席、共同投资、后端收益比例打折等权益?

（9）组织结构和运营管理

GP 的组织结构是否能促进投资决策的快速、严谨形成？运营管理体系是否完整？基金规章制度是否完整?

（10）企业文化

是否建立了适应基金长期发展的良好的企业文化？GP 的企业文化与投资策略是否适应?

从实践上来看，内资 LP 最看重的三大方面及权重分别为：投资策略占 40%，团队成员占 30%，投资业绩占 30%。国内 LP 普遍认为，投资策略的可行性以及可持续性是保证投资成功的首要因素。由于所有投资策略都是由人来执行的，因此投资管理团队是基金能否顺利运营的关键，部分 LP 对 GP 的考察，甚至将管理团队投资能力、团队成员协作配合及精力分配等对团队成员情况的综合评估权重提高到 50%。

2. 外资 LP 尽职调查时最看重的十大方面

（1）基金业绩

LP 在挑选 GP 时，都会把基金过往业绩排在第一位。他们会着重对 GP 的 IRR 的 J 曲线和现金流量J曲线进行分析。LP除了查看GP的历史业绩外，还将通过各种渠道了解基金投资团队的过往业绩。业内一项投资标准的调查显示，美国超过200家LP证实了业绩的重要性，在进行业绩筛选时，GP的IRR最低达到12%，尽量接近30%，才会纳入LP的考虑范围，并根据IRR的表现来确定投资GP的优先级。

（2）单个投资项目的过往业绩

LP绝不会仅限于考察基金整体的MOIC和IRR。他们会深入研究GP的已投项目的财务情况，如收入增长、市场扩张和毛利率等，看这个GP的投资逻辑是否能够得到验证。

（3）投资团队、公司历史和公司治理

LP一般会对GP的主要投资人的过往职业生涯进行详细调研；此外，公司的组织架构和历史沿革也是他们调研的范围。LP也会调研过往投资团队的离职情况和离职原因，调查公司的股东背景等。

关键人物锁定也是调研的重要组成部分；LP希望在基金的存续期间，投资团队不会有任何重大变化。

（4）基金条款

LP会详细分析基金的主要条款和细则；他们将深入研究基金文件，了解基金的投资策略细节，包括基金的拟投领域、行业集中度、对单个项目的投资上限等。

此外，LP也会看重非常规的基金条款。LP及其顾问经常梳理他们评估的所有基金的有限合伙协议，并创建关键术语的比较表，以识别超出常规条款的基金。

（5）基金费用

作为投资者，LP想了解他们将要支付的费用。管理费率是多少？是按实缴规模还是按认缴规模计算？基金业绩报酬怎么分配？门槛收益率是多少？LP会承担基金的费用吗？或者基金费用是否已经被管理费覆盖？是否还有其他的费用？有退回条款吗？

（6）市场地位和基准

LP想知道GP如何与对手竞争。一般将GP与三个不同层次的GP的业绩比较：一是来自全行业的私募股权市场的GP；二是与该GP的投资地域、设立年份、基金规模类似的GP；三是已经上市的GP。此外，很多投资者采用个例作为比较基准，比较该基金管理人的个别案例与有类似特征的案例。

（7）储备项目、投后赋能

储备项目搜寻和价值创造对GP来说生死攸关。LP想知道GP如何寻找拟投标的并为其赋能。此外，LP希望了解GP的特点，希望能对LP的整个投资组合带来协同效应。LP倾向于选择那些能顺畅交流其投资逻辑和投资过程的GP。

（8）复盘

LP想知道GP的最著名的投资故事，包括成功的案例和失败的案例。对于成功的案例，他们成功的原因何在？GP 能否复制这一成功？对于失败的案例，他们能从中总结出什么经验？同样，在这一环节，能讲“投资故事”的 GP 往往会成功。

（9）杠杆作用

当 GP 设立并购基金并采用杠杆的情况下，LP 对 GP 的杠杆会特别重视，无论是在基金层面还是在单个项目层面。LP 想知道其具体的杠杆水平，并想了解 GP 如何运用杠杆来创造价值。

需要指出，并购基金带杠杆的情况在国内并不可行。

（10）投资环境

LP 总是对基金所投资的地域和行业的发展前景十分关注。当前市场是什么样的？这些地域和行业的公司的估值如何？投资者希望了解 GP 拟投市场的健康状况。

中外 LP 尽职调查差异对比如表 4-3 所示。

表 4-3　中外 LP 尽职调查对比

中资 LP	外资 LP
洞见未来经济的能力	基金业绩
投后管理	单个投资项目的过往业绩
投资策略	投资团队、公司历史和公司治理
项目开发与执行	基金条款
历史业绩与团队	基金费用
储备项目	市场地位和基准
激励机制	储备项目、投后赋能
利益一致性	复盘
组织结构和运营管理	杠杆作用
企业文化	投资环境

资料来源：融中母基金研究院。

3. 来自 Private Equity International 的针对 LP 尽职调查 GP 的市场调研

针对 LP 在尽职调查 GP 时的关注点，美国私募股权投资研究机构 Private Equity International 对 101 个 LP 做了调研。根据回复的有效问卷，总结如下：97.6%的 LP 认为 GP 的过往业绩是主要考虑因素，91.6%的 LP 认为 GP 的团队规模和投资能力最重要，89%的 LP 认为投资逻辑和策略最重要，61%的 LP 认为 GP 的企业文化很重要。

不太关注的方面，只有 4.8%的 LP 会问到性别工资差距，只有 19.3%的 LP 会关注 GP 的资产负债/财务情况。

在调研中，一个伦敦的母基金 Quilvest Private Equity 认为，一个企业的文化是至关重要的，因为每个企业的文化都是与众不同的，业内发生的突发事件和丑闻使与文化息息相关的运营和合规性问题变得至关重要。

57.8%的 LP 认为，人员继任计划和人员留任计划（接班人计划）可以追溯到企业文化的细微差别，在分析企业文化时起着不可或缺的作用，如图 4-12 所示。

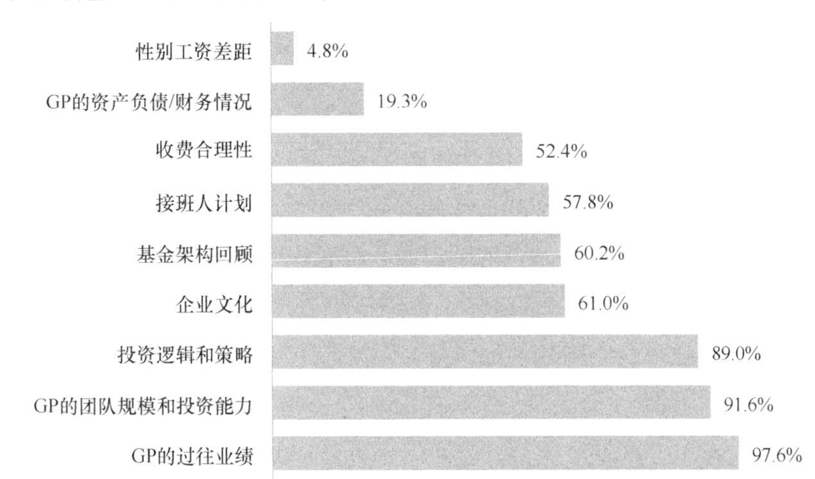

图 4-12　国外 LP 在 GP 尽职调查中关注的因素

资料来源：Private Equity International。

4. 中外 LP 尽职调查 GP 的相同点和不同点总结

无论是外资 LP 还是内资 LP，在对 GP 进行尽职调查时都会着重关注 GP 的过往业绩、投资团队、投资策略、投资条款、退出通道、储备项目等诸多方面，不同点只是各自赋予的相对权重不一样。

（1）相同点

中外 LP 都看重基金的过往业绩、投资策略、投资团队的履历、投资团队的能力、项目储备、基金核心条款等。

（2）不同点

由于中外 LP 面临的经济文化背景不同，而且基金担负的使命和目标不同，所以其对 GP 尽职调查的关注重点也有差异：中资 LP 在现阶段特别看重 GP 的合规性、是否有产业背景或特定资源、投后管理能力和项目搜寻能力；外资 LP 比较看重 GP 的资产配置能力、杠杆作用、特定文化、投资风格等，并希望能对 LP 的整个投资组合带来协同效应。

第四节　政府引导基金的绩效评价体系

一、国内绩效评价发展历程

1. 绩效评价的概念

政府引导基金的绩效评价是指在考核期内（通常为一个年度），根据政府引导基金的投资方向和政策目标，运用科学、合理的绩效评价指标和评价方法，对引导基金的投资运营情况、目标实现程度及产业引导效果进行客观、公正的系统评价。

2. 绩效评价的发展历程

自 2002 年国内首只政府引导基金成立以来，历经近 20 年的发展，政府引导基金的目标规模已经超过 10 万亿元。政府引导基金成为各地区优化政府投资方式、发挥政府资金引导作用的重要工具。在政府引导基金的发展过程中，随着引导基金运营规模的扩大，引导基金能否有效合规运行以及是否达到预期目标，逐渐受到国家和地方政府的关注。从 2008 年起，中央和地方政府陆续出台引导基金管理政策和绩效考核办法。

从中央层面来看，2008 年 10 月，国务院联合财政部、商务部共同出台《关于创业投资引导基金规范设立与运作的指导意见》，要求将引导基金纳入公共财政考核评价体系，定期对引导基金政策目标、政策效果及其资产情况进行评估。2015 年 11 月，财政部发布《政府投资基金暂行管理办法》，要求"各级财政部门应建立政府投资基金绩效评价制度，按年度对基金政策目标实现程度、投资运营情况等开展评价，有效应用绩效评价结果"，该办法的出台表明政府投资基金监督及考核机制开始建立。2016 年 12 月，国家发展改革委出台《政府出资产业投资基金管理暂行办法》，强调国家发展改革委建立并完善政府出资产业投资基金绩效评价指标体系和管理人绩效评价指标体系，提出了两类评价体系的主要评价指标，并就绩效评价结果的应用提出了指导意见：金融机构可以根据评分结果对登记的政府出资产业投资基金给予差异化的信贷政策，各级政府部门可以根据评分结果选择基金管理人。

从地方政府层面来看，山东、浙江、北京、天津、河南、天津及四川等地方政府纷纷出台引导基金的考核管理办法。例如，2015 年，山东省发布《山东省省级股权投资引导基金绩效评价管理暂行办法》，标志着第一份地方性政府引导基金绩效考核管理办法出台；2016 年 11 月，浙江省发布《浙江省政府产业基金绩效考核评价管理暂行办法（征求意见稿）》；2017 年 3 月，河南省发布《河南省政府投资基金管理暂行办法》；2019 年 6 月，四川省发布《四川省省级产业发展投资引导基金绩效评价管理暂行办法》。

中央及地方政府引导基金绩效考核评价办法的出台，形成了对引导基金运行情况进行监督管理和开展绩效评价的规范性文件。随着引导基金合作子基金投资项目逐步落地，政府对引导基金绩效评价的重视程度日益提高，定期开展政府引导基金绩效评价已成为各级政府部门的共识。

二、绩效评价的意义

近几年，随着政府引导基金规模的爆发式增长，引导基金运营中也出现了一些问题，例如引导基金运作机制不够完善、引导作用和引导效应不突出、引导资金投资进度缓慢等。建立系统完善的绩效考核评价体系，有助于全面深入发现引导基金的运营问题，促进基金合法合规运作，为基金未来政策优化提供支撑依据；有助于科学评估引导基金的社会效益、经济效益，特别是弥补单一财务指标评价对经济效益衡量不足的问题。

1. 监督引导基金的政策效果

引导基金作为政府对外投资的政策性专项基金，通过引入并放大社会资本，力求发挥财政资金引导资本流向、带动产业发展的导向作用。绩效评价体系的建立，有利于合理评估财政资金的放大效果，并对资金在特定产业和区域中的流向进行监督，推动引导社会资本投向社会经济发展的重点领域和薄弱环节，促进区域产业转型升级、带动区域关键产业发展。

2. 提升经济效益评估的有效性

政府创业投资引导基金的发起设立不以营利为目标，但在参股支持模式下，基金运作的经济效益也至关重要，良好的经济效益可以满足基金管理人和社会投资人的收益需求，激发子基金投资的积极性，也有利于国有资产的保值增值。在绩效评价出现以前，对基金效益的考核完全依赖于单一的财务报表，但财务报表对基金绩效的评估可能是无效的，例如，创业投资引导基金，具有高风险、回报周期长的特点，在投资早期往往处于短期账面亏损状态，若单纯以财报数据来评估基金的经济效益，其评估结论对基金真实价值贡献的参考意义不大。因此，需要借助多维度的绩效评价体系来衡量基金的经济效益。

3. 促进基金规范化运作

基金的运营管理贯穿基金的募、投、管、退全生命运营周期。不规范的运营管理无法保障基金效益目标的实现，甚至可能为政府及社会投资人带来资产损失的风险。在绩效考核评价体系中，围绕基金全生命运营周期的各个环节，对基金管理合规性、基金运营模式及执行流程等进行有效评价，能够及时发现基金运营过程中的各项问题，督促管理人对引导基金的运营持续改进与优化，促进引导基金规范良性运作，提升引导基金财政资金的利用效率。

4. 为引导基金政策制定提供参考

当前我国各地经济发展和市场化建设差异较大，引导基金绩效考核体系的建立，可以为发展相对落后或者尚无基金设立经验的地区提供政策制定的参考依据。通过对当前已设立运作基金的考核评价，发现各类基金的运作特点和问题，有助于政府部门制定差异化的管理办法，对不同类型的基金进行针对性管理。

三、绩效评价体系设计

政府引导基金的绩效评价对象一般包括两层：一是政府引导基金（简称“母基金”），二是政府引导基金子基金（简称“子基金”）。

中央和各地政府对政府引导基金层面的评价制定了规范性的考核办法和详细的评价指标体系，在实际评价中，对母基金的评价体系一般以中央或者地方政府的考核办法为依据，以下重点对子基金的评价体系设计进行阐述。

1. 设计原则

1）完整性原则。评价指标覆盖基金运营募、投、管、退各环节，通过多维度、多环节综合考察引导基金的运营情况。

2）系统性原则。评价指标采取定量指标和定性指标相结合的方式，有利于系统发现和揭示基金运营的特点和问题。

3）重要性原则。评价指标包含最能反映评价要求的核心指标，并且指标具有广泛的代表性。

4）准确性原则。评价指标能够准确界定并且反映出评价目的，有合理的量化公式或者清晰的定性描述。

5）客观性原则。评价标准应不受人为因素的影响，客观真实反映被评价基金的运营情况、引导作用等。

2. 评价指标设计

指标设计从政府设立引导基金的宗旨出发，既体现基金的运营效果，也关注基金的运营过程。运营效果指标包括经济效益指标和政策效益指标，重点考察基金的投资回报情况以及对引导基金政策目标的实现程度。运营过程指标主要考察基金运营的合规性、合理性及制度执行落实的情况等。由此，这里以运营能力、经济效益和政策效益三大指标为一级指标，构建了三级评价指标体系，如表 4-4 所示。

表 4-4 绩效评价三级指标体系示例

一级指标	二级指标	三级指标
运营能力	基金募资	募资规范性
		社会募资占比
	基金投资	投资流程规范性
		投资进度
	投后管理	投后管理制度健全性
		投后部门及人员配置
		投后增值服务及执行
	风险控制	风控制度健全性及执行
		风控部门及人员配置
	基金退出	退出流程规范性
		退出进度
	管理人合规性	管理规范性

（续）

一级指标	二级指标	三级指标
运营能力	管理团队稳定性及执行力	核心人员精力分配
		核心人员稳定性
经济效益	投资收益	内部收益率（IRR）
		资本回报倍数（MOC）
		投入资本总值倍数（TVPI）
		投入资本分红率（DPI）
	基金估值	基金资产净值
政策效益	资金放大效应	引导投资当地放大倍数
	投资引导效应	投资地域
		投资领域
		投资阶段
	社会效益	人才引入
		就业增长率
		税收增长率

资料来源：融中母基金研究院。

（1）运营能力

对基金运营管理水平的评价，重点考察基金在募、投、管、退各环节制度的健全性和操作流程的规范性。此外，对基金运作的风险控制、管理人的合规性及管理团队稳定性等指标也需进行考核评价。具体如下：

1）基金募集阶段，考核子基金是否按照引导基金要求募集和管理，社会出资比例是否符合引导基金的要求。

2）基金投资阶段，考核投资流程的规范性和实际投资进度。

3）投后管理和风险控制层面则主要考察管理制度是否健全、部门人员配置是否合理等，同时，根据投后增值服务措施和服务效果对投后增值服务进行评价。

4）基金退出阶段，考察退出流程的规范性和实际退出进度情况。

5）基金管理人层面，考察管理机构的合规运营情况、基金管理团队人员的稳定性和执行力等指标。

（2）经济效益

经济效益指标是检验基金管理人专业能力和投资回报收益的重要指标。经济效益由投资收益指标和基金估值两类细分指标构成。

投资收益指标除了考虑基金自身的投资回报收益指标，如内部收益 IRR、资本回报倍数 MOC，还考虑其对出资人收益的分配情况，引入投入资本分红率 DPI、投入资本总值倍数 TVPI 两项指标。

基金估值的计算，根据基金业协会《私募投资基金非上市股权投资估值指引（试行）》提出的方法进行评估，基金评估公式为：

基金资产净值=项目价值总和+其他资产价值−基金费用等负债

其中，项目价值总和为基金在评价期间投资的所有项目估值之和。项目估值，根据企业所处不同的状态，采用差异化的评估方式，可参考如下方法：

没有下轮融资但正常经营的项目，根据企业经营情况，选择采用现金流折现法（DCF）或者资产评估法。

有下轮融资的项目，按最新一轮融资的估值计算。

计划上市的项目，按照可比同类上市公司市场乘数法（例如 PE 法）估值计算。

已上市的项目，将评价年度最后一个交易日收盘价作为估值。

已退出的项目，将实际收到的现金作为估值。

项目价值的估值由基金管理人提供。评估时，首先核实基金管理人提供的项目估值数据以及企业估值方法是否合理；如果不合理，需对项目估值进行重新评估修正，然后再代入上述公式进行基金价值的评估。

（3）政策效益

政策效益指标是衡量政府引导基金引导效果的核心指标，包括资金放大效应指标、投资引导效应指标及社会效益指标三个细分指标。

1）资金放大效应指标主要考核基金对社会资本的撬动作用，对当地特定领域投资的放大倍数。

2）投资引导效应指标主要考察基金投资地域、投资领域及投资阶段的投资比例是否符合引导基金管理办法的要求。

3）社会效益指标主要考核引导基金对产业实际发展的推动效果，评价具体指标为人才的引入、就业增长和税收增长等。

2. 绩效指标权重设计

绩效指标权重设计，一方面结合地方政府投资诉求、引导需求来设计；另一方面，根据投资期和退出期基金运营的差异化特点进行差异化的赋权设计。

以下以绩效评价指标权重为示例，实际评估需结合子基金投资目标及管理运营重点，对权重进行调整。具体如表 4-5 所示。

表 4-5　绩效评价指标权重示例

一级指标	一级指标权重		二级指标	二级指标权重	
	投资期	退出期		投资期	退出期
运营能力	40	30	基金募资	5	0
			基金投资	5	0
			投后管理	10	5
			风险控制	5	5

（续）

一级指标	一级指标权重		二级指标	二级指标权重	
	投资期	退出期		投资期	退出期
运营能力	40	30	基金退出	5	10
			管理人的合规性	5	5
			基金管理团队稳定性及执行力	5	5
经济效益	30	40	投资收益	20	30
			基金估值	10	10
政策效益	30	30	资金放大效应	10	10
			投资引导效应	10	10
			社会效益	10	10

注：实际评价，需要结合引导基金管理办法及对子基金要求侧重不同，进行指标及赋权的调整。

资料来源：融中母基金研究院。

运营能力指标，根据基金所处不同生命周期阶段运营的重点不同，指标赋权会相应调整，例如，对于处于投资期和退出期的基金，在投资进度及退出进度的指标赋权上差异化明显，退出期投资进度指标权重为 0，即不考核该项指标。经济效益指标，除了考虑基金内部收益率外，还考虑基金对 LP 已分配的收益及基金估值等情况；由于退出期的基金投资收益更加明显，因此在投资收益指标的赋权上，退出期的该指标权重会高一些。政策效益指标对不同生命周期阶段的考核要求基本一致，因此，投资期和退出期的各项评价指标权重一致。

3. 绩效评分设计

对于各项指标的综合评分将根据指标分（Score）与权重分（α）的乘积决定。其中，指标打分分为定量打分与定性打分，定量打分是根据公式计算的数值，如投资进度、基金估值、投资回报等；定性打分将根据实际情况，给予“得分”“不予得分”“酌情扣分”的评价，并进行相应的打分，如合规性、特殊政策的落实指标等。

三级指标按百分制打分，根据汇总得分确定考核评级：

90≤总分 < 100，考核结果为优秀；

80≤总分 < 90，考核结果为良好；

70≤总分 < 80，考核结果为合格；

总分 < 70，考核结果为不合格。

考核评级作为对基金奖惩的主要依据。对于考核结果优秀或良好的基金，可给予基金管理人相应的业绩奖励；对于考核结果为合格的基金，可对基金管理人进行约谈，针对基金运行中遇到的问题进行分析，严重的则要求其整改并提交整改报告；对于不合格的基金，则需依据基金管理人的整体表现，考虑未来减少或避免合作。

四、绩效评价流程

1．组建评价工作小组，确定评价目标

引导基金根据上级评价要求，组建绩效评价工作小组（简称“工作小组”）。工作小组可以由引导基金管理机构内部人员组成，也可以由社会中介机构人员组成或引导基金与社会中介机构联合组成。

工作小组搜集和分析当地政府以及引导基金出台的政府引导基金管理办法、绩效考核办法等文件，明确基金政策、运营的基本要求。

工作小组通过研讨会或座谈会等形式，与引导基金高层领导进行深度交流和探讨，了解引导基金运营发展的情况，明确引导基金对绩效评价对象、评价重点及评价周期的期望等相关诉求。

以被服务引导基金发展情况及对绩效考核评价的要求，结合引导基金管理办法、绩效考核办法的要求，以及当地产业结构、经济发展的现状，确定绩效评价目标、评价范围和评价时间。

2．构建评价指标体系

工作小组根据绩效评价目标和基金发展运营关注的重点，设计科学完善的评价指标体系。

评价体系构建，以上述第三部分的指标体系为基础，结合地方政府产业发展情况、管理办法及政府引导基金的诉求、引导基金发展运营过程中存在的关键问题和疑点等，修正、细化、优化部分指标及权重，或者补充部分指标，形成最终的评价指标体系，作为评价工作开展的核心依据。

对于不同类型的子基金，如市场化子基金或专项子基金，需要结合引导基金对不同子基金的目标要求以及不同子基金运作特点，进行差异化的指标体系设计。重点评估指标的筛选及权重等设计，还应结合基金所处生命周期阶段的特点以及基金投资项目投资阶段分布特征等因素综合考虑。例如，融中母基金研究院综合考虑子基金类型、子基金所处生命阶段及子基金投资项目分布阶段，设计了八大差异化的绩效评价体系，使绩效考核评价更具针对性、实操性。

融中母基金研究院八大差异化绩效评价体系如图 4-13 所示。

3．搜集资料和分析数据

采取桌面研究、实地调研、内部座谈、专家访谈结合的形式进行数据搜集。

1）桌面研究：工作小组查阅已投企业网站、政府网站等获得相关数据信息，进行基本背景、宏观数据政策的搜集和研究。搜集基金管理人的各类运营制度、基金财务报告、基金运营报告等数据信息，获取项目投资进度、基金投资范围、项目储备情况、风控管理、投后

管理、基金投资收益等考核指标的书面材料，进行数据归类、整理，并从定量和定性的角度进行初步分析。

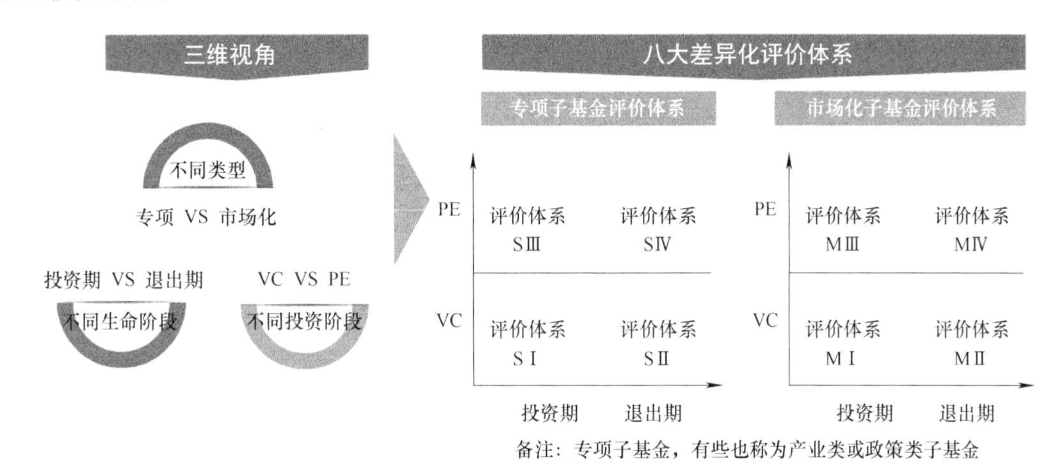

图 4-13 融中母基金研究院八大差异化绩效评价体系

资料来源：融中母基金研究院。

2）实地调研：工作小组对基金管理机构的合伙人、投资负责人、风控负责人等进行现场访谈，了解子基金基本架构、出资人情况、投资目标及投资决策流程、投资决策委员会设置、核心团队构成、核心人员精力分配、激励机制、项目来源渠道及项目挖掘能力、项目储备情况、主要投资情况等；对部分被投企业抽查调研，了解基金管理机构投后管理和增值服务情况；对部分储备项目进行电话访谈，了解储备项目的真实性、有效性及当前投资进展等。

3）内部座谈：对于部分关键指标的采集及数据有效性的判断确认，采取内部座谈会的形式获取数据信息并讨论形成初步分析结论。内部座谈会除了评价小组人员，通常还需要引导基金高层领导或绩效分管负责人参与。对于评价指标的适宜性及数据评价维度的合理性，也可借助内部座谈会进行深度探讨，确定指标修正或优化的具体意见，由工作小组根据具体意见对指标和评分等细节进行修改调整，形成最终确定的评价体系。

4）专家访谈：在数据搜集及分析的过程中，工作小组通过 VC/PE 业内相关企业及专家团队的访谈和研究，核实投资项目信息及部分数据对比分析的合理性，并征询专家对于该基金核心问题优化的建议等。

基于上述多维度数据信息采集、分析及专家意见征询结果，结合指标评价细则，进行指标打分，对发现的问题及基本结论进行初步总结。

4. 撰写评价报告

报告撰写前，工作小组确定评价报告撰写框架。

对数据分析和指标打分的考核结果进行复核，结合报告框架要点，将考核结果及分析的问题和优化建议等写入报告，形成绩效评价初稿。

5. 汇报评价结果

工作小组根据汇报要求，对评价工作开展过程、问题发现、核心结论等进行汇报。对于部分需要补充材料再分析的内容，根据需要做好现场记录，并进行及时的修改、补充和完善，形成绩效评价终稿。

五、子基金绩效评价结论的主要问题及改进建议

在完成子基金绩效评价后，评价机构会根据引导基金相应管理办法，结合实际各项指标打分情况陈述子基金当前面临的主要问题及未来的改进建议。

1. 子基金绩效评价结论的主要问题

根据各项绩效评价结论，子基金在实际运营中可能会面临很多共通的问题。这不仅可以看出引导基金对于子基金的评价重点，也可以看出很多子基金管理人在实际基金投资运营过程中的薄弱环节。具体问题如下：

（1）团队稳定性和精力分配问题

在子基金完成设立后，其团队稳定性和精力分配可能会成为绩效评价过程中主要关注的问题。一方面，子基金管理团队，特别是一线城市的团队，都会面临着团队流动的情况。另一方面，对于没有足够的长期激励的子基金管理人，其人员流动会特别明显。同时，在一些大型子基金管理团队中，其主要负责人或管理团队的精力专注度未达到基金申报时所承诺的精力分配比例。在绩效评价中，评价团队会对基金申报时的团队情况和精力分配情况做比对。如果整体变动较大，则评价团队会在相应章节进行提示。

（2）投资进度和返投完成情况

在子基金申报时，通常会向引导基金承诺投资完成进度安排和返投比例。而在实际投资过程中，有些子基金管理团队可能会因为宏观环境、行业轮动、错过投资机会等原因，在投资进度和返投完成进度上有所滞后。在绩效评价中，评价团队会根据实际投资金额和实缴资本计算出投资进度。如基金成立仅 1～2 年，尚未完全开始投资，则可以将投资进度细化到每年投资进度完成情况。同时，评价团队会重点关注返投完成情况。依据管理办法中相关返投认定的情况，对照已投资项目的情况，计算可认定为返投的情况占比。如果完成情况不达标，则评价团队会在相应章节进行提示。

（3）项目具体退出安排的问题

对很多已经处于退出期的基金来说，项目退出路径的可操作性已经是直接关系到引导基金保值的关键因素。子基金管理人应对所有已投资项目的退出途径有清晰的规划，对不及预期或失败的项目应有应急应对措施和风险处置方案。对于此类基金，评价团队会重点关注项目退出路径，特别是计划“回购”“换股”“破产清算”等方式退出的项目。如果项目退出情

况存在较大的不确定性，则评价团队会在相应章节进行提示。

2. 子基金绩效评价结论的未来改进建议

对于子基金的未来改进建议，主要会依据其当前面临的主要问题来陈述，包括改进薪酬激励制度以保持团队稳定性、加强投后管理或风控管理、改善投资决策机制加快投资进度等。这些改进建议会在全面了解子基金和子基金管理团队后，根据实际情况提出，具有较强的可操作性。同时，也会提示引导基金未来应对子基金和子基金管理团队持续关注的风险点。在保障财政基金安全的同时，最大限度地发挥引导作用，推动当地产业落地和产业发展。

六、绩效评价结论的应用

除了让引导基金对于子基金情况有全面了解之外，也应该将奖惩措施与评价结果结合。目前可采用的几种方式如下：

（1）管理费

可将管理费与评价结果挂钩。在拟定有限合伙协议之初即需要明确未来会对子基金和子基金管理人进行年度绩效评价，且次年管理费收取比例将直接与评价结果挂钩。如评价结果达“优”的管理人次年可以收取约定管理费率上浮 20%的管理费。如约定管理费为 2%，则次年管理费可以按照 2.4%收取。若评价结果为“差”，则少收或不收管理费。

（2）让利制度

可以将引导基金管理办法中让利的条款与子基金评价指标结合。通常引导基金获得超额收益可以按照约定部分返还给子基金管理人作为奖励。对于绩效评价达“优”的管理人，引导基金可以更多地返还超额收益部分，甚至全额返还。即优质完成各项政策、经济、社会指标的管理人可收取引导基金对应份额的 100%超额业绩报酬（Carried Interest），这将给子基金管理人很大的激励。

（3）提前退出

对于多数指标不达标，特别是募资不到位、返投完成度较差、合规性较差的子基金，引导基金应考虑以提前退出的方式保障财政资金的安全。通常需要在拟定有限合伙协议时约定好条件，且需要约定好提前退出的方式，如合伙企业减资退出、基石出资人原价回购份额、基金管理人原价回购份额等。

（4）白名单和黑名单制度

对于绩效评价的结果，可以与引导基金白名单、黑名单制度相结合。对于整体评价结果优秀的子基金和管理人，未来可进入引导基金白名单，引导基金可在未来为该管理人设立的新基金出资金额和上限有所放宽，在返投比例和认定上有所放宽。同时，对于整体评价结果较差的管理人，引导基金应考虑将其纳入黑名单，未来将谨慎与其展开新的合作。

七、绩效评价注意事项

1. 评价要覆盖基金全生命周期

评价从基金运营的效果和过程两大方面展开，评价指标设计要覆盖基金募、投、管、退全生命周期各个环节，定性评价与定量评价结合，以便综合、系统地评估基金运营的情况，发现基金运营各环节的特定问题，及时提出针对性的优化措施建议，促进基金全生命周期运营的持续优化。

2. 评价指标要突出基金所处不同阶段的特征

根据基金所处生命周期阶段的不同，兼顾 VC、PE 基金的运营特点，通过指标权重的调整，实现对不同存续阶段基金绩效要求和运营重点的差异化考核，为子基金之间的考核对比、经验借鉴提供有效支撑。

3. 效益评价兼顾微观和宏观两个层面

效益评价应结合宏观和微观两个层面，将基金的市场化运作及政策性投资结合起来评价，促进基金在不偏离政策方向的基础上实现高效专业的市场化运作。微观层面，从基金的内部收益 IRR、资本回报倍数 MOC，并结合评价期间 LP 获得的收益回报即投入资本分红率 DPI 指标等，综合考察基金的投资收益能力；宏观层面，从被投项目对社会就业、税收等的贡献来衡量。

4. 将投后管理考核纳入评价体系

良好的投后管理机制和投后管理执行有助于提升被投项目的综合运营能力，降低被投项目运作的各项风险，规范被投项目的管理，提升被投项目的整体经营效益。投后管理的重要性越来越被业内重视并成为衡量基金专业运营能力的重要因素。因此，需要将基金投后人员配置、投后管理措施及各项增值服务等关键指标纳入评价体系，通过评价考核促进子基金管理人不断提升投后管理综合能力，切实发挥投后管理在提升投资收益方面的积极作用。

八、国外子基金表现评价

相较于中国政府引导基金偏重政策效应和社会效应，国外主要母基金和出资人大多数以财务回报为主要出发点对子基金进行评价（Proformance Evaluation）。

根据英国私募股权和创业投资协会（BVCA）的报告，出资人通常会采用绝对收益指标和相对收益指标对子基金进行评价。绝对收益指标包括 IRR、MIRR、回报倍数等；相对收益指标包括 PME 等。

其中，绝对收益指标在国内应用非常广泛，但是相对收益指标在国内还没有被大多数出资人应用。PME 即 The Public Market Equivalent，其原理是假设将投资基金的现金流投入二级市场，以某一确定的指数作为收益依据（如常用的 DJIA、S&P500、FTSE 100 等），最后比较两种投资模式的净值（NAV），从而衡量出基金表现。从出资人的角度出发，通常在做大类资产配置时会比较投资私募股权基金和证券基金的收益率的区别，但是传统 IRR、DPI、TVPI 等指标并不适用于二级市场基金产品，所以 PME 在境外出资人特别是做大类资产配置的出资人中颇为流行。

以加州公务员退休基金（California Public Employees' Retirement System，简称 CalPERS）为例，其股权子基金业绩评价表中包含以下几项内容：

1）Vintage Year，即基金开始投资的年份。不同年份成立的基金所经历的宏观环境和行业轮动情况不同，所以不同年份的基金有时候不具有可比性。

2）认缴金额和实缴金额（Capital Committed and Cash In），分别为承诺出资的金额和真实为投资、管理费而付出的金额。

3）分红和总估值（Cash Out and Remaining Value），为 CalPERS 收到的来自基金全部分红款和未分红部分的总估值（Reported Value）。

4）Net IRR 和回报倍数，为根据 CalPERS 实际投资到基金的现金流所计算出的净 IRR 和根据当前估值、实缴金额计算的回报倍数。

CalPERS 的子基金评价表每季度会更新，并在其官网发布。表 4-6 为 2020 年 3 月 31 日更新的子基金评价表，子基金组合总共投资子基金 270 只，Net IRR 为 10.4%，投资回报倍数为 1.4 倍。

表 4-6　CalPERS 部分子基金业绩评价表

基金名称	Vintage Year	认缴金额（美元）	实缴金额（美元）	分红（美元）	基金总估值（美元）	Net IRR	回报倍数
57 Stars Global Opportunities Fund 2 (CalPERS), LLC	2009	500000000	493371045	233676992	709365158	0.081	1.4 倍
57 Stars Global Opportunities Fund, LLC	2007	430000000	410883775	485977485	584345128	0.065	1.4 倍
AACP AP Investors, L.P.	2007	14108080	14857887	16689525	16952184	0.021	1.1 倍
AACP China Debt Investors, LP	2008	10000000	15912196	20163962	20209271	0.083	1.3 倍
AACP China Growth Investors	2007	50000000	51929147	81612215	83722166	0.079	1.6 倍

（续）

基金名称	Vintage Year	认缴金额（美元）	实缴金额（美元）	分红（美元）	基金总估值（美元）	Net IRR	回报倍数
AACP China Venture Investors A, LP	2008	5000000	4309597	5172593	5196128	0.026	1.2 倍
AACP India Investors B	2007	5000000	5132389	2426991	8688396	0.059	1.7 倍
AACP India Investors C	2009	5000000	5131656	1985865	8230550	0.081	1.6 倍
AACP India Venture Investors A	2007	5000000	5065536	5653594	5741906	0.02	1.1 倍
Aberdare Ventures IV, LP	2008	50000000	50000000	23169038	45904052	0.018	0.9 倍

资料来源：CalPERS、融中母基金研究院。

第五节　母基金管理费和后端收入

随着私募股权投资市场的成熟，投资人与 LP、LP 与 GP 之间的合作及利益分配机制越来越受到业内的关注。管理费和后端收益（Carry）分配模式体现了投资人与 LP、LP 与 GP 之间的实力博弈。同时，分配机制也是他们之间合作和利益绑定的纽带。

一、管理费如何收取

1．母基金的管理费费率

母基金的管理费是投资人支付给基金管理人的费用，也就是基金管理人运作基金、帮助投资人赚钱所收取的运营费用。经过多年的发展，目前母基金的管理费费率相对稳定，费率一般在 1%～2%。

政府引导基金管理费费率一般在 2%左右。例如，北京经济技术开发区科技创新投资引导基金，管理费每年按照引导基金受托管理规模 2%的标准向受托管理机构支付，具体支付时间、支付方式在委托管理协议中明确约定。但也有部分管理费费率极低的情况，例如，北京市昌平区建设发展基金，综合考虑发展基金运营管理的内容、模式、规模、业绩等因素，原则上按基金实际管理规模的 3‰核定基金管理机构的年度管理费，从基金资产中列支。

就市场化母基金而言，近七成的市场化母基金管理费费率在 1%～1.5%。也有一些市场化母基金，管理费费率比较低，例如有些母基金向投资人收取 5‰的管理费。

2．母基金管理费计提方式

管理费是母基金维持运营的基本保障，特别是在母基金的投资期，在无子基金/项目退出时，或者子基金/项目退出数量较少的情况下，管理人的收益主要来自管理费。管理费收取一般以基金规模为计提基数，通常有以下三种方式：

1）以认缴金额为基数。这种计提基数最大，管理人收取的管理费最多，但对于投资人有失公平。因为管理人是按出资的金额对基金进行运营管理的，对于未出资的部分实际没有承担和履行管理的责任，若未出资部分占比较大，对投资人就更不利。

2）以实缴金额为基数。这种计提方式，对投资人和管理人权利义务的匹配性最佳，比较合理，也是目前运用最多的方式。例如，京津冀产业结构调整引导基金，引导基金管理机构的委托管理费由引导基金按年支付，管理费按实际到位资金规模的 1%计提，于每年 1 月份支付给基金管理机构。

3）以实际投出额度为基数。这种计提方式对于管理人要求最为苛刻，增加了管理费收取的计量、核算成本，还容易造成管理人为多收管理费而草率投资或过度投资的不良行为。

在实际运营中，部分基金按不同的投资阶段来设置不同的计提基数。例如，有的母基金规定：投资期，基金管理人每年按实缴规模的 1.5%收取管理费；退出期，基金管理人每年按投资未收回本金的 1.5%收取管理费。

3. 管理费收取模式

由于母基金及子基金实力不同，各自在不同基金或项目合作中的诉求不一样、利益机制不一样，导致基金管理费收取及后端收益分配模式多样化。国际上，母基金运作模式比较成熟，通常管理人负责子基金的筛选，管理人按照每年投资金额的 1%左右收取管理费，并且从母基金的最终收益中提取 5%的收益分成。从国内来看，管理费收取主要模式如下：

（1）母基金管理人和子基金管理人各自按照一定比例收取管理费

这是当前管理费收取的最普遍形式，通常是母基金向其投资人收取 1%的管理费、子基金向母基金收取 2%的管理费。该种收费模式是典型的双重收费模式，大大增加了投资人的投资成本。

（2）母基金管理人和子基金管理人按一个合并比例收取管理费

这种方式避免了重复收费问题。通常的做法是，从母基金层面，规定一个管理费的合并收取比例，比如 1.5%，如果子基金收取的管理费费率已经达到 1.5%，则母基金不再收取管理费；如果子基金收取管理费费率为 1%，则母基金可以收取 0.5%的管理费。

（3）母基金不收取管理费

管理费是向投资人收取的，投资人投资是为了从管理人的投资运营中获取最大收益。当前，母基金投资人存在一个痛点，即投资人需要承担双重管理费和双重后端收益。业内通常的做法是，母基金投资人需要承担 1%的管理费和 10%的后端收益分成，母基金作为子基金的投资人还需要承担 2%的管理费和 20%的后端收益分成。

关于如何解决双重收费问题，前海股权投资母基金（简称“前海母基金”）提供了很好的不重复收取管理费的创新模式。具体做法为：对于直投部分，前海母基金相当于子基金身份，直接按市场化方式向投资人收取一层管理费和后端收益分成，本身不存在双重收费的问题。对于投资子基金的部分，子基金的管理费由母基金管理人承担，不对母基金投资人带来双重管理费负担；后端收益部分，先回本后分利，从子基金获得的后端收益分成全部分给母基金投资人，不会对母基金投资人产生双重业绩报酬。这样就完全避免了双重收费问题。

二、后端收益的分配形式

1. 后端收益在母基金与子基金层面的分配

母基金与子基金对后端收益的分配通常遵循先回本后返利的原则，对超过门槛收益率后的收益进行分配，并按照 8∶2（母基金：子基金）的比例进行收益分成。

常规分配方式为：当子基金有投资收回时，先按出资比例分配给所有合伙人，当投资收益覆盖所有合伙人，全部实缴出资后，将剩余收益及这之后回收的资金作为基金收益，待基金年化收益率等于或超过事先设定的门槛收益率后，按照 8∶2 比例进行分配。若子基金清算出现亏损，则首先由子基金管理机构或其关联方在基金中的出资承担，不足部分再由子基金各出资人按出资比例承担，母基金承担金额以其出资额为上限。

例如，某子基金规定的具体分配方式：子基金收益扣除各项必要费用和提取必要预备金后，按如下顺序、比例分配剩余的基金收益：首先，LP 投资收益率小于等于 6%时，GP 不享受业绩分成，全部收益由 LP 按出资比例分配；LP 的投资收益率大于 6%时，超额收益部分由 GP、LP 按照 2∶8 比例进行分配。

一般情况下，如果 GP 在所有 LP 回收全部本金后才参与分配，不会特别约定风险准备金和回拨机制。但是为了确保出资人的利益，部分母基金对于单个项目的收益分配会设置相应的钩回机制，即将子基金获取的收益分成预设一定比例的资金留存在子基金，确保其他出资人收回出资后再行分配；若其他出资人在基金清算时不能收回投资，子基金管理机构需将其已获取的资金留存退还其他出资人，以弥补其他出资人的投资损失。

对于子基金项目投资取得的现金收入，部分母基金还对其再投资进行了约定，例如，要求子基金在经营期间，原则上不得将项目现金收入用于再投资；如有再投资需求，全体合伙人协商一致后确定，并规定子基金每年 12 月进行一次利润分配或亏损分担。

为了提升子基金投资目标的符合性，部分地方政府引导基金会提升给予子基金的收益分成比例，例如，深圳市创业投资引导基金为鼓励子基金更多地投资深圳市本地项目，子基金到期清算时，对于投资深圳市本地初创期项目的子基金净收益，引导基金对子基金管理机构的奖励比例由 20%提高至 50%；对于投资深圳市本地早中期项目的子基金净收益，引导基金对子基金管理机构的奖励比例由 20%提高至 30%。

2. 后端收益在母基金出资人和管理人层面的分配

母基金获取的后端收益在母基金 LP 和 GP 层面，通常也按照“先回本后分利，先有限合伙人（LP）后普通合伙人（GP）”的原则，分配顺序通常为：优先按比例分配各方的本金，其次分配各方约定的门槛收益，最后分配超额收益。LP 一般以出资额为限对参股基金债务承担责任。当参股基金清算出现亏损时，首先由基金管理机构以其对基金的出资额承担亏损，剩余部分由其他出资人按出资比例承担。

具体分配的常规做法为：门槛收益率以下部分由全体合伙人按照实缴出资比例进行分配，母基金达到门槛收益率以上部分的收益，由母基金 GP 与其他 LP 按 1∶9 比例分配。同时会按照同股同权、出资大小的原则约定分配收益顺序。

三、跟投策略对管理费和投资收益的影响

在投资实践中，GP 会将一定额度的跟投机会给予母基金的运营方，作为母基金提高收益的一种方式。

在跟投中，LP 需要支付的管理费和子基金获得的后端收益分成通常会比直接投资子基金要低很多，这直接降低了 LP 的投资成本，其节约的成本便转化为 LP 的投资收益。相当一部分 LP 认为跟投业务可以平缓基金投资的 J 曲线效应（J-Curve）。J 曲线效应可以简单地理解为，当 LP 直接投资子基金时，早期资金只进不出，IRR 为负且逐渐下降。随着子基金投资项目逐步退出，投资人开始获得现金回款，收入逐步上升，慢慢出现拐点，投资人的现金流和 IRR 开始由负变正。HarbourVest 对 LP 跟投和传统基金投资的 J 曲线效应差异的研究表明，在投资规模、投资速度和回报率一致的假设条件下，LP 跟投可以节省 53%的管理费和后端收益分配。

随着退出压力加大，母基金跟投意愿越来越强，未来，跟随好的 GP 进行投资，借助跟投缩短项目周期、提升收益以平衡回报率的做法或将被更多的母基金践行。

第六节　引导基金的风险控制与投后管理

一、引导基金的风险控制

引导基金背后虽然有国家的大力支持，但在实际运行时，投资前、投资中和投资后各环节都会遇到相应的风险，下面对各环节风险及控制措施做具体分析。

1. 投资前的风险及控制

政府引导基金在投资过程中会产生三层委托代理关系，即政府将资金委托给引导基金管

理团队，引导基金管理团队委托子基金管理团队，子基金管理团队再将资金委托给创业企业进行经营。在委托代理关系中，都难以避免委托人和代理人利益目标不一致、信息不对称的情况，导致资金使用产生额外成本。

在政府将资金通过三重委托代理关系交给企业使用时，政府经过多重委托后，对资金的实际去向失去监管能力，难以掌握每个投资企业的实际经营情况，也无法确保子基金管理团队和被投企业之间是否有共谋、串联交易的情况，属于信息的弱势方。如果交易双方中形成信息不对称关系，那么信息有优势的一方就可以凭借信息获利，在投资前阶段，信息不对称将会导致政府引导基金面临逆向选择的风险。

逆向选择风险是指在交易前期，由于信息不对称，优势方可以利用掌握的信息与另一方签订利己契约，从而导致信息弱势方的事前风险。如果政府引导基金在前期组建的引导基金管理团队缺乏专业的投资能力，不能识别合适的子基金管理团队，也不能避免子基金管理团队和被投企业间进行共谋，这样就会给引导基金运作带来风险。

对逆向选择风险的控制，政府引导基金可以从两方面出发，一方面加强政府引导基金管理团队的专业能力；另一方面要建立市场化运行机制，避免共谋风险。在加强政府引导基金管理团队专业能力方面，可以建立培养和引进复合型人才的机制，重视人才培养和引进，重点引进高层次管理人才，提升引导基金管理团队的专业能力。如云南信产投资公司，通过向云南省证券公司、银行金融机构借调优秀人才服务基金的管理团队；建立专门弥补专业人员知识偏差的培训体系，引进和培养人才并行，加强政府引导基金管理团队的专业能力。在建立市场化运行机制方面，遵循“政府引导、市场运作、科学决策、防范风险”的原则，政府引导基金与筛选出来的基金管理人合作设立专项基金，按照政府引导的大方向进行运作。引导基金和专项基金中的其他出资人权益同等，资金同步到位，共享收益，共担风险。专项基金运作始终贯彻市场化原则，能从很大程度上避免委托代理所产生的共谋风险。

2. 投资中的风险及控制

在投资中阶段，政府引导基金面临的主要风险是信息不对称导致的道德风险和企业的经营风险。

在政府引导基金投资过程中，经过多重委托代理后，子基金管理人和企业成为信息优势方，政府引导基金的最终目的是引导社会资本进入符合规划的产业和领域，推动产业结构升级；而子基金管理人的最终目的是获得更高的资本收益率，从中获利。双方利益目标的差异，会使政府引导基金面临子基金管理团队的道德风险。

对道德风险的控制，引导基金要加大对违规机构的处罚力度。博弈论理论中，当违规操作得到的超额收益远远少于因此受到的处罚时，操作人才会选择不违规。因此，政府引导基金要严格履行监管职责，加大对管理机构违规操作的处罚力度，比如罚款、没收非法收入、追究相关责任等，以有效防范目标利益不一致带来的道德风险。

对于直投项目，政府引导基金面临的风险主要是企业的经营风险。一方面，由于引导基金投向的企业多为早期、创业期的企业，新成立的企业公司治理结构不完善，组织流程不成熟，公司业务刚起步，企业经营会面临诸多困境；另一方面，创业企业的核心资源通常掌握在核心管理团队中，由于政府不参与企业日常管理，无法准确跟踪资金流向，如果核心管理团队选择隐瞒欺骗，引导基金管理人很难得知企业真实的经营情况，从而产生隐瞒欺骗风险。

对于企业经营风险的控制，政府引导基金可以从扶持企业发展和加强企业监管两方面着手。对于初创企业面临困境导致的经营风险，政府引导基金可以利用政府资源为企业有序发展提供便利的环境和平台。如重庆市产业引导基金与中新（重庆）战略性互联互通项目签署协议，在金融、物流、通信、人才交流等方面为重庆初创企业提供机遇，典型例子为猪八戒网，重庆市产业引导基金为其提供交流通道，猪八戒网与新加坡报业顺利签约，确保猪八戒网有序发展。对于企业隐瞒真实经营状况的风险，虽然引导基金不能直接参与企业管理，但作为股东，可以在股东大会通过对高级管理人员的聘任，以及对重大事项投资的合理化建议，做出决策。同时，虽然政府产业引导基金不宜进入董事会，但作为出资方，可进入监事会，对存疑投资或事项进行检查，监管董事以及高级管理人员执行公司职权是否有违法违规行为，对重要事项通过向股东会会议提出提案等进行管理。

3. 投资后的风险及控制

引导基金在实际运行过程中，还存在因为以下特殊情况而需强制退出的情况，包括：①在子基金方案确认后超过一年，子基金无法按规定程序和时间要求完成设立或增资手续；②引导基金出资拨付子基金账户一年以上，未开展投资业务；③子基金或投资项目未按约定投资等。

对于此类风险的控制，引导基金可以通过政策约束和投资计划条款约定来实现。针对引导基金设立或参股子基金无法按期设立或未按约定开展投资业务的情况，在财政部或地方政府相关管理办法中，也提出了相应的风险控制措施，即存在不能实现引导基金目标的情形时，政府投资引导基金应按规定程序报经基金管理机构批准后及时强制且无责任地退出。

深创投在 2019 年 9 月首次集中公示清理子基金，共涉及 37 只子基金。其中，被清理的 25 只子基金涉及基金总规模为 646 亿元，收回引导基金承诺出资金额约 140 亿元。另外，还有 12 只子基金被缩减规模，其涉及收回的承诺出资金额暂不明确。此次子基金的集中清理主要分为两种情况：一是由于子基金社会出资人未募集到位，导致基金逾期未能设立；二是由于子基金管理团队、投资策略或政策法规等发生重大变化，子基金自行放弃设立或放弃申请深圳市引导基金出资。深创投对不符合要求的子基金进行清理，一方面可以提醒其他子基金加快设立、出资和投资进度；另一方面可以回收深圳市引导基金无效认缴出资额，切实提高深圳市引导基金资金的使用效率。

二、引导基金投后管理的主要内容

对于引导基金来说，除了在基金投资前进行审查和风险控制，更多的风险控制要依靠于对子基金的投后管理。投后管理的好坏将直接影响子基金的发展以及财政资金的保值。对于引导基金的投后管理来说，主要涉及三个方面，分别是引导基金运营管理、子基金跟踪管理、直接或间接投资项目跟踪管理。

1．引导基金运营管理

投后管理工作最基础的即为引导基金层面的运营管理工作。投后管理部门需要对引导基金层面做日常的维护，包括但不限于：

1）对基金各项费用支出（管理费、托管费、外包服务费）进行管理，跟踪基金内现金流动并建立翔实的报表，同时与托管人（如有）沟通资金划款等事项。

2）信息报送更新，包括向国家发展改革委、财政部、证监会、基金业协会等监管部门要求的信息报送平台定期报送信息，保证资金运作的合规性。

3）对出资人信息披露及绩效评价，包括每季度或半年更新基金整体情况、在投子基金和项目情况，并按照出资人（特别是财政子基金）的要求对引导基金进行定期的绩效评价，考察基金运作的规范性和效果。

2．子基金跟踪管理

对于引导基金来说，其主要投资标的为子基金，所以对子基金的投后管理直接关系到引导基金的表现。对子基金的跟踪管理一般包括以下几点：

（1）资料收集和定期走访

定期收集子基金的季报、年报，分析子基金当前情况。除此之外，还应关注子基金管理团队的人员变动、投资策略、投资完成度、返投完成情况等定期报告不会主动披露的情况。引导基金管理团队需形成定期走访机制，定期与子基金管理人就当前投资情况和管理人运营管理情况进行沟通，以便及时发现风险点。

（2）投资决策参与

在实际操作过程中，很多引导基金要求成为子基金投资决策委员会的投资决策委员会委员或观察员，在投资决策流程中对拟投资项目进行合规性审查。子基金管理人会与引导基金管理人提前沟通拟提交投资决策委员会审议项目的情况，在多方均认可的情况下再提交子基金投资决策委员会审议，这样大大减少了多方利益冲突带来的投资决策机制迟钝的问题。对于引导基金来说，引导基金参与子基金投资决策的审批流程也直接关乎投资效率。如某些引导基金对投资决策委员会文件的用印审批需要较长的流程，使得子基金因此错过了投资机会。目前，很多引导基金在投资决策前已经就拟投项目情况充分沟通，将子基金投资决策委员会的决策权全权授予引导基金投资经理，这样既可以保障引导基金的利益，也可以加快整体投资进度。

（3）服务赋能

就引导基金而言，其相对于市场化机构有着更多的政府资源，在很多情况下可以给予子基金及其投资项目更多赋能。这类赋能包括各类政策、补贴申请服务、产能扩充所需土地等资源协调、项目 IPO 支持等多方面服务。通过更好的服务，一方面可以吸引更多优质子基金管理人和优质项目落地，另一方面可以让子基金管理人从这些事务中解脱出来，更专注于寻找好项目，创造更良好的收益。例如，浦东科创母基金依托合作方张江集团、科创集团、张江高科、金桥股份等园区运营服务商的综合优势，为企业提供更多资源对接，鼓励区域内基金与金融机构的协同，打造从天使轮到上市的全程融资服务，进而实现基金和投资企业之间的互利共赢。

（4）寻求跟投机会

对于引导基金来说，直接出资到当地成长型企业，其资金运营效率更高。而相较于自己找项目，通过与子基金管理人合作获得跟投机会则是一个更加稳妥可行的投资策略。通过与优秀的子基金管理人沟通，了解其对于特定产业及企业的看法，发掘最具投资价值的企业，从而带动当地产业更好更快地发展。

3．直接或间接投资项目跟踪管理

如前文提到引导基金实质为“三层委托”，最终产生收益的为各类型被投企业。所以对被投企业的跟踪，特别是对投资比例较大或对当地带动效应明显企业的跟踪是投后管理的关键。项目的投后管理与子基金的投后管理相同，主要关注企业战略制定和执行、企业运营监控、退出路径规划等关键点。对企业的投后管理，一方面需要为企业赋能，帮助企业更好地发展；另一方面需要监控风险事件，如经营不善、团队流失等重大风险，基于对企业当期财报的分析和到管理层走访，提出切实可行的解决方案。如有必要，可寻求回购退出或寻找其他接盘方实现退出。

4．投后管理的思考

引导基金人员相对较少，投资团队和投后团队负责十几个子基金的投后管理，子基金背后又涉及上百个项目，这对引导基金团队是个不小的挑战。如何高效做好投后管理，有几点思考在此分享。

（1）团队按行业分工

将引导基金团队进行行业分工，针对引导基金特别需要引导的诸如生物医药、芯片制造、新一代信息技术等重点行业进行持续跟踪。在子基金申报之初即分配至相应负责团队。这样可以让团队成员深耕某一行业赛道，以便于更好地服务子基金和被投企业，也能提升专业能力尽早识别风险。以横琴金投产业投资基金管理有限公司为例，其内部投资团队分为TMT组和生物医药组，这两个行业也是横琴新区引导基金重点投入的行业。

（2）加强与市场化机构的合作

市场化机构会更加灵活，与市场化机构合作不仅可以了解行业当前情况，加强行业研究和判断能力，做好服务赋能，也可以加强与S基金联动，为未来引导基金提前退出寻找到合适的交易对手方。

（3）数字化与信息化

投后管理系统的数字化和信息化是高效完成投后管理工作的一个重要方面。将投后系统开放给子基金管理人，子基金管理人完成各项流程后即可在系统中填写相应内容。引导基金管理团队即可随时跟进子基金最新情况，大大缩减了索要相应材料所需的时间。其中，投后管理系统最重要的几个模块为数据统计与管理、自定义指标分析、外部接口数据填报、自定义报告生成等。

第七节　母基金管理人激励机制

随着母基金在国内发展的日益成熟，母基金管理人逐步向专业化、效率化转变。管理人在基金募、投、管、退各环节都扮演着重要的角色，其在基金方面的管理运营能力和运作效率直接关系到基金投资收益的好坏，因此，对管理人进行有效的激励至关重要。

目前，大多数政府引导基金按照纯国企或者事业单位的方式来管理，其薪酬体系及考核激励体系基本与市场脱节，激励机制相对欠缺。市场化母基金采用专业化投资团队运作，且投资团队按最优原则进行独立决策，采用多样化的激励形式，大大提升了管理人的积极性及投资运营效率，对维持优秀团队人员的稳定和持续发展起到了重要作用。

母基金对管理人的主要激励方式如下：

一、薪酬体系市场化

这是一种按照市场化薪酬方式来建立薪酬体系，结合管理人的工作能力、工作经验和工作业绩，分配物质报酬的常规形式。除了薪酬设计遵循市场薪酬设计的原则外，更强调薪酬水平与市场同类对标，薪酬基数及提成奖励均按行业同类可比水平执行。

后端收益分成是薪资激励的重点。部分基金将后端收益按一定比例奖励给投资团队。由于基金整体收益核算与单个项目收益核算在时间及盈亏性质上差异很大，不能完全按照单独项目的收益标准来设定奖励比例。项目有现金流收益了，也不能全部将收益用作奖励基数，因为公司是从基金和公司整体收益来看投资效果的；如果等到基金完全回本甚至公司拿到后端收益再发放收益奖励，周期太长，绩效激励的效用将大打折扣甚至丧失。为了解决这两者之间的矛盾，部分市场化母基金的典型做法如下：

当项目有现金流回来时，进行收益的预测，按照预测收益的 30%奖励给投资团队；当整个基金回本时，再将预测收益的 40%奖励给团队；当整个公司拿到后端收益时，再把预测收益剩余的 30%奖励给团队。

从政府引导基金来看，深圳市创新投资集团有限公司在激励及分配机制方面改革步伐较快。从 2016 年开始，在深圳市国资委和其他各股东的支持下，深创投将全员绩效薪资从税后净利润 8%提高到 10%。投资经理项目奖励从项目净收益的 2%提高到 4%，同时将项目亏损罚金从实际损失的 1%提高到 2%。对于公司高管的激励，净资产收益率高于一定比例时，提取超额业绩的一定比例。经深创投自己测算，其股权投资激励机制的激励力度与市场化基本持平。

二、项目跟投

项目跟投既是一种激励，也是一种约束，通过实现公司与团队的高度利益绑定，防范道德风险，确保投资质量与资金安全。

关于项目跟投的具体措施，以下面几个例子来说明。

（一）深创投的强制跟投和资源跟投机制

1. 强制跟投

1）投资决策委员会委员的强制跟投。投资决策会决策时，凡是对单个股权投资项目投赞同票的高管委员，对单个拟投项目强制跟投 5000 元，其他委员自愿跟投。

2）基金项目团队的强制跟投。凡是股权投资项目，不论投资额度大小，项目团队强制跟投基金投资总额的 1%。

2. 自愿跟投

1）基金项目团队的自愿跟投。项目团队可以在投资项目中自愿跟投，但自愿跟投额度最多不能超过基金投资总额的 7.5%。

2）深创投全体员工的自愿跟投。深创投全员均可以在拟投项目中自愿跟投，自愿投资额度最多不能超过深创投投资总额的 15%。

（二）前海方舟的跟投机制

对项目采取强制跟投的形式。项目团队至少 1%的项目跟投；执行合伙人，所有项目跟投；主管合伙人，60%的项目跟投。当某个项目收益很大时，跟投人员自身收益也很高，对其激励的作用非常明显。

（三）西安高新技术产业风险投资有限责任公司的跟投机制

西安高新技术产业风险投资有限责任公司在 2014 年启动二次创业，建立了适应市场化运营的管理控制体系、投资决策机制、激励约束机制。西安高新技术产业风险投资有限责任公司从市场化的创投机构招聘人才，并建立项目跟投机制和项目收益分配机制来激励员工。对于项目跟投，每个项目拿出 5%的份额作为强制跟投，其中投资团队 50%，30%左右给风控和投后部门，剩下的交给其他员工自愿跟投。

三、股权激励

通过股权激励形式，将管理人的利益与基金业绩挂钩，能够实现对高管的有效激励。股权激励通常包括个人直接持股和设立持股平台两种方式。个人直接持股操作简单，税负小，一般为 20%的税率；持股平台方式能加强公司对激励对象的控制，保证激励对象人员的稳定性。

不管是市场化母基金，还是政府引导基金，都开始积极探索和践行员工持股的激励形式。例如，作为中国母基金行业市场化的典型，苏州元禾团队持股已经超过国有持股的比例；毅达资本作为国资市场化的标杆之一，其高管团队持股 65%；深创投规定，对于新设基金，基金管理团队在基金管理公司中最多可持有 30%的股份，其中个人持有基金管理公司的股份不能超过 15%。

在高管持股方面，以高管对母基金增资形式进行持股也成为重要的形式。例如，某只支持新区发展的母基金，对管理人采用分步走的方式进行考核与激励：在母基金设立的前 3 年，管理人每年按固定 1%收取管理费；母基金设立满 3 年后，在基金收回投资成本时，管理人团队中的高管可以 LP 身份对母基金进行增资，母基金可适时设立管理团队的员工持股平台，参与母基金的投资。

随着国资改革步伐加快，从全国到地方的政府都在积极推进股权激励等激励方案，促进国资授权经营体制以及创投机构薪酬体系的改革。2019 年 4 月，国务院发布《改革国有资本授权经营体制方案》(简称《方案》)，明确表态支持出资企业依法合规采用股票期权、股票增值权、限制性股票、分红权、员工持股以及其他方式开展股权激励，股权激励预期收益作为投资性收入，不与其薪酬总水平挂钩。2019 年 1 月 12 日，《深圳市促进创业投资行业发展的若干措施》发布，鼓励国有创业投资机构内部实施有效的管理人员激励与约束机制，建立和完善国有创业投资机构和创业投资核心团队持股和跟投机制，进一步放宽新设立创业投资机构的单一员工持股比例，允许管理层和核心骨干持股比例占总股本的 30%。上述政策有望推进股权激励等市场化激励机制在国资背景的管理机构中逐步实施。

四、激励模式的发展趋势

市场化的激励机制，不是市场化母基金的专利。随着国资背景的机构特别是政府引导基金在社会经济舞台发挥的作用越来越大，充分发挥国有资本优势，引入市场化运行机制成为国资背景机构的重中之重，而激励机制先行是市场化机制改革的关键。

随着政府引导基金的逐步成熟，部分引导基金开始尝试管理团队成员彻底脱离原行政职位，同时以市场化方式招募一批专业人才。还有少部分引导基金，委托当地或外部基金管理经验丰富的 VC/PE 机构作为管理人，并推行团队持股等市场化激励形式，提升了引导基金优秀人员的积极性、稳定性，促进了国有资本运作效率的提高。

未来，市场化母基金在激励机制方面将更加灵活多样，主要是突破当前单纯以投资收益分配为主的薪酬激励机制，根据基金投资运作所处不同阶段的目标差异，结合募、投、管、退各环节的业务重点，构建与细分业务目标精准匹配的激励机制。对于政府引导基金而言，随着市场化管理人的不断引进，市场化的薪酬模式将得到更多应用，而股权激励在引导基金自身市场化发展需要以及国家政策推动的情况下，将成为未来激励模式推进实施的重要形式。

第五章

母基金退出

对于基金投资人来说，最重要的是基金可以顺利退出。尽管随着基金进入退出期基金估值在持续增长，但是只有基金真正退出分红才能算是确认收益。所以，基金退出也是考核基金管理人的主要指标。财政部 2020 年 2 月发布的《关于加强政府投资基金管理 提高财政出资效益的通知》也强调，要健全基金的政府退出机制，通过规定存续期限和提前终止条款，并设置明确的量化指标，提高财政出资的自主性，避免社会资本出资不到位、投资效率低下而导致的资金闲置、使用效率不高的问题，强化财政部门对基金设立和退出的管理能力。

相对于子基金退出策略，母基金的退出策略很容易被大家忽视。市场上母基金主要的退出策略有到期退出、份额转让、让利退出、整体接续、资金重组。

第一节 到期退出

母基金的退出很大程度上依赖于子基金的退出。当子基金进入退出期后，其投资项目陆续通过 IPO、并购、老股转让等市场化方式退出，从而将现金依次分配给母基金。不同子基金的投资期限、退出时点都不尽相同。如偏好 Pre-IPO 的子基金期限相对较短，基金成立 3～5 年可完成退出。而偏好早期投资的基金则需要更长的期限才能使项目成功变现。对于母基金来说，其投资策略会很大程度上决定其分红现金流。而母基金的现金流分配以图形表示即是业内常说的 J 曲线（J-Curve），如图 5-1 所示。

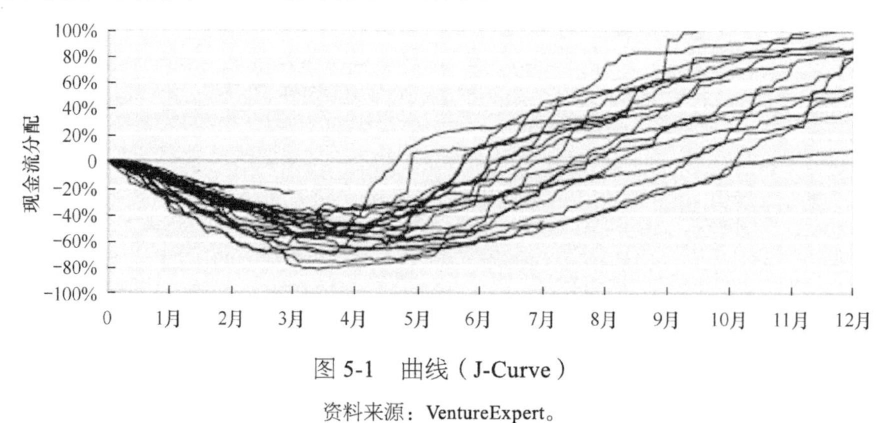

图 5-1 曲线（J-Curve）

资料来源：VentureExpert。

到期退出对于母基金管理人来说并非被动地等待。尽管母基金对于子基金投资项目并不做直接管理，但是母基金管理人需对子基金的情况进行定期跟踪，包括但不限于子基金定期报告、子基金退出策略访谈、针对个别发展不及预期项目的跟踪等。不仅如此，母基金管理人还可以利用其在行业内的资源和专业能力在退出环节为子基金赋能。例如，母基金管理人可以帮助子基金管理人撮合老股转让交易，或在被投项目回购中提供相关法律问题的援助等。

第二节 份额转让

随着中国私募股权市场的发展，私募股权二级市场也在不断成熟。当子基金尚未完全退出而母基金管理人希望将这部分基金份额尽快退出时，即可通过私募股权投资基金的二手份额转让这一途径实现退出。

2018 年以来，一方面中国资本市场退出较为缓慢，另一方面《资管新规》出台后，很多资管产品通过期限错配投资私募股权基金需要尽快完成整改。两方面叠加使得私募股权二级市场备受关注。对于卖方而言，其非流动资产可以通过份额转让变现，提高母基金的 IRR；对于买方而言，二手份额期限更短，收益确定性也更高，是很好的投资工具。

一般二手份额交易遵循如下几个步骤：

1. 三方协议

拟退出 LP、新进 LP、GP 三方根据交易情况拟订相关的交易协议，在其他有限合伙人认可的前提下，三方可根据实际情况协商交易价格。

2. 份额转让

在签订三方协议后，新进 LP 会将约定的投资款打入托管人所管理的募集专用户。GP 在完成基金的工商变更后，托管人将募集专用户中的投资款划给退出的 LP。整个交易过程中不涉及基金资产的变动，所以不会对其他 LP 有影响。份额交易结构如图 5-2 所示。

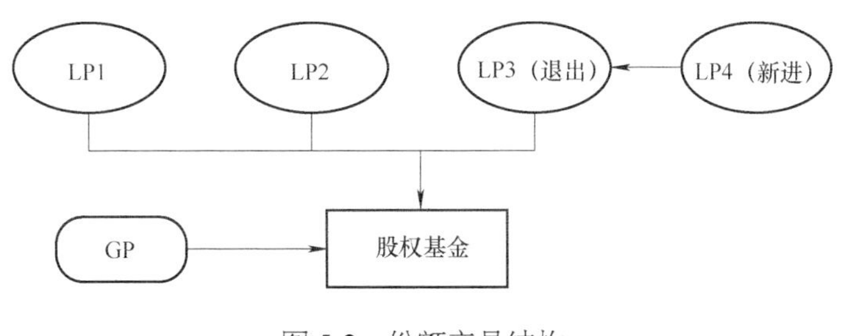

图 5-2 份额交易结构

资料来源：融中母基金研究院。

3. 工商变更

在完成协议签署和份额转让后，即需要在 GP 和其他 LP 的协助下完成基金份额转让的工商变更。根据《中华人民共和国合伙企业登记管理办法》的规定，合伙企业申请变更登记，应当向原企业登记机关提交下列文件：

1）执行事务合伙人或者委派代表签署的变更登记申请书。

2）全体合伙人签署的变更决定书，或者合伙协议约定的人员签署的变更决定书。

3）工商行政管理部门规定提交的其他文件。基金份额转让除需满足合伙企业所在地工商行政管理部门对合伙份额转让的操作实务要求外，还需依照工商行政管理部门的要求，关注合伙份额转让的期限。

一直制约当前二手份额交易的主要问题有以下几点：

1）信息不对称。当前市场二手份额转让信息较为封闭，一般只能通过小范围投资人的直接对接。

2）估值不明确。尽管基金业协会对于私募股权投资基金的估值颁布了《私募投资基金非上市股权投资估值指引》，但市场对于存量基金二手份额的估值并没有公允估值，导致撮合交易中双方对于价格存在分歧。

3）涉及的法律问题较复杂。交易双方的资金结构不同、基金组织形式不同等涉及的法律问题均对交易的成功与否有一定影响。

第三节 让利退出

财政部 2020 年 2 月发布的《关于加强政府投资基金管理 提高财政出资效益的通知》中特别强调，要健全政府投资基金退出机制。具体要求包括：设立基金要规定存续期限和提前终止条款，并设置明确的量化指标。基金投资项目偏离目标领域的，财政部门应会同行业主管部门及时纠正；问题严重的，报经本级政府批准后，可中止财政出资或收回资金。基金绩效达不到预期效果、投资进度缓慢或资金长期闲置的，财政出资应按照章程（协议）择机退出。基金未按约定时间完成设立、开展业务，或募集社会资本低于约定下限的，财政出资可提前退出。

针对引导基金类型的母基金来说，其主要目的在于产业扶持和调动社会资本，并不追求营利性。当其引导扶持的目的达到后，为了更高效地使用资金，一般会采取让利的措施退出。

例如，《国家科技成果转化引导基金设立创业投资子基金管理暂行办法》规定，国家科技成果转化基金所投资子基金存续期内，鼓励子基金的股东（出资人）或其他投资者购买引导基金所持子基金的股权或份额。同等条件下，子基金的股东（出资人）优先购买。对于发起设立的子基金，出资人在注册之日起 4 年内（含 4 年）购买的，以引导基金原始出资额转让；4 年至 6 年内（含 6 年）购买的，以引导基金原始出资额及从第 5 年起按照转让时中国人民银行公布的 1 年期贷款基准利率计算的利息之和转让；6 年以上仍未退出的，将与其他出资人同股同权在存续期满后清算退出。

相较于二手份额的价格，引导基金的转让价格具有很大的让利幅度。这一方面帮助政府资金更高效配置，另一方面也通过让利的手段使得子基金管理人更有动力去做好基金管理，提升基金业绩。

第四节 整体接续

当母基金遇到基金即将到期，但是子基金因种种原因尚未完成清算且未来还会有增值可能的，即可采用基金整体接续的方法。整体接续即母基金管理人新发一只母基金或其他母基金管理人通过其管理母基金经过协商确定价格，将即将到期的母基金的整体投资组合进行接盘。原母基金的 LP 均可以确认收益并退出。

子基金退出在不同的宏观市场环境下具有一定程度的不确定性。即使基金已经到期清算，但由于市场环境的影响，无法在短期内实现老股转让或实控人股权回购等交易。如果母基金管理人认为这个投资组合在未来依然具有投资价值，则可以通过新发的母基金对原有投资组合进行接续。这样，子基金的退出时限将大大延长，子基金管理人也可以根据当前市场环境更好地制定其退出策略。

2020 年 2 月，君联资本与美国母基金管理人 Hamilton Lane（汉领资本）完成了君联资本所管理的 LC Fund IV 基金的整体接续交易，总交易金额为 2 亿美元。LC Fund IV 基金是一只募集于 2008 年的基金，基金规模 3.5 亿美元。本次基金整体接续交易包括 12 个被投项目，续期后的新基金存续期为 5 年。通过基金整体接续，君联资本原有 LP 得以退出。与此同时，君联也可以利用这 5 年的时间更好地将基金中未退出的项目择机退出。

第五节 基金重组

在传统份额转让、整体接续以外，GP 主导的基金重组（GP-Led Restructure）已经成为 LP 退出的新途径。例如，在 2020 年 2 月，中金启元、宇通集团、元禾辰坤、招商局等昆仲资本人民币基金 LP 通过人民币转美元基金的方式将其持有的昆仲资本的人民币基金份额转让给了 TR Capital、Hollyport Capital Partner 和 AB Value Capital Partners，实现了投资收益。

相较于简单的份额交易或者资产整体接续，基金重组涉及更多方的利益，所以其交易更具复杂性。

在基金重组中，主要会涉及以下4方：

1. GP（基金管理人）

在GP主导的基金重组的交易过程中，GP既是原基金的管理人，也是未来新基金的管理人。GP往往因为基金即将到期但项目未完全退出而选择进行基金重组交易。通过基金重组，GP不但可以延长整体投资周期，同时也有可能获得新的资金来投资。

2. 原基金LP

原基金LP是指在基金重组前的原有基金的投资人。在重组交易时，有些LP因为其流动性需求或资产配置需求需要在一定时间内将资产变现；与此同时，也有部分LP希望继续持有这部分份额。通过基金重组，希望变现的原基金LP可以实现退出。

3. 新投资LP

新投资LP即基金重组交易完成后基金的LP。新LP投资的理由主要为拟重组的基金资产已经有了明确的退出路径，且看好基金资产未来的发展。通过投资这类型资产，可以有效保证基金收益。不仅如此，通过基金重组，新LP也可以投入新的资金（Dry Powder）帮助GP继续投资。

4. 中介机构

在基金重组中，因为交易的复杂性和公允性，一般都会引入第三方中介机构，包括但不限于律师事务所、会计师事务所。中介机构在整个交易过程中保证多方在交易价格、交易结构、法律问题的公正性，保证多方利益。

在基金重组交易中，特别是在中国市场对于资金出海严格监管的环境下，还可以分为本币基金重组以及外币基金重组。

本币基金重组是指基金重组前后基金均为本币基金（在国内特指人民币基金）。交易多方不涉及资金出海、VIE架构搭建等复杂的财务法务问题，该类型交易相对简单。

外币基金重组是指人民币基金转换美元基金（或其他币种基金）的基金重组。对于GP来说，该类型交易可以帮助其设立美元基金，建立良好的美元基金的历史业绩。但是，对于外币基金的重组可能涉及项目的VIE架构搭建、基金的VIE架构的搭建。基金重组交易结构如图5-3所示。

从交易结构来看，基金重组，特别是外币基金重组主要有以下难点：

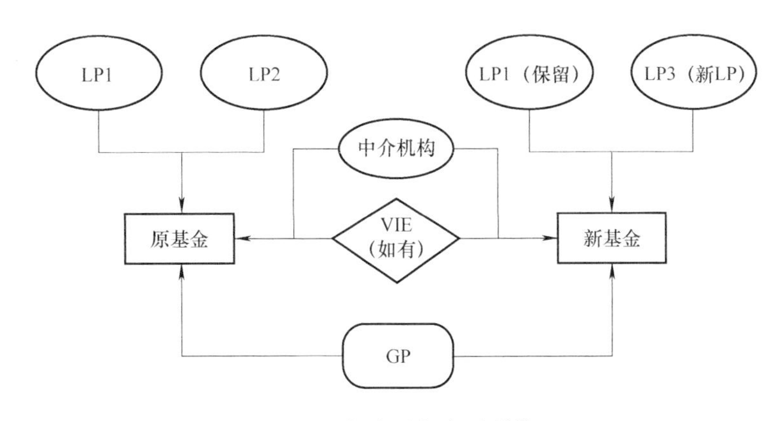

图 5-3　基金重组交易结构

资料来源：融中母基金研究院。

1. 外币基金重组涉及被投项目的出海

因为基金资产需要从境内转移到境外，那么境外资金投资于境内企业的交易难度和复杂度也会增加。一般来说，境外资金投资境内企业有几种方式，分别为：ODI（外商直接投资）、QFII（合格境外投资者）和 QFLP（合格境外投资合伙企业）、企业搭建 VIE（可变利益实体）。随着国内对于企业红筹架构的接受度越来越高，越来越多的企业通过 VIE 架构将其融资主体注册在开曼群岛、维京群岛等地。一方面，这样的 VIE 架构可以帮助企业在境外市场上市，另一方面，规避了部分税收。所以，在基金重组时，需要根据不同被投企业的情况而决定具体的交易方式。

2. 中介机构的重要性

重组前后基金均为同一 GP 管理的基金。因为涉及新老 LP 的利益分配，对于交易主要参与方的 GP 而言，如何确定交易价格就显得至关重要了。通常，GP 会选择会计师事务所对交易的资产进行估值，并出具第三方的交易价格指引。通过引入该类型中介机构对资产定价，可以有效保证交易的公正性，保障交易顺利进行。不仅如此，在不同地区的交易还涉及当地税务问题，也需要专业的税务人员去合理地解决这些问题。同时，在基金重组交易中，特别是货币转换，涉及不同地区和类型的法律问题，包括但不限于 VIE 的架构，也需要律师事务所参与解决。

第六节　引导基金的最终退出

2018 年以来，政府引导基金一直是母基金领域的中坚力量。从其他国家的经验来看，政府引导基金应该是一个阶段性的举措，市场良性健康发展还是需要市场化的股权投资。引导基金在完成它的使命后终会选择完全退出。

以以色列引导基金 YOZMA 计划为例。以色列政府出资 1 亿美元在 1993 年成立 YOZMA 集团负责其本土创业投资基金的投资。YOZMA 通过基金引进国际先进投资机构、扶持本土投资机构、建设小微企业孵化器等举措，使以色列在创新创业领域取得了飞速发展。在 YOZMA 基金的推动下，以色列 1997 年在美国和欧洲上市的企业达 25 家，共筹集资本金 8 亿美元。基于市场化的创业投资能力得到巨大的提高，以色列政府通过 YOZMA 基金的私有化来安排政府资金的逐步退出。从 20 世纪 90 年代末开始，以色列政府通过公开拍卖的方式将 9 只 YOZMA 的基金份额以及 14 个跟投项目的股权进行了转让。到 2000 年，YOZMA 基金所参股的引导基金全部实现私有化，政府资金全部退出创业投资领域。自此之后，政府主要职能变成了一方面进行政策引导和投资环境改善，另一方面重点建设小微企业孵化器。而股权投资基金则均由市场化股权投资基金管理人进行管理。

不同母基金管理人的退出策略是不一样的。过去很多人认为，母基金的退出只是被动等待，其实母基金管理人需要发挥其自身优势，结合整个宏观环境做出判断，制定出最合适的退出策略。

第六章 中国母基金发展趋势

第一节　母基金整体发展趋势

一、母基金资金来源多元化

政府引导基金过去主要依靠财政资金出资设立，然后利用政府或者国企做担保从银行借一部分资金，组成一只政府引导基金，募资模式非常简单粗放。市场化母基金分为国有和民营两类。其中，国有市场化母基金的资金来源基本为国企自有资金，募资难度相对较低；而民营市场化母基金的资金基本上来自高净值个人，国内比较知名的市场化母基金，如歌斐资产和宜信财富，都是采取这个模式，不断拓展高净值客户来获得资金。

然而，由于银行出资存在的“短借长贷”期限错配问题会导致银行体系的信用风险增加，在 2018 年《资管新规》出台后，银行端不再向股权类基金出资，在本地拥有优质产业资源和头部机构资源的政府纷纷采取“在财政出资的基础上出台各种优惠政策吸引各类产业资本和头部机构共同出资”的募资策略，而那些本地产业资源匮乏且不受头部机构青睐的政府引导基金募资就变得比较困难，要么仅靠财政资金设立小规模的引导基金，要么无法设立成规模的引导基金；由于 2018 年以后，国内经济增速放缓、股票市场持续低迷等因素，民营市场化母基金面临更加艰难的募资困境，不得不转而拓展其他出资主体；而国有市场化母基金由于受政策和经济环境影响较小，仍处于迅速发展的阶段。

因此，在监管趋严和全球经济增速放缓的大背景下，中国母基金的资金来源正在呈现出多元化的发展趋势。不仅如此，2020 年也出现了国有母基金主要负责人“私奔”成立自己的母基金管理机构的现象。

二、国资基金运作市场化、专业化

国资基金的市场化趋势包括政策导向市场化、投资运作市场化等。政策导向市场化，主要是政府部门出台一些政策，鼓励带有国有背景的投资机构进行市场化运作；投资运作市场化，主要是加强与以市场化机制运作的投资机构的合作，引入市场化运作的投资管理团队、采用市场化激励考核机制等，将国有资本的优势与市场化机制结合在一起，并且充分发挥协同的经济、社会效益。专业化主要是在垂直产业和细分领域进行基金的布局和运营，充分发挥在专业领域的人脉资源、产业资源的集聚优势，促进募、投、管、退各环节的运营效率，提升基金整体效益。

三、政府引导基金的清理进化

2019 年 9 月 12 日，深圳市引导基金投资有限公司（简称“深圳市引导基金”）与深圳市创新投资集团有限公司（简称“深创投”）在深创投官网发布《关于公示深圳市政府投资引导基金清理子基金及缩减规模子基金名单的通知》。

该通知中明确，按照市财政局要求，深圳市政府引导基金对三种情形的子基金进行清理：

1）已过会一年内未签署基金合伙协议。

2）已签署基金合伙协议但一年内未完成工商登记或首期资金未实际到位。

3）完成首期实际出资后一年内未开展投资业务。

深创投此次对不符合规定的子基金进行清理，一共清理了 25 只子基金，基金总规模达 645.526 亿元，缩减了 12 只子基金出资规模，收回子基金的承诺出资金额超过 140 亿元。尽管随后深创投就发布了关于此次清理的澄清说明，但可以肯定，监管层对政府资金合理有效运用的关注度提高，在“募资寒冬”的市场环境下，子基金管理人募资将更加艰难。此次清理及缩减规模，加剧了 GP 整个群体的优胜劣汰，促进存量政府引导基金进一步向优质 GP 倾斜，推动政府引导基金整体投资效率的提升。

四、S 基金受追捧

随着中国私募股权市场的发展，众多子基金已陆续迎来退出期。叠加《资管新规》影响和引导基金退出需求，S 基金在近些年受到了众多母基金的关注。在过去，因为 S 基金交易存在很大不确定性，所以市场化母基金仅将 S 基金作为母基金中的一个策略。但现在，随着母基金管理人的专业化水平提高，国内市场上也出现了以 S 基金策略为主的 S 基金母基金。

第二节　股权市场的长期资金来源

一、长期资金的定义

根据中国市场的情况，当前中国资本市场可根据资金的具体考核周期将不同的资金类型分为短期资金、中期资金和长期资金三大类。

1）**短期资金**：资金代表为游资、散户以及追求短期回报的资金；考核周期为 1 个月以内。

2）**中期资金**：资金代表为证券投资基金（包括公募基金、私募证券投资基金）；考核周期为 6 个月到 1 年。

3）**长期资金**：资金代表为养老金、企业年金、保险资金、校友基金、慈善基金；考核周期为 1 年以上。

不同资金类型，对于投资业绩考核的频率和要求均不尽相同。同时，资金类型也决定了资金投资方向的风险偏好、预期收益等至关重要的方面。通过考核周期这一指标，可将市场上的各类资金的意向投资周期进行准确分类。对于股权投资领域来讲，股权投资的投资周期较长，一般需要 7~10 年才能完成本金和收益的回流。所以，长期资金的增量对于股权投资领域的影响尤其重要。

二、存量资金的来源

基金业协会相关领导在“2018 上海国际股权投资论坛”上曾表示，在我国私募基金的资金来源中，高净值个人资金占比 17.1%，机构资金占比 82.9%。其中，工商企业资金占比达 38.0%，各类资管计划资金占比 34.1%，保险资金占比 2.8%，养老金、社会公益基金、大学基金等长期资金占比仅为 0.3%。股权市场当前存量资金来源如图 6-1 所示。

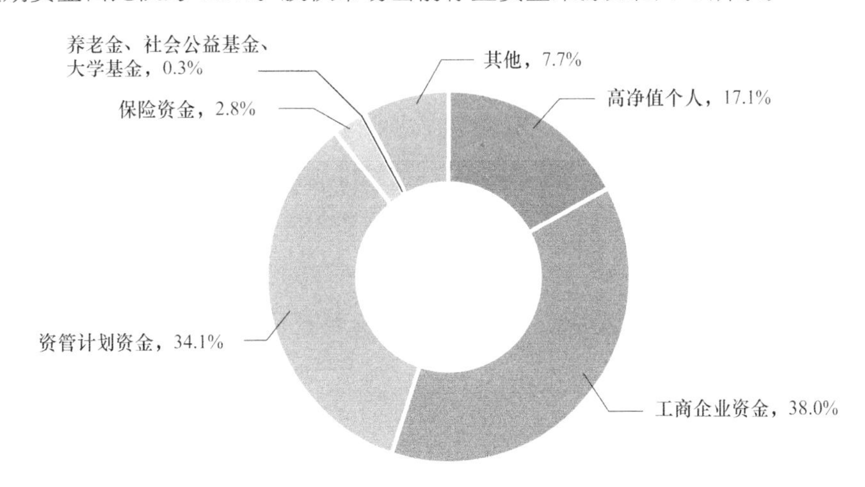

图 6-1 股权市场当前存量资金来源

资料来源：中国证券投资基金业协会、融中母基金研究院。

三、增量长期资金的来源

当前我国股权投资市场面临的最大问题是长期资金来源不足。而中短期资金进入股权投资市场必定对整个市场投资、投后管理、退出产生较大的负面影响。为了解决制约股权投资市场未来发展的重大难题，相关部门也制定了相应的规则，进一步鼓励长期资金进入股权投资市场，以促进股权投资市场健康有序发展。如表 6-1 所示。

表 6-1　股权投资市场增量资金来源汇总

机构类型	资金来源	政策影响	预计出资额度（亿元）	计算原则
银行	理财资金	《证券投资基金托管业务管理办法》第八条	138.87	2020 年理财产品募集额度乘以高风险（5 级）所含比例乘以 15%
慈善基金	慈善基金管理资产	《慈善组织保值增值投资活动管理暂行办法》第四条	280.00	按照当前慈善基金会管理规模乘以发达国家慈善基金会对于股权投资的投资比例，1382 亿元乘以 20%，约为 280 亿元
保险公司	新增保险公司管理资产	《保险资金投资股权管理办法（征求意见稿）》 《关于保险资金财务性股权投资有关事项的通知》	365.81	新增符合股权投资要求的机构总资产乘以市场股权投资平均比例 15%
	新增保费		2555.90	保险公司 2020 年资金运用总额乘以市场股权投资平均比例 15%
合计			3340.58	

资料来源：融中母基金研究院。

根据当前我国市场的情况，未来可新增的长期资金主要来源于保险资金、银行理财资金以及慈善基金所管理资金。银保监会、民政部等监管机构在近期均明确了相应机构资金在股权投资领域的实施细则，为放开长期资金进入股权投资领域铺平了道路。根据测算，未来新增长期资金每年进入股权投资市场的总额度可达到 3340.58 亿元。比较 2019 年 10 月至 2020 年 10 月中国证券投资基金业协会所公布的股权投资市场投资增量 2.15 万亿元，未来每年新增长期资金可达到现增量的 20%。

四、特殊的政府引导基金

政府引导基金在我国股权投资市场的作用在近些年也是举足轻重的。截至 2020 年 12 月，经过 20 年的发展，全国共有各类型政府引导基金 2161 只。从整体存量目标规模来看，截至 2020 年 12 月，全国各类型政府引导基金目标规模共计 11.72 万亿元。与社会资本不同，政府引导基金主要为发挥引导和杠杆效应，引导扶持创新创业，培养经济发展的新动能。在国家持续强调科技创新、增强产业链自主可控发展的大背景下，在今后相当长的一段时间内，各级政府引导基金仍将在股权市场长期资金来源方面扮演重要的角色。特别是在国内募资市场遭遇“寒流”的大环境下，政府引导基金更是市场最稳定的长期资金来源。

第三节　银行资金参与股权投资

根据中国银行保险监督管理委员会（简称“中国银保监会”）发布的《商业银行理财业务监督管理办法》中的解释，银行理财业务的定义为：商业银行接受投资者委托，按照与投资者事先约定的投资策略、风险承担和收益分配方式，对受托的投资者财产进行投资和管理的金融服务。

2004 年 2 月，光大银行推出中国银行业第一只外币结构性理财产品——阳光理财 A 计划，正式拉开了商业银行理财业务的大幕。同年 9 月，光大银行又推出国内银行第一只人民币理财产品——阳光理财 B 计划。随后，各家国有商业银行、股份银行纷纷推出自己的理财产品。银行理财经过十几年的快速发展，成为中国式“影子银行”的老大。根据中国理财网统计数据，截至 2019 年年底，全国开展理财业务的商业银行共有 377 家，有存续的非保本理财产品 4.73 万只，存续余额 23.40 万亿元，同比增长 6.15%。

一、银行理财资金的管理模式

1. 银行理财投资监管政策

从 2005 年起，随着越来越多的银行开始发行自己管理的代客理财产品，银监会针对银行理财出台了若干规定，来规范这一市场。从政策法规的不断变化也可以看出中国商业银行理财市场的变化。这些变化主要有以下几点：

1）审批制度。2007 年 11 月 28 日颁布的《中国银监会关于调整商业银行个人理财业务管理有关规定的通知》，将原来银行理财产品发行由银监会审批制改为报告制。从 2013 年起，银监会同中央国债登记结算有限责任公司开发了“全国银行业理财信息登记系统”，将传统的纸质报送改为电子化报送，并将发行产品要素进行公示。

2）投资规范。2009 年 7 月 6 日颁布的《中国银监会关于进一步规范商业银行个人理财业务投资管理有关问题的通知》明确了银行理财的投资范围，包括固定收益率金融产品、信托贷款、银行信贷资产、集合资金信托计划、金融衍生品或结构型产品。同时禁止理财资金投资股票市场、未上市公司股权或上市公司非公开发行股份。信贷类资产只能是正常类，用于投资单一借款人及其关联企业银行贷款。2013 年 3 月 25 日颁布的《中国银监会关于规范商业银行理财业务投资运作的有关问题的通知》中规定，银行理财资金投资于非标准化债权资产的余额不得超过理财产品余额的 35%，或不得超过银行上年度总资产的 4%。这项规定一直沿用至今。2018 年相继颁布的《商业银行理财业务监督管理办法》和《商业银行理财子公司管理办法》则将银行理财投资权益类资产的限制彻底打破。银行可以通过理财子公司发行产品，直接投资于权益类市场。这使得 22 万亿的理财资金有机会部分进入 A 股市场或股权投资市场。

3）银信合作。2009 年 12 月 14 日颁布的《中国银监会关于进一步规范银信合作有关事项的通知》规定，银行与信托合作发行的理财产品不得投资于理财产品发行银行的信贷或票据资产，如通过银信合作将理财产品资金投资于权益类金融产品或有权益类特征的金融产品，则需要投资者符合严格的合格投资者要求。2010 年发布的《中国银监会关于规范银信理财合作业务有关事项的通知》将银信合作的融资类资产限制到 30%。同时敦促银行表外资产回表，并计提拨备。从 2010 年年底开始，银监会逐步压缩银行理财资金通过银信合作的方式对信贷资产的投资。并在 2011 年 1 月 13 日发布的《中国银监会关于进一步规范银信理财合作业务的通知》中规定，银信合作贷款余额应按照每季度至少 25%的比例减少，同时对未转入表内的资产按照 10.5%的比例计提风险资本。

4）风险控制。2014 年 7 月 11 日颁布的《中国银监会关于完善银行理财业务组织管理体系有关事项的通知》规定了银行理财产品需要满足单独核算、风险隔离等风险控制制度。银行理财投资部门迎来了事业部制的改革，从原来的金融市场部或资产管理部中独立出来。在《资管新规》出台后，原来的类“资金池”业务等通过期限错配等方法获得较高收益的做法也被完全禁止。

2．理财资金的投资范围

2018 年 9 月 26 日颁布的《商业银行理财业务监督管理办法》规定，商业银行理财产品应该根据投资性质的不同分为四类，分别是：

1）固定收益类理财产品：投资于存款、债券等债权类资产不低于 80%。

2）权益类理财产品：投资于权益类资产的比例不得低于 80%。

3）商品及金融衍生品类理财产品：投资于商品及金融衍生品的比例不低于 80%。

4）混合类理财产品：投资于债权类资产、权益类资产、商品及金融衍生品类资产且任一资产的投资比例未达到前三类理财产品标准。

同时，《商业银行理财业务监督管理办法》的第三十五条规定了商业银行理财产品可以投资于国债、地方政府债券、中央银行票据、政府机构债券、金融债券、银行存款、大额存单、同业存单、公司信用类债券、在银行间市场和证券交易所市场发行的资产支持证券、公募证券投资基金、其他债权类资产、权益类资产以及国务院银行业监督管理机构认可的其他资产。信贷资产则受到了限制。第三十六条规定商业银行理财产品不得直接投资于信贷资产，不得直接或间接投资于本行信贷资产，不得直接或间接投资于本行或其他银行业金融机构发行的理财产品，不得直接或间接投资于本行发行的次级档信贷资产支持证券。商业银行理财产品不得直接或间接投资于本办法第三十五条所列示资产之外，由未经金融监督管理部门许可设立、不持有金融牌照的机构发行的产品或管理的资产，金融资产投资公司的附属机构依法依规设立的私募股权投资基金以及国务院银行业监督管理机构另有规定的除外。

此项规定对于私募基金管理人的影响最为深远，尤其是私募股权/创业投资基金管理人。过去理财资金委托外部管理人多将理财资金直接投资于私募基金中；而新规将投资范围锁定在持牌金融机构所发行的资管中，即将私募股权基金管理人拒之门外。私募证券类则可通过做持牌金融机构的投资顾问发行资管产品来规避此项规定的限制。而私募股权基金管理人则很难通过通道来规避，这也使得理财资金通过母基金投资于私募股权基金的模式走到了尽头。

《资管新规》同时也对市场上资管产品，包括银行理财产品的投资范围也做出了限制。《资管新规》第十条规定："公募产品主要投资标准化债权类资产以及上市交易的股票，除法律法规和金融管理部门另有规定外，不得投资未上市企业股权。公募产品可以投资商品及金融衍生品，但应当符合法律法规以及金融管理部门的相关规定。私募产品的投资范围由合同约定，可以投资债权类资产、上市或挂牌交易的股票、未上市企业股权（含债转股）和受（收）益权以及符合法律法规规定的其他资产，并严格遵守投资者适当性管理要求。鼓励充分运用私募产品支持市场化、法治化债转股。"《资管新规》也对标准化债权资产进行了明确的规定。

《商业银行理财子公司管理办法》中规定，银行理财资金可以通过理财子公司发行的理财产品直接投资于权益类资产。这也打破了原有监管规定中银行理财资金不能直接参与权益类投资的限制。同时，也允许理财子公司发行封闭式分级资管产品。在《资管新规》出台之前，证监会就出台了《证券期货经营机构私募资产管理业务运作管理暂行规定》（即"新八条底线"），限制原有分级产品的收益分配结构，要求享受一定的收益时也需要承担相应比例的风险。与此同时，银监会所监管的资管机构，如信托则不受影响。但统一监管后，根据《资管新规》中"风险共担"的原则，过去劣后级为优先级保本保收益的分级结构将不复存在。

3."资金池"模式

在最近所有的监管文件中，均提出银行理财资金要打破刚兑，严禁期限错配，打破"资金池"。那么什么是资金池？为什么银行理财产品如此钟情于"资金池"模式呢？"资金池"模式如图 6-2 所示。

众所周知，银行理财产品相较于其他资管产品具有期限短、收益确定性高等特点。绝大部分银行理财产品的存续期都在 3 个月以内。而资产端的期限通常会长于资金端的期限。所以银行理财通常采用“资金池”的模式，这样既能满足投资者对于收益率的要求，也能解决投资者兑付时对于资产端的流动性风险。

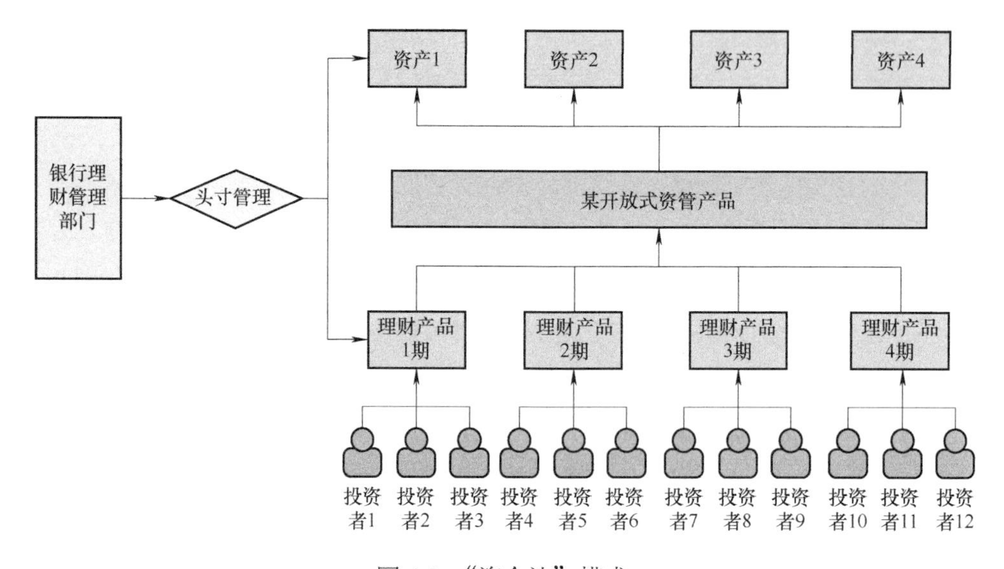

图 6-2 “资金池”模式

资料来源：融中母基金研究院。

“资金池”模式，是将不同类型的资产，包括利率债、信用债、信托计划、同业存放等，作为整体统一运作管理，同时通过滚动发行不同期限的理财产品来募集资金。一般“资金池”模式具有以下特点：

1）滚动发行：银行通过不断发行期限较短的产品募集资金投资于某资管产品中。期限短的特点保证了银行募集资金的难度较低。

2）统一投资：银行募集的资金统一投资于某开放式资产管理计划，进行集中投资。在该资管计划中可以配置不同久期（或期限）的资产，尤其是非标资产的配置。同时，因为理财资金大部分通过银行间市场投资于债券，如遇到赎回，可以通过正回购的方式获得成本较低的资金补足流动性。虽然此举保证了理财产品的收益率和本金，但也隐含了巨大的资产减值风险。

3）分离定价：银行理财产品所投资的底层资产的真实价值，通常无法反映到理财产品的收益上来。理财产品募集时承诺的到期收益率一般由市场平均收益率决定，而非由底层资产的收益决定。

4）期限错配：正如前文所述，理财产品通常期限较短，而获取高收益的非标资产期限则较长。为了获得更高收益从而赚取更高的利差，银行通常通过“资金池”来进行期限错配。

二、《资管新规》出台前银行理财资金参与股权投资的方式

1. 结构化股权产品

结构化股权产品即通过结构化的设计，将原本基金中的有限合伙人（LP）分为优先级和劣后级。通常，优先级获取固定收益，而劣后级获得除去优先级收益后的剩余所有收益。

银行理财参与结构化股权产品主要采取两种形式：

（1）明股实债

明股实债交易结构如图 6-3 所示。

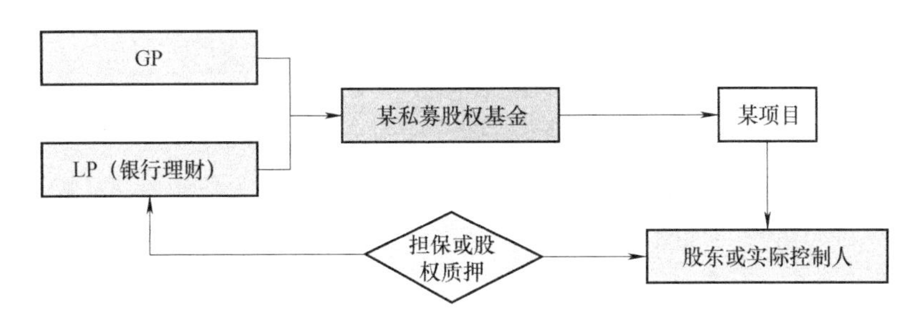

图 6-3　明股实债交易结构

资料来源：融中母基金研究院。

明股实债，以股权投资为“明”，以类债权投资为“实”。其投资目的不在于获得股权投资的成长性收益，而在于取得固定的年化利息收入。银行理财通过明股实债的投资模式参与私募股权投资基金投资于具体项目，而该企业的股东或实际控制人约定未来以一定利率回购其股权，从而实现“固定收益”投资。在这种交易结构中，银行资金充当优先级资金获得固定收益；企业股东或实际控制人相当于将理财资金贷出，并享受项目未来产生的收益。

（2）结构化信托

结构化信托交易结构如图 6-4 所示。

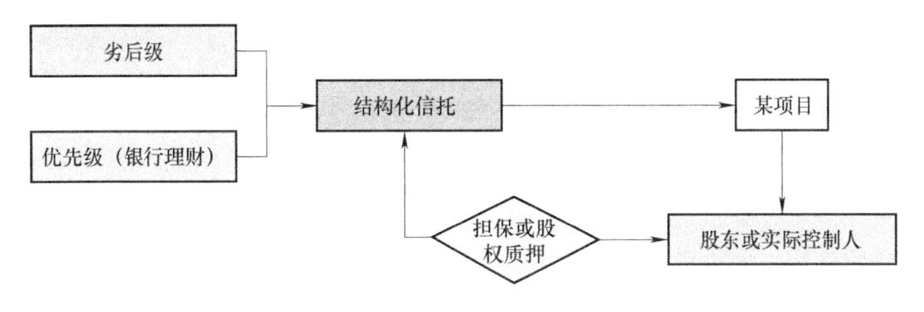

图 6-4　结构化信托交易结构

资料来源：融中母基金研究院。

在《资管新规》出台之前，信托可以通过设立结构化信托计划来投资股权项目。同时，

结构化信托通过设置收益分配顺序，来保证优先级本金和收益。一般而言，信托公司会要求被投资企业提供担保，以便更好地保证优先级的本金和收益。

在结构化信托中，当信托计划到期并获得一定收益，即按照图 6-5 所示进行收益分配。首先分配优先级本金，然后分配优先级收益。当优先级得到其本金和获得约定收益之后，继续分配劣后级的本金及收益。而私募股权投资基金则是浮动收益的基金产品，其收益取决于被投企业退出时所获得的资本利得。所以，这种产品形式无法保证投资者的收益甚至本金。

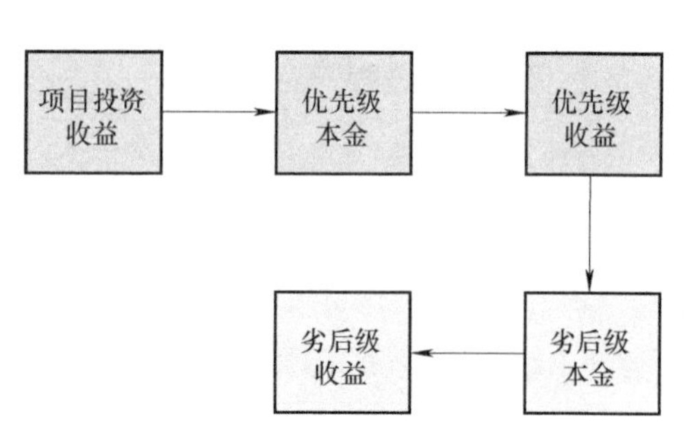

图 6-5　结构化信托收益分配顺序

资料来源：融中母基金研究院。

银行通过投资于结构化私募股权投资基金来获得固定收益，其实质是将股权产品当成非标准化债权资产进行投资，同时可规避银行内关于债权投资授信的控制。此模式是过去银信合作的主要方式。同时，市场上还存在着一些其他的交易结构，可以满足银行理财资金获得稳定收益的需求，如夹层基金等。

2. 期限错配的平层产品

如上文所说，银行通常会将募集的理财资金统一通过某开放式资产管理计划进行投资，再通过长短期限错配获得更高的利差。除了非标准化债权资产，银行理财资金也会配置一定比例的私募股权产品以获取高额收益。银行理财资金直接或间接（通过基金子公司做通道）投资于有限合伙制基金中并持有至到期。其间，投资者的流动性需求依靠资金滚动募集实现，通过银行间正回购来兑付投资者本金和收益。等到股权基金完全退出后，理财资金收回本金。

但随着《资管新规》正式落地，该类型资产要在 2020 年 12 月 31 日之前完成整改。银行理财通过期限错配的方式进入股权投资市场行将成为历史。

三、《资管新规》出台后理财资金参与股权投资模式

1. 理财子公司的诞生

根据《资管新规》的要求，主营业务不包括资产管理业务的金融机构应当设立具有独立法人地位的资产管理公司开展资产管理业务，以强化法人风险隔离。而根据《商业银行法》的规定，银行的主营业务范围仅包括了存贷、自营债券交易、发行债券、支付结算等。由此，专营资管类业务的理财子公司应运而生。

2018 年 10 月 19 日，银保监会发布《商业银行理财子公司管理办法（征求意见稿）》，并

于 2018 年 12 月 2 日发布正式稿。在此基础上，已有至少 36 家商业银行陆续公告拟设立理财子公司。截至 2020 年年底，共有 15 家银行理财子公司开业，如表 6-2 所示。

表 6-2　截至 2020 年年底已开业理财子公司名单

序　　号	理财子公司名称	申请银行名称
1	工银理财有限责任公司	中国工商银行
2	农银理财有限责任公司	中国农业银行
3	交银理财有限责任公司	交通银行
4	建信理财有限责任公司	中国建设银行
5	中银理财有限责任公司	中国银行
6	中邮理财有限责任公司	中国邮政储蓄银行
7	信银理财有限责任公司	中信银行
8	光大理财有限责任公司	光大银行
9	兴银理财有限责任公司	兴业银行
10	宁银理财有限责任公司	宁波银行
11	平安理财有限责任公司	平安银行
12	招银理财有限责任公司	招商银行
13	杭银理财有限责任公司	杭州银行
14	徽银理财有限责任公司	徽商银行
15	渝农商理财有限责任公司	重庆农商行

在各个银行关于设立理财子公司的公告中可以发现，从理财子公司拟注册资本规模来看，国有银行规模较大，中国工商银行、中国建设银行、中国农业银行、中国银行、交通银行分别达到 160 亿元、150 亿元、120 亿元、100 亿元和 80 亿元；除浦发银行发起设立的浦银资产管理有限公司以外，股份制银行大多不超过 50 亿元；城商行和农商行的拟注册资本规模为 10 亿～20 亿元。因为理财子公司的注册资本金只能通过母行的资本金缴纳，所以注册规模直接与母行的资本充足率挂钩。

理财子公司的设立主要解决了以下几个问题：

1）理财子公司实现了表内业务与表外业务的风险隔离。

2）理财子公司突破了理财资金直接进入权益类市场的限制。

3）理财子公司可以发行分级产品。

4）理财子公司发行的产品可以通过除母行以外的渠道进行发行，其发行渠道的规定可参照公募基金发行的规定。

2．理财子公司参与股权投资的方式

在理财子公司落地之后，能否会对整个股权投资市场产生巨大的积极影响，改变当前“资本寒冬”的局面？关于这个问题，首先需要思考的是理财子公司募集到的理财资金应该

如何进入股权投资市场。

根据《资管新规》和《商业银行理财业务监督管理办法》的规定，理财资金投资时要杜绝期限错配、“资金池”业务，以及多层嵌套。正因为这些规定，过去理财资金投资股权市场的交易结构基本都无法继续实施。未来理财资金只能通过私募封闭式的理财产品投资于股权基金，且理财产品的到期日不得早于底层股权产品的到期日。理财子公司参与股权投资交接结构（推测）如图 6-6 所示。

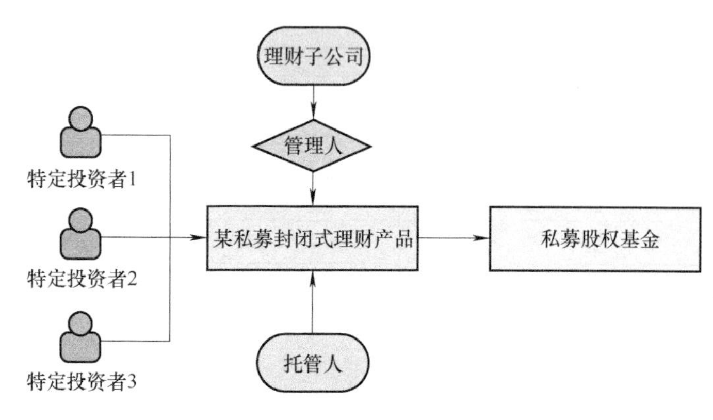

图 6-6　理财子公司参与股权投资交接结构（推测）

资料来源：融中母基金研究院。

与理财子公司较为相似的金融持牌机构是公募基金子公司。基金子公司可以发行封闭式资产管理计划作为 LP 投资私募股权投资基金，或直接投资于股权项目。所以，未来理财子公司发行投资于股权产品的理财产品大概率会借鉴基金子公司的交易结构和产品要素。表 6-3 所示为某基金子公司发行股权投资管理计划的产品要素。

表 6-3　某基金子公司发行股权投资资产管理计划的产品要素

专项计划名称	×××独角兽 1 号专项资产管理计划（以下简称“本计划”）
计划规模	不超过 3 亿元人民币（以实际募集为准）
计划期限	3 年+1 年+1 年
计划管理人	××××资产管理有限公司
委托人	合格投资者
托管行	××银行
律师事务所	×××律师事务所
管理费率	每年 1%固定管理费+10%后端浮动收益
收益分配方式	随退随分，资管计划获取收益后 3 个工作日内分配
风控措施	①专业律师事务所出具法律意见书，×资产管理公司参与投资决策；②资金通道路径安全；③风险分散，若单个标的投资投资比例超过最高约定比例，×资产管理公司具有一票否决权
退出方式	随基金退出节奏，通过 IPO 或者股权交易逐步退出，现金由原路径返回计划托管户

但是，发行封闭式长期的理财产品对于商业银行零售端将是一个不小的挑战。根据

Wind 数据，2015—2018 年发行的银行理财产品的期限大部分为 1～3 个月，占比 49.05%；其次是期限为 3～6 个月的理财产品，占比 27.9%；而期限为 24 个月以上的理财产品仅占比 0.72%。根据中国理财网数据，截至 2019 年年底，新发行封闭式理财产品加权平均期限为 186 天，同比增加约 25 天。新发行 3 个月（含）以下封闭式产品累计募集资金 2.43 万亿元，同比减少 2.78 万亿元，降幅 53.36%；占全部新发行封闭式理财产品募集资金的 17.45%，同比下降 11.65 个百分点。从长期限产品的募集情况来看，2019 年，期限在 1 年以上的封闭式产品累计募集资金 0.97 万亿元，同比增加 0.47 万亿元，占全部新发行封闭式理财产品募集资金的 6.96%，同比上升 4.18 个百分点。而股权投资产品的期限通常都长于 24 个月，作为未来理财子公司主要发行渠道的银行也将面临销售长期限产品难度较大的挑战。

但随着投资者教育工作的不断深入，投资者对于长期限理财产品的接受程度已经越来越高。因此，对于长期限的理财产品投资于股权产品，一些创新能力较强的银行已经开始试水了。以中国工商银行为例，其自营理财产品中期限超出 24 个月的共有 22 款。其中“中国工商银行私人银行专属全权委托资产管理人民币理财产品”要求最低持有期限为 1947 天，约为 5 年 4 个月。不仅如此，工商银行还发行了“中国工商银行私人银行专属全权委托资产管理-股权精选理财计划”定期开放型理财产品。该计划要求最低持有期限为 2 年，有相当一部分资产将会投资于股权产品。其投资管理费用分为两部分：

1）固定管理费：管理费标准为 0.50%，计算基准为理财产品前一日净值，按季支付。

2）浮动业绩分成：当产品在两个申购开放日间的收益率扣除固定费率后的年化收益率达到 6%以上时，超过 6%的部分将由投资者和管理人按照 60%、40%的比例进行分成。

3. 私人银行代销参与股权投资市场

银行因其广泛的客户群体成为中国金融市场上最大的金融产品的零售端。随着中国经济的发展，中国高净值人群也飞速发展。2007 年 3 月，中国银行与苏格兰皇家银行（RBS）合作在北京和上海成立了第一家私人银行部，开启了国内私人银行业务的先河。8 月招商银行私人银行部正式成立，随后中国工商银行、中信银行、中国建设银行、交通银行、民生银行等多家中资私人银行开业，中国私人银行的竞争格局初现。各商业银行私人银行资管规模如图 6-7 所示。

私人银行不仅是商业银行主要中间业务收入的来源，也是众多私募管理人的主要募资渠道。商业银行通过为其高净值客户进行资产配置，销售各类型金融产品。所以，这种代销模式也可以将银行与股权投资市场紧密地联合起来。

《资管新规》以及之前出台的《投资者适当性管理办法》和《商业银行理财产品销售管理办法》，均对股权投资产品的销售进行了限制，要求该类型产品只能向合格投资者发行。而私人银行的客户群体均可以满足监管对于合格投资者的认定标准。在未来资管部门从商业银行剥离成立理财子公司之后，商业银行重新回到了“零售为王”的竞争格局。而私人银行又是零售端股权收益率（ROE）最高的部门，其发展也是众多商业银行未来主要发展的目标。

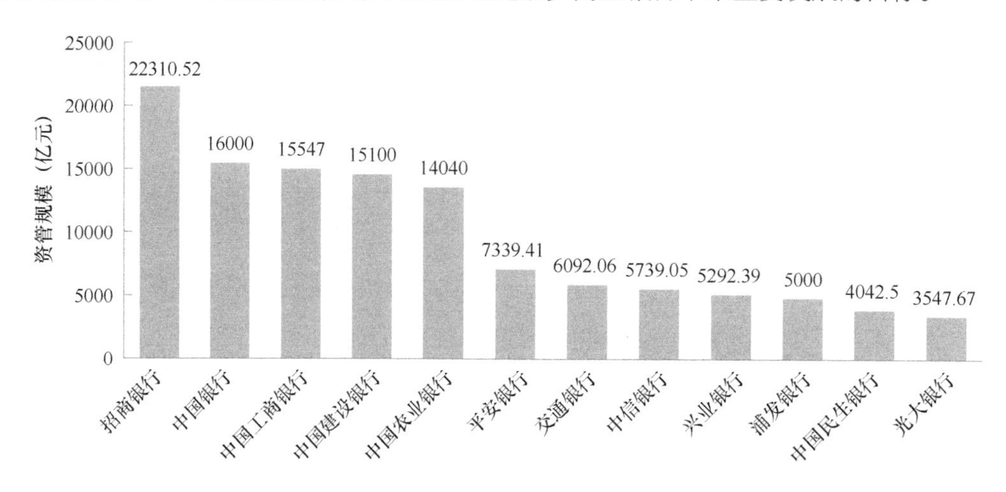

图 6-7　各商业银行私人银行资管规模

资料来源：2020 年各银行年报、融中母基金研究院。

对于私募股权投资基金来说，通过私人银行代销来募资并不是主流。私募股权投资基金普遍周期较长，风险较大。而商业银行一直以来的客户群体的风险偏好都较低，代销难度较大。以中国工商银行为例，2018 年 12 月共代销外部各类资管产品 127 款，其中股权类产品 6 款，产品管理人包括深圳市富海银涛资产管理股份有限公司、优势资本、硅谷天堂、宽带资本等。而其余代销产品以私募证券投资基金和信托为主。而在发达国家，私人银行已经逐渐成为私募股权投资基金的主要募资来源。美国著名私募管理人黑石集团曾透露，高净值个人占其总募资渠道的 15%。同时，众多国外大型私人银行也在积极开拓股权基金代销的业务。

对于银行来说，私募股权投资基金的代销可以为部门或公司带来更多的中间业务收入。从传统代销的角度来说，销售端通常收取认购费以及一定的管理费和后端超额业绩分成。与其他资管产品相比，私募股权投资基金的管理费较高，通常可以达到 2%及以上，且存续期长，可以持续贡献收入。这也使得商业银行的私人银行有动力参与到私募股权投资基金的募资市场中来。

但是，当前私人银行并未有效参与股权投资市场。主要原因有以下几点：

1）客户风险承受能力较低，与股权产品的风险不匹配。

2）理财经理或私人银行家（private banker）团队对于股权市场的了解程度不够，难以促成成交。

3）私人银行产品筛选较为谨慎，不偏向于选择股权产品纳入其代销白名单。

4）股权私募投资基金管理人过去更多依赖于政府资金、上市公司及其他工商企业等机构的资金，重心不在个人 LP 营销。

所以，未来私人银行在参与代销私募股权投资基金中可能需要思考以下问题：

1）大力发展超高净值人群。现在中国商业银行的私人银行的门槛为 600 万 ~ 800 万元可配置资产。按照国际惯例，超高净值人群的起步门槛是 3000 万美元，约等于 2 亿元人民币的可配置资产。超高净值人群通常会有更强烈的大类资产配置需求，且超高净值人群在财富创造过程中也对私募股权投资有了深刻的认识。这类人群对于私募股权投资基金的风险、期限、收益、交易模式也更为认可。

2）加强前台理财经理队伍的培训。现在各银行理财经理培训主要以公募基金或证券类基金的培训为主。有很多公募基金公司为了获得更高的募集量，也会组织代销机构的理财经理队伍进行基金从业等培训。但是私募股权投资基金管理人的 IR（Investor Relations，即投资者关系）队伍人数相对较少，无法覆盖大部分银行支行进行培训，这也制约了其通过银行对高净值客户的资金募集。

四、银行利用自有资金进行股权投资的可行性

前文主要分析了银行通过募集表外资金参与股权投资的路径，那么商业银行是否可以运用表内资金进行股权投资呢？《商业银行法》第四十三条规定，商业银行不得在境内参与直接股权投资。为了规避这一限制，很多有条件的大型商业银行选择在境外成立子公司参与股权投资，如交银国际、中银国际、农银国际、中银国际等。那么，是否商业银行的境外子公司可以利用自有资金投资于股权基金或直接投资于股权项目呢？具体要参考以下几个指标：

1. 资本充足率

资本充足率（Capital Adequacy Ratio）是指资本总额与加权风险资产总额的比例。资本充足率反映商业银行在存款人和债权人的资产遭到损失之前，该银行能以自有资本承担损失的程度。规定该项指标的目的在于抑制风险资产的过度膨胀，保护存款人和其他债权人的利益，保证银行等金融机构的正常运营和发展。根据《巴塞尔协议Ⅲ》的规定，商业银行资本充足率应该大于 8%。其计算公式如下：

$$资本充足率=\frac{总资本-对应资本扣减项}{风险加权资产}\times 100\%$$

2. 非上市公司股权对于资本充足率的影响

根据相关规定，控股子公司的自有资金应当并表计算集团资本充足要求。该类控股子公司包括商业银行在境外设立的子公司以及未来逐步开始运营的理财子公司。根据 2012 年 6 月 7 日发布的《商业银行资本管理办法（试行）》中的规定，商业银行对工商企业其他股权投资的风险权重为 1250%。可以参照的是，个人房屋抵押贷款的风险权重为 50%，小微企业

贷款的风险权重为75%，持有政策性金融债、国债等债券风险权重为0。

所以，如果通过子公司利用自有资金投资于非上市公司股权，那么将会挤占其他类型资产的风险占用额度。从银行的角度来说，商业银行在利用自有资金进行股权投资的时候，会权衡股权投资和其他标准化或非标准化债权投资所带来的收益。某大型商业银行股权投资部门的负责人曾表示，投资股权资产时需要考虑其风险权重所带来的资金机会成本。如果股权投资的年化收益率低于20%，则无法满足其收益要求。

因此，商业银行及理财子公司并表计算后会对其资本充足率产生较大的影响，这也是制约商业银行通过自有资金直接参与非上市公司股权投资的重要因素。

五、银行参与股权投资的其他方式

1. 投贷联动

投贷联动是在2016年4月由银监会、科技部、中国人民银行联合出台的《关于支持银行业金融机构加大创新力度开展科创企业投贷联动试点的指导意见》中被提出。投贷联动鼓励开展投贷联动试点，推动银行业金融机构基于科创企业成长周期前移金融服务，为种子期、初创期、成长期的科创企业提供资金支持，有效增加科创企业金融供给总量，优化金融供给结构，探索推动银行业金融机构业务创新发展。投贷联动第一批试点地区和金融机构如表6-4所示。

表6-4 投贷联动第一批试点地区和金融机构

第一批试点地区	第一批试点金融机构
北京中关村国家自主创新示范区	国家开发银行
武汉东湖国家自主创新示范区	中国银行
上海张江国家自主创新示范区	恒丰银行
天津滨海国家自主创新示范区	北京银行
西安国家自主创新示范区	天津银行
	上海银行
	汉口银行
	西安银行
	上海华瑞银行
	浦发硅谷银行

资料来源：银监会、融中母基金研究院。

从投贷联动具体实现的方式来看，为了规避《商业银行法》对于商业银行境内机构股权投资的限制，具体业务操作一般采取境外投资子公司+商业银行的模式进行：通过商业银行专门部门进行贷款，通过境外投资子公司进行股权投资联动，从而实现投贷联动。

以中国建设银行为例，其在苏州设立投贷联动金融中心，并定位总行级机构。该中心由建设银行与子公司建银国际联合经营，将中国建设银行传统专业信贷服务与建银国际投行产业链相结合，协调建行集团股权资金与信贷资源，为企业不同发展阶段量身打造投贷结合、全面综合的金融服务方案。商业银行投贷联动业务如图 6-8 所示。

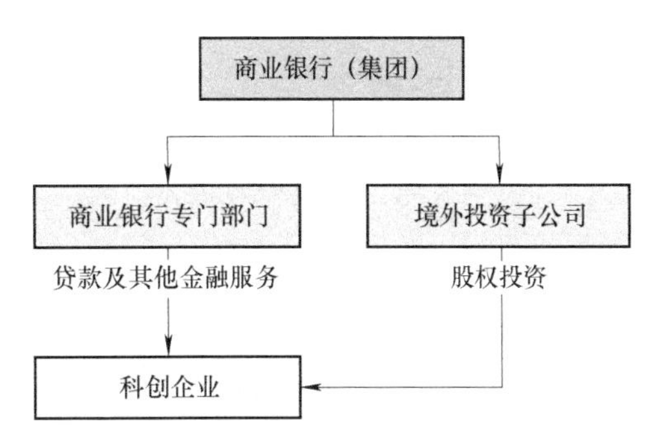

图 6-8　商业银行投贷联动业务

资料来源：融中母基金研究院。

除此之外，商业银行也可以与外部私募股权投资基金管理人合作开展投贷联动业务。在这种模式下，商业银行主要负责对科创企业进行贷款，而私募股权投资基金管理人则负责对该企业进行股权投资。该类型业务目前成熟案例较少，其主要问题在于银行对于私募基金管理人合作存在白名单制度。目前，大部分银行没有相应人员对私募股权基金管理人进行持续跟踪调查，对其所投企业的筛选及扶持能力的鉴别不足。另外，银行信贷过程中的流程标准也与市场化私募股权投资基金管理人的要求存在一定差距，这使得合作难度进一步加大。

2. 风险贷款

风险贷款（Venture Loan）对中国资本市场来讲还是一个较新的业务。风险贷款也被称为认股权贷款，是一种信用贷款，不要求有抵押物。风险贷款的主要目标客户为创业企业。

从当前国内市场来看，主要的风险贷款参与者有浦发硅谷银行、华瑞银行、中关村银行。目前风险贷款市场的整体规模约为 100 亿元人民币。与此同时，截至 2018 年 12 月，创业投资基金的总规模为 8912 亿元，风险贷款的总规模仅相当于私募股权投资总规模的 1.12%。而在英国，风险贷款的规模可以达到创业投资的 10.2%。对比国际经验，该业务未来发展潜力将会非常大。

风险贷款的期限通常较短，目前普遍在 1～2 年。国内市场银行进行风险贷款的利率约为 8%～9%，同时要求附加认股权。一般银行可获得额外的 10%左右的后端收益。创业企业还款来源主要有以下三个方面：

1）创业型企业下一轮融资带来的现金。

2）如果创业型企业无法进行下一轮融资，但其业务模式盈利能力尚可，只是因为其人员扩张太快导致现金流不足，可以通过裁员等方式进行调整，获得正向现金流作为还款来源。

3）企业无法获得下一轮融资且经营能力存在疑问，则考虑出售公司资产获得现金作为还款来源。

风险贷款可以帮助企业创始人在不稀释股权和公司控制权的前提下补充资金流动性。而对于银行而言，风险投资的收益率也远高于传统贷款业务。

与国外市场风险贷款发展如火如荼的环境不同，国内市场的参与者屈指可数。制约银行发力该项业务的原因有以下几点：

第一，该种模式要求银行具有一定规模的信息网，足以寻找到需要贷款且有机会进行下一轮融资的企业。相较于传统的公司信用贷款的模式，风险贷款的业务操作更加依赖私募股权的投资逻辑，要求其对整体资本市场、项目所在行业有充分了解。

第二，风险贷款业务的自身风险筛选掉了大部分融资成本较低的大型商业银行。具有资源聚集效应的大型商业银行因为资金成本较低、目标收益率低，会选择更安全的资产，缺乏发展高风险的风险贷款业务的动力。

第三，不良贷款率的监管也使得大部分银行不敢向创业企业贷款。发生不良贷款不仅会对银行的利润产生较大的影响，也会使银行不满足宏观审慎的监管要求。但好消息是，根据中共中央办公厅、国务院办公厅《关于加强金融服务民营企业的若干意见》的规定，金融机构服务民营企业的过程中，可以适当提高对不良贷款等监管要求的容忍度。从政策趋势来看，未来监管部门可能会对服务于风险贷款所产生的不良贷款区别对待。该项规定可以类比《商业银行资本管理办法（试行）》中对于不同资产风险系数的规定，普通股权投资的风险系数为 1250%，但是政策支持的股权投资，其风险系数仅为 400%。

总之，银行一直都是我国最具系统性重要地位的金融机构。在私募股权投资领域，银行也曾作为主要出资人参与到股权投资中。而在《资管新规》出台后，广大私募股权投资基金管理人对于银行如何继续成为私募股权投资基金的出资人展开了广泛探讨，可以得出以下结论：

第一，《资管新规》对银行参与私募股权投资最重要的影响是限制了“期限错配”。过去通过资金池吸纳短期资金投资长期资产的业务模式将受到极大限制。而《资管新规》出台后，银行主要的表外资金——理财资金，将必须通过长期限产品才能进入私募股权投资市场。

第二，银行进入私募股权市场，应该以发展私人银行业务为主要抓手。大力发展有足够风险承受能力的高净值客户将有助于银行私人银行业务实现突破性发展。同时，私募股权产品等高风险的理财产品的发行也会为商业银行贡献高额的中间业务收入。私募股权投资机构也应该布局渠道人员培训并支持传统金融机构的前台人员，使其销售人员有足够的专业能力引导高净值客户接受私募股权产品的投资逻辑。

第三，银行通过自有资金进入股权投资市场的难度较大，大部分银行对此类业务的意愿较低，同时投资背景调查等会更加谨慎。很多母基金管理机构都看好银行资金通过母基金分散风险，进入股权投资领域。但是经过分析，母基金的收益率并不能满足银行自有资金投资的收益率要求。相较于母基金，银行自有资金更青睐于直接投资，以期获得高额的回报。

第四，无论是对比美国、欧洲市场，还是分析政策的趋势，银行未来会更多通过风险贷款或投贷联动的方式进入股权投资领域。该业务模式不仅可以引导资金更多地帮助创业企业，同时也符合现有各项监管措施，有效防范金融风险。

第四节　LP 的 GP 化与 GP 的 LP 化

LP 即有限合伙人（Limited Partner），通俗地讲就是投资人，国内大的 LP 比如政府引导基金、保险资金等；GP 即普通合伙人（General Partner），通俗地讲就是私募股权投资机构（VC、PE 机构等），投资对象为实体经济中的企业或者项目等。以上所称 LP、GP 的前提条件是私募股权机构是有限合伙制，也只有在这种机制下才存在只出钱不管事的 LP 和管事但不出钱或者少量钱的 GP，前者以其认缴的出资额为限对合伙企业债务承担有限责任，后者对合伙企业债务承担无限连带责任。LP 的 GP 化，顾名思义，就是 LP 也去做 GP 做的事情了，也去做直投（直接投资实体企业或项目）了。而 GP 的 LP 化，顾名思义，就是 GP 不做直投了，去做有限合伙人，去做母基金了。

一、LP 的 GP 化

为了提高综合收益，近年来母基金参与直投的比例在 30%～40%，且在不断提高，并成为一个结构化的长期趋势。归纳起来的原因如下：

1．提高基金投资收益与流动性

LP 投资子基金一方面可以有效地分散风险，但同时也会降低投资收益。所以，遇到好的投资机会 LP 可能会选择“下场”进行直接投资。不仅如此，投资子基金还需要向子基金管理人缴纳一定比例的管理费和后端收益。同时，子基金投资的周期通常要长于项目投资的周期，适当在投资组合中配置直投比例也有利于提高整体投资组合的流动性。综上所述，这也使得 LP 在投资策略设计上考虑留有部分额度进行直投。

2．通过投资子基金获得优秀投资机会

LP 与 GP 在投后的日常沟通交流中可以获知众多优秀项目的投资机会。LP 的投资人员相对子基金投资人员较少，无法覆盖多个行业和项目。但是，通过投资子基金积累的关系网，有助于 LP 尽早得到优秀项目的投资机会。目前，国内很多母基金已经很好地开拓出“P+D”结合的投资策略，即依靠子基金多覆盖行业和项目，获得更多优秀的直投项目机会。

3．通过投资子基金锻炼 LP 自己的直投团队

有些 LP 投资子基金的本质目的只是锻炼自己的投资团队，通过投资子基金向国内一线的 GP 学习取经。一旦团队经验积累较多且时机成熟，这部分 LP 就会考虑由纯 LP 向项目直

投转变。通常，这种 LP 以产业资本为主。产业资本在特定产业有很多的资源，投资子基金主要考虑的是为母公司开拓新的业务增长点提供抓手。因此，直接投资项目往往更符合产业资本的核心诉求。

二、GP 的 LP 化

1. GP 管理规模的迅速扩大使然

随着管理规模和赛道扩大，GP 原有的直投模式已不能满足其快节奏的投资需求，需要通过投资子基金来实现更大程度的扩张。因为对头部 GP 而言，管理规模一旦足够大，就没有更多的精力和人力去做直接投资了，转型去做 LP 也是不错的选择。从长远角度看，投资更小规模的基金或许可以将能量释放得更好一些。我国私募界的巨头红杉、IDG、深创投最近几年由于头部效应的扩大纷纷试水私募股权母基金。

私募的头部效应寡头化，从一个榜单可见一斑。2019 年某私募榜单显示，排名前三的机构红杉、IDG 以及深创投的合计管理规模大概相当于同一榜单后面 40 家 GP 规模的总和。榜单上的前 200 家 GP，尽管数量上只占基金业协会备案的 20000 多家管理人的 1%。却掌握了本行业 80%以上的在管资产。

以下为上述三家机构近年试水母基金的具体情况。

红杉已通过母基金方式投资新经济产业的 9 只子基金，主要是通过其子公司星界资本投资，覆盖了早期到成熟期整个投资阶段，极大地拓展了项目资源。该子基金生态圈目前管理规模超过 800 亿元，全部团队成员超过 250 人。

相较于红杉比较低调的直接进场，IDG 的母基金业务则有很强的“试水”感觉。2017 年 4 月，宜信财富联手 IDG 资本发布了聚焦天使投资的 FOF——宜信财富 IDG 天使投资母基金 1 号，规模为 5 亿元人民币。具体运作方面，这只母基金将共同管理、共同投入，在投委会上 IDG 资本拥有两席，宜信财富拥有两席，多数通过，任何一方无法单方做决策，双方都要有共识才会做标的投资。这只聚焦早期的母基金可以视作结合 IDG 团队的早期赛道的优势及宜信财富的渠道优势对专业 LP 业务的一次试点工程，而其主要目的也是通过跟投布局早期明星项目份额，目前该 FOF 已基本投资完毕。

而一年后，IDG 资本联合富士康、海河产业基金设立了 100 亿元规模的智慧出行股权投资基金，重点关注新能源汽车、智能化技术和共享出行中的投资机会，目前已完成投资规模超 10 亿元，有三个项目被列入独角兽企业名单。尽管从描述上看起来这是一只产业基金，同时 IDG 资本相关人士透露，此智慧出行基金除直接投资外，还与一些在新能源汽车、智慧出行领域有独特优势的机构共同设立了子基金，以完善 IDG 及富士康在此领域的全面布局。尽管细分领域有一些局限，但作为 LP 或子基金共同发起方的做法可以说已经被全面完成本土化的 IDG 所接受。

深创投对待母基金的方法就是利用其国有背景绑定地方政府资源。众所周知，深创投是中国最大的市场化 FOF 前海母基金唯一的机构合伙人，而前海母基金的设立，则是依据国务院关于前海区域的改革开放政策批复八项任务而诞生。

2. 细分领域存在较高认知壁垒

中国投资市场上的头部 GP 们，尽管在赛道上基本实现了全覆盖，培养出很多优秀的管理人团队，但是与此同时，一些细分领域，如生物医药、新材料等，由于存在较高的认知壁垒，资源只掌握在少数“专家投资人”手中，因此形成了很多小而美的专业子基金。一线 GP 出于自身战略布局的考虑也有需求将这些专业子基金整合到自己的投资生态圈里来。

3. 做母基金能迅速扩大资管规模

在中国资管界，从业人员特别看重资管规模，很多业内排名都赋予规模很高的权重。所以，所有的金融机构都不遗余力地做大自己的规模。而做母基金是快速提高资管规模的一种有效手段。比如 IDG 在和宜信财富联手建立母基金后，利用宜信财富庞大的渠道网络，资管规模迅速做大。

此外，除了放大管理规模，利用自身品牌的优势来吸附资源外，一线基金自然会选择母基金这一品类来降低因资管规模过大、机构化程度太深带来的管理边际成本高企。

三、趋势

在如今的股权投资行业，GP、LP、FA 三者边界已趋于模糊，这种模糊是资产管理行业发展的正常现象，放眼全球市场而言也是比较常见。LP 和 GP 边界的模糊，甚至混战现象的出现正说明市场正在孕育着革命性的变化。

未来的趋势将是“投融一体”，而投融一体的形式要么是从资金端向资产端延伸而来，要么是从资产端向资金端延伸而来，虽然逻辑的起点和方向顺序以及节点有所不同，但最终结果是一致的。在形成投融一体的过程中，谁能更早打通投与融之间的壁垒，就能率先完成投融结合、覆盖投资全链条的投融资圈。也就是说，GP、LP 的相互渗透未来将会随着母基金市场的不断演变和发展而变得更加和谐且符合逻辑。

第五节 产业母基金的发展前景

一、产业母基金的分类及其特点

随着国内资本市场不断完善、金融体制改革不断深化，国家和地方政府出于产业经济转型发展的需求，纷纷设立各类产业基金，引导社会资本支持重点产业的发展，促进重点企业做大做强。一些大型上市公司或集团企业，也积极布局产业母基金，围绕重点产业的发展战略目标，建立集团资本化市场格局，推进产业链延伸和价值链布局完善。

产业母基金是产业资源和市场资源有效配置的手段。从产业母基金的出资主体来看，主要有两种：政府产业引导基金和企业级产业引导母基金。其各自的特点如下：

1. 政府产业引导基金：快速形成产业集聚

纵观我国国家级、省级、市级的产业引导基金，可以看到一个明显的特征，即其能加速产业链深度融合，促进产业集聚、升级。从地方招商的演变路径也能窥见政策层面对产业的引导和培育，从最初招商时给予土地、税收优惠等政策，到后来需要注册基金，再到现在“产业+基金招商”新模式，其激发产业聚合效应、扶持产业的初衷一览无余。

国家层面，以国家集成电路产业投资基金（简称“大基金”）为例。该基金成立于 2014 年 9 月 24 日，注册资本金 987.2 亿元，是为促进集成电路产业发展而设立，该基金采用公司制形式，重点投资集成电路芯片制造业，兼顾芯片设计、封装测试、设备和材料等产业，投资范围涵盖 IC 产业上、下游，实施市场化运作、专业化管理。投资基金在制造、设计、封测、设备材料等产业链各环节投资比重分别为 63%、20%、10%、7%。企查查数据显示，该基金对外投资 71 家公司，包括深圳市中兴微电子、紫光集团旗下的芯片业务等。在大基金的促进下，我国集成电路产业取得良好进展。

省级层面，以湖北省长江经济带产业基金为例。该基金由省级财政出资 400 亿元发起设立，通过与社会资本合作设立若干只产业投资基金，共同构成规模为 2000 亿元的母基金。母基金再通过设立子基金或重大项目直接投资的方式，力争带动约 10000 亿元的社会投资，支持湖北战略性新兴产业发展。该基金以母基金为载体，通过对“硬科技”子基金、“完善产业链”子基金、“明星项目”三个方向的投资放大，推动长江经济带产业链深度融合、产业链内优势企业加速发展，从而促进长江经济带加快形成面向未来的优势产业集群，不断提升当地企业的竞争力。

市级层面，以广州新兴产业发展引导基金（简称“广州新兴基金”）为例，来说明政府引导基金如何发挥产业集聚的作用。广州新兴基金曾与三一重工（全球装备制造业领先企业，产品有混凝土机械等）合作过，并成功孵化过企业，带动当地工业互联网的发展。几年前，三一重工欲在广州设立一个湾区总部，但广州市当时并没有工业互联网的基础，却有很强的制造业品牌。于是广州新兴基金和三一重工共同孵化一家叫数控互联的企业，三一重工把数控互联的总部从湖南长沙迁到了广州，之后，广州新兴基金和三一重工成立了 40 亿元规模的广州工业互联网基金，把这个基金里的部分资金投资于数控互联。此外，三一重工也在广州成立了工业互联网的产业联盟，这样就产生了集聚效应。这个例子说明，政府通过引导基金的方式，把一个产业带到一个新地方，在这个城市产生了一个产业集聚效应，然后再辐射到相关的产业。我国各级政府产业引导基金一览如表 6-5 所示。

表 6-5 我国各级政府产业引导基金一览

国家级	国家集成电路产业投资基金、国家战略性新兴产业基金等
省级	北京高精尖产业发展基金、山东新旧动能转换基金、湖北长江经济带产业基金
市级	广州新兴产业发展引导基金等

资料来源：融中母基金研究院。

2. 企业级产业母基金：整合产业链上下游，构筑护城河

企业级产业母基金主要是以上市公司为背景，自建基金，通过挖掘优质 GP，建立项目围栏，将这些项目与企业本身的业务形成产业协同效应，从而构筑企业发展的护城河，增强其盈利能力。

首钢母基金是企业级产业母基金的典型代表，其以基金的方式做产业的转型和升级。母基金在首钢的总资产管理规模中约占 30%。截至 2018 年 11 月，首钢基金管理规模高达 500 多亿元，累计设立母基金 25 只、投资 500 余家创新企业。

母基金业务作为首钢基金投资组合中的一部分，可以向优质 GP 汲取项目资源信息和投资经验，结成友军，既有利于首钢基金在直接投资和产业并购板块寻找到优质资产，也可以为首钢园区未来发展积淀和聚拢人气。

首钢基金在直投业务上坚持以中后期项目为主，而他们投资的 GP 组合主要聚焦在 A 轮或更早阶段的项目，这在客观上保证了“投资隔离”，保证“术业有专攻”，避免了作为 LP 的首钢与其 GP 在业务上的重叠。

首钢母基金的核心是产业并购基金，聚焦四个产业方向：①供应链及金融领域，投资了找钢网和欧冶云商，目前是钢铁电商领域的前两名；②以新能源汽车为主的出行领域，投资了车和家、瓜子网、北汽新能源；③在以停车为主的基础设施领域，在全国拥有机场、火车站、医院等公共设施里的上万个停车场；④以医疗、体育为主的消费升级领域，专门设有公司收购医院，同时也投向了医疗服务领域，比如上市企业药明康德等。可见，首钢母基金通过上述一系列投资，迅速打通了其下游的销售渠道，以及停车等关联产业，构筑其坚固的护城河，增强盈利能力。

二、产业母基金的优势：募、投、管、退更顺畅

产业母基金相对于其他类型的基金来讲，最突出的特点是：募、投、管、退更顺畅。

1. 募资

企业级产业母基金一般有上市公司资源，有实体产业，有已被市场验证的成熟的商业模

式，具有较强的盈利能力和规范的公司治理体系。所以，其在募资时，对于投资人具有较大的吸引力。从现金流的角度来看，因为产业母基金通过 GP 可以覆盖到更多的产业链上下游的公司。不仅如此，母基金相较于子基金也可以实现定期的现金分红退出，这也有利于吸引投资人。

就政府产业引导基金而言，由于其担负着产业政策的引导作用，各级政府通常在财政资金上会给予重点支持，同时也会根据实际情况协调当地各金融机构、政府投资平台、大型企业在 LP 层面出资，解决产业引导基金的募资问题。

2. 投资

产业母基金通常依托当地的优势企业、上市公司或者产业链资源建立，投资聚焦特定的产业领域，因此，在设立之初，其投资组合赛道就比较明确了，对 GP 的选择更加聚焦，大大节省了对投资标的的筛选时间。同时，由于产业母基金的投资目标很大一部分是扶持新兴产业发展，新兴产业发展的速度越来越快，单体投资的规模及风险越来越大，投资见效周期也长达十年以上，一般非产业类的股权母基金由于自身资金投资体量或者投资周期的限制，无法涉足新兴产业领域，而产业母基金具备这些长周期资本实力，可以快速地把握新兴产业的投资机会，并为新兴产业发展提供赋能支持。因此，产业母基金在投资有创新成长潜力的新兴产业领域方面，具有先天的优势，不仅可以获得未来新兴产业大发展带来的投资回报，同时也大大促进产融结合，加快新产业培育发展的进程，增强资本活力。

北京高精尖产业发展基金相对来说是一个比较传统的产业母基金。2002 年开始做直接投资，2014 年做专项基金，2015 年下半年转型做高精尖产业基金，2018 年完成了一期的全部投资。该基金主要投资中后期，现在已经发展到 3.0 版。目前的总体规模为 205 亿元左右，投了 21 只基金。

在 1.0 版的阶段，该基金的策略是选择优质头部 GP，并带有招商的目的，但是收益和产业的落地效果不如预期。2.0 版的阶段则围绕着北京上市公司做并购基金。发展到现在的 3.0 版，该基金采用直投+投 GP 的模式打开产业链来布局。

高精尖基金现在遴选 GP 的时候主要看该机构能否讲清楚以下四方面的问题：①技术路线图：拟投企业的技术该如何发展？处于产业生命周期的哪个阶段？②产业路线图：产业中的路径如何演进？③企业承载图：国内和国际的企业中哪家企业能干，优势最明显？④投资路线图：如何发现项目，如何挖掘项目投资价值？如果 GP 对上述问题了解得非常清楚，则会与其合作。

此外，高精尖在选标的时候，主要关注四类：①500 亿元以上甚至 1000 亿元以上的龙头企业；②北京上市公司，帮助这些公司做强做大，进行资源整合；③关注细分领域的龙头；④重大的跨境并购。

综上可知，产业母基金的投资较一般的 GP 更具针对性，对促进当地产业发展方面力度更强。

3．投后管理

对于区域经济来说，产业母基金通过投资及增值服务可以起到撬动发展的平台作用；对于资本市场来说，则是对一级市场投资机构募资环境的优化。产业母基金在对子基金以及下游的被投企业进行投后服务方面，可以构建一体化产业服务链条，更具针对性，避免资源的闲置或浪费。

对于基金管理机构如何加强管理深度，如何服务 GP 和被投企业，北京高精尖基金的做法是加强服务意识，对于所投项目进行引导，看它能与北京什么产业结合。因为该基金有政府资源，最了解当地的产业基础，而子基金管理机构其实并不清楚。如果该项目符合北京产业发展政策，则会引导至北京落地。此外，北京高精尖基金还会充分利用其 GP 资源。因为 GP 有自己的产业圈，有自己的项目，北京高精尖也可以把优质的项目吸引到北京落地。所以，产业母基金要想服务好被投企业，必须有更多的产业基础，有更强的服务意识，有更多的项目层面和机构层面的信息，才能更好地帮助被投企业。

4．退出

与普通私募股权投资基金相比，产业母基金的退出路径更广，退出频率更高、更顺畅。

由于背靠产业资源，产业母基金最常用的退出路径是通过并购 LP 的直投企业或者 GP 所投企业顺利实现退出，所以不必等到漫长的 IPO。

此外，由于产业母基金通过 GP 可以覆盖到更多的产业链上下游的公司，定期有项目退出的情况也会比单一 GP 呈现更高的频度。

三、产业母基金的发展趋势

1．国资产业引导基金运作机制逐步向市场化转变

一直以来，国资产业引导基金都因为其特殊的作用与身份而有别于市场化基金。但近年来，各类国资基金正在逐步向市场化转变。

首先是激励机制的市场化。国资产业引导基金通过“自上而下”和“自下而上”两个路径进行激励机制的改革。“自上而下”即从基金管理机构本身的股权结构进行市场化改革，在本级管理人层面实现激励机制的市场化。“自下而上”则是通过子基金层面设立高管和员工的持股平台，让其收入与业绩直接挂钩，更好地激励相关人员发挥主观能动性。

其次是对外合作市场化。国资产业引导基金不再把基金管理牢牢把控在自己手中，而是在全市场寻找专业的机构进行运作管理，为国资基金带来更好的经济效益和社会效益。例如

中国电信与前海母基金成立了中电信方舟基金管理公司，双方发挥各自优势，更好地实现国资的目标。

最后是政策导向市场化。各地方政府在不断探索利用政策导向推进国资基金市场化的进程。例如深圳市人民政府出台了《深圳市促进创业投资行业发展的若干措施》。该措施中特别指出，鼓励国有创业投资机构内部实施有效的管理人员激励与约束机制，建立和完善国有创业投资机构和创业投资核心团队持股和跟投机制，进一步放宽新设立创业投资机构的单一员工持股比例，允许管理层和核心骨干持股比例占总股本的30%等。

2．聚焦产业链深度融合，加强与产业资源背景的 GP 合作

政府产业引导基金快速发展的过程，也是一个自我迭代发展的过程。目前已从过去简单的基金招商发展到通过基金加速产业链深度融合，即借助产业集聚效应，辐射到相关的产业，从而实现当地产业升级、创新发展和基金投资回报之间的平衡。在这一过程中，具有产业背景的基金管理人将取代传统财务投资基金管理人，发挥核心作用。也就意味着，越来越多的政府引导基金经过多年的摸索和实践，逐步形成了“产融结合”的发展路径。引导基金的主要目标更聚焦于当地产业升级、产业转型、产业落地，以此来淘汰当地落后产能，带动当地区域经济发展。因此，引导基金越来越多地关注子基金管理人的产业资源和产业赋能。这一类型的引导基金的代表有北京高精尖、北京亦庄产投、浙江金控、山东新旧动能转化基金等。

产业母基金在挑选 GP 的时候主要看重两点：一是 GP 是否拥有其擅长的产业方向，其方向是否为该引导基金主要看重的领域，该 GP 是否拥有产业资源为被投企业赋能；二是 GP 是否有符合当地产业发展规划的拟投资重大项目，能否在当地形成产业聚集和带动效应。很多地方政府都开启了“基金招商”的新模式，以基金为线，串起产业链，形成产业集群。

从长期来看，在行业洗牌的大背景下，产业母基金会把更多的目光聚焦在有产业背景的 GP，而 GP 为了吸引到 LP，需要更多的行业下沉，打造自身的产业优势。

3．产业引导基金助力产研一体，加速科技成果转化

产业引导基金，尤其是科技成果产业化引导基金在推动产研一体化、加速科技成果转化方面的作用越来越大。为了加快实现科技成果产业化落地，更多政府选择与高校和研究机构合作，并引进市场化股权投资机构。负责培育新模式、新技术的高校和研究机构，在股权投资的催化下，能更好地促进当地产业发展。在高校资源丰富的地区，通常由高校主导，鼓励学生、教授、科研人员参与到科研成果转化、产业孵化等方面。同时，通过设立科技成果转化引导基金吸引社会资本，在解决资金问题的同时，充分发挥 GP 对被投企业的赋能。在高校资源相对不丰富的地区，地方政府依靠吸引高校和研究机构在当地落地，以此实现先进科研成果在当地转化，帮助区域产业实现升级与转换。在这方面做得比较好的有深圳、浙江嘉

兴等地。这样，在引导基金、社会资本、产业方、高校和研究机构之间形成一个闭环，实现各部分相辅相成，产研一体，产研结合。

当前，科技成果产业化引导基金已成为经济新常态下促进科技成果转化、破解科技创新中小企业融资难的重要举措。2018 年，广州设立总规模 50 亿元的科技成果产业化引导基金，助力广州打造创新发展新增长极。2019 年 10 月，安徽设立 20 亿元科技成果转化引导基金，加速推动科技成果在安徽省落地转化。2020 年 3 月，科技部表示加大国家科技成果转化引导基金对科技型中小企业的融资支持。2020 年 5 月，山东德州拟设 1 亿元基金引导科技成果转化，重点支持科技型中小企业技术研发和科技成果转化项目。随着科技兴国战略深入推进，预期未来将有更多产业引导基金聚焦科技成果转化领域。

4．产业引导基金投资赋能新基建，加速新基建落地

2020 年 3 月初，中央政治局常委会召开会议提出，加快 5G 网络、数据中心等新型基础设施建设进度。支持新基建投资的利好政策接踵而至。截至 2020 年 5 月 20 日，已有 20 多个省份公布规模数万亿元的新基建计划，其中，5G、人工智能、工业互联网、充电基础设施等成为新基建建设的“标配”。

作为稳增长、培育新动能的重要力量，新基建成为投资的重要方向。基建投资发力有利于提振经济短期增长动能，促进经济长期转型升级发展。赛迪智库发布的《“新基建”发展白皮书》预计，到 2025 年，包括 5G 基建、特高压、城际高速铁路和城市轨道交通等七大领域“新基建”直接投资将达 10 万亿元，带动投资累积或超 17 万亿元。

新基建主要集中于 5G、人工智能、数据中心、工业互联网等科技创新领域以及教育、医疗等消费升级重大民生领域，新基建项目的科技化属性更高。同时，新基建项目具有投入大、时间长、收益不确定等特点，因此，发展“新基建”，需要实施积极的财政政策，建立多元融资体系，通过产业引导基金、担保基金等方式不断吸引市场资本参与到“新基建”的项目建设中来。

2019 年 11 月，国务院常务会议提出，“基础设施领域和其他国家鼓励发展的行业项目，可通过发行权益型、股权类金融工具来筹措资本金”。产业母基金具有存续时间长、投资项目众多的特点，且以扶持和带动特定领域的重点产业发展为目的，十分契合新基建投资需求。产业母基金与新基建的长周期特性匹配，并能有效分散风险和平衡各方利益与诉求。同时，可通过项目直投方式投资新基建受益企业的股权份额，平衡新基建投资的风险和收益。预期未来，产业母基金将成为新基建建设的重要推手，并引导社会资本向“新基建”重点领域倾斜，加速新基建落地。

第七章

国内母基金机构简介

第一节　前海母基金

前海母基金于 2016 年 1 月成立，凭借总规模 215 亿元，成为国内最大的商业化募集母基金。在欧美，PE/VC 行业的资金近 50%来自母基金，而中国的母基金刚刚起步，如此大规模的前海母基金的创立具有历史性意义。该母基金的设立和通过也是股权投资行业阶段性的产物，是建设合格投资人队伍的必经之路，同时也是投资人对回报率和安全性双重追求的衍生物。

在前海母基金刚起步的阶段，为了赢得投资人的信任，该基金组织了一支有直投经验和辉煌历史业绩的管理团队，从团队方面让投资人放心,该团队由靳海涛主导，马蔚华、熊晓鸽、沈南鹏、厉伟等为联合合伙人，深创投为唯一机构合伙人。

前海母基金资金来自 4 类 LP：地方政府、保险金融机构、知名企业和上市公司、一批上市公司和知名企业控制人。地方政府出资方面，目前有九个政府引导基金给前海母基金出资，包括深圳市政府引导基金，深圳市福田区、南山区、龙华新区等，北京市、厦门市、天津市、石家庄市、江西新余市也有出资。保险金融机构出资，包括 12 家保险公司、3 家银行，保险公司有中国人保、太平人寿、新华保险等，银行有北京银行、招商银行、渤海银行。一大批知名企业和上市公司出资，包括中国电信、富华国际、深创投、横店集团、喜之郎、新兴发展集团、国信证券、太太药业以及星河集团等知名企业。LP 当中还有少量的企业创始人。

在基金构成上，前海母基金实现了国资、民资合理搭配，兼顾了引导性和市场化两方面的要求：一方面政府引导基金有引导性要求，另一方面社会投资人的要求就是利益最大化。

前海母基金投资结构主要包括 PE/VC 子基金和项目直投。

前海母基金对商业模式进行了 3 个方面的创新:

首先，前海母基金采取子基金投资与项目直投结合的模式。筛选最出色的股权基金管理人进行投资，在此基础上优中选优，进行选择性跟投。

其次，不双重征费。投资者投资母基金，与直接投资私募基金的成本和费用不存在差异。

最后，收益率与流动性兼顾，整体投资策略追求低风险、中高收益。前海母基金通过结构化及创新型的资产配置、投资回报及现金流长中短合理搭配，实现收益率与流动性均衡。

基金的主要特点可以归纳为 7 点优势：

1．平台好，项目渠道广

与市场上大部分活跃投资机构建立了联系，合作机构遍布全国。已投资子基金 45 家，子基金募资总规模近 600 亿元，母子两级投资项目近 1300 家，涵盖各个产业赛道，拥有庞大的资源网络。

2．团队好：精英云集，阵容强大

执行团队由中国创投领军人物靳海涛领衔的前海方舟团队担任，深创投担任机构合伙人。金融投资界 5 位风云人物——马蔚华、沈南鹏、熊晓鸽、厉伟、倪正东担任联合合伙人。

3．模式好：“基金+直投”兼具深度和广度

子基金 GP 向母基金推荐项目，加之母基金团队筛选发掘项目，母基金 GP 在此基础上独立判断，优中选优进行直投。

4．策略好：安全、收益、流动性兼顾的资产配置策略

“母基金+直投”模式，资产配置双重分散，降低风险，安全性高；产业领域和阶段均衡配置，避免风险集中；在投资子基金的基础上，进行“优中选优”的直投，追求超额收益，使基金实现中高收益。注重流动性规划，合理配置长、中、短期投资组合，分红稳定，流动性佳。

5．管理好：专业、严谨、透明的投资决策和管理机制

正反方的校量贯穿于投资的全过程，项目经过充分论证；聘请独立会计师对基金进行年度估值；阳光决策，投资人可参与咨询委员会，可委派投委会观察员旁听投资决策过程。

6．研究好：配备高水平的行业研究中心，研究开道，为基金投资保驾护航

依靠自身博士后研究团队的力量，同时结合专家库和子基金投研团队的智慧，不断对潜在被投资行业和赛道开展以技术与商业模式为主线的行业分析；深度评估标的核心专利和技术竞争力，评估标的的技术路线和研发能力。

7．互动好：与投资人共享资源，深度互动

基金可获得大量优秀投资机构、高成长潜力企业以及上市公司提供的优质投资机会和产业资源。基金与投资人开展联动投资、招商引资、产业资源对接、人才培养等深度互动，为投资人提供更多价值。

前海母基金资产配置中，在股权投资上有五大策略。五大策略为：

1）选择性跟投。优中选优，特点是风险小，收益高。

2）对之前的已投项目，或者子基金已投项目的后续项目融资投资。

3）联合投资。对于不错的项目不会直接投资，而是选择子基金当中对行业有充分了解和聚焦的子基金对这个项目进行主要分析和投资。

4）对少量的明星项目牵头投资，发挥团队直投的优势。直接的股权投资是项目的定增。

5）前海母基金也做流动性、中短期投资和债权类投资；单次结算性项目投资，参与电影、电视剧或者体育赛事、某个短平快项目投资，这类投资的好处是单次投入单次分红，周期短，分红快，风险小，有利于投资人尽快获得流动性回报。

前海母基金从 2016 年 1 月 8 日成立到 2020 年 6 月底，累计投资 176 亿元左右，子基金 45 家，直投 223 家。母子两级共投资近 1300 个项目。直接/间接投资项目累计已上市及过会待发 47 家。这对于成立时间不长的母基金来说，是真正的胜利。

除此之外，前海母基金开创性地提出投资子基金与直接投资相结合、不双重征费、收益率与流动性兼顾的商业模式。母基金整体投资策略追求低风险，中高收益，以参股优质创业投资和私募股权投资基金为主，以直接投资和短期投资为辅。母基金投资结构包括四类：PE/VC 子基金，创新型股权与项目混合型基金，投资选择性项目，PE 二级市场及短期回报类投资。

第二节 深 创 投

深圳市创新投资集团有限公司（简称“深创投”）由深圳市政府 1999 年出资并引导社会资本出资设立，是专业从事创业投资的机构。公司成立以来始终致力于培育民族产业、塑造民族品牌、促进经济转型升级和新兴产业发展。目前注册资本 54.2 亿元，管理各类基金总规模约 3907 亿元。

深创投目前管理基金包括：136 只私募股权基金（128 只控股管理的基金、8 只参股管理的基金），14 只股权投资母基金，17 只专项基金（不动产基金、定增基金、PPP 基金等），同时，集团下设国内首家创投系公募基金管理公司——红土创新基金管理有限公司。围绕创投主业，深创投不断拓展创投产业链，专业化、多元化、国际化业务迅猛推进。

深创投主要投资中小企业、自主创新高新技术企业和新兴产业企业，涵盖信息科技、互联网/新媒体/文化创意、生物技术/健康、新能源/节能环保、新材料/化工、高端装备制造、消费品/现代服务等行业领域，覆盖企业全生命周期。公司坚持“三分投资、七分服务”的理念，通过资源整合、资本运作、监督规范、培训辅导等多种方式助推投资企业快速健康发展。

截至 2020 年 6 月底，深创投投资企业数量、投资企业上市数量均居国内创投行业第一位：已投资项目 1119 个，累计投资金额约 517 亿元，其中 164 家投资企业分别在全球 16 个资本市场上市，307 个项目已退出（含 IPO）。专业的投资和深度的服务，助推了潍柴动力、酷狗音乐（腾讯音乐）、睿创微纳、西部超导、迈瑞医疗、中新赛克、光峰科技、微芯生物、斗鱼直播、信维通信、宁德时代、环球易购（跨境通）、多氟多、柔宇科技、康方生物、盛瑞传动、星环科技、越疆科技、杰普特等众多明星企业成长，也成就了深创投优异的业绩。

深创投作为中外合资基金的先行者，自 2002 年开始，发起设立了多只合资基金。2002 年，深创投与新加坡大华银行、新加坡 Technopreneurship Investment Pte Ltd（简称 TIPL）三方联合发起设立的“中新基金”是中国境内第一家中外合资的创投基金，基金规模为 5000 万美元，首期到位资金为 2000 万美元。2008 年，深创投全资子公司 SCGC 和以色列 Ainsbury Properties Ltd 共同出资组建中以基金。2016 年 5 月，深创投与韩国 SVInvestment 株式会社、东方汇富共同设立中韩基金，首期规模为 1 亿美元，落户于深圳前海。深创投还受托管理中日 CVI 基金，该基金由日本 China Venture Investment Co,Ltd 负责募集并组建。

除了众多的中外合资基金，深创投在商业化母基金方面也颇有建树。迄今为止，深圳市创新投资集团现管理 45 家商业化基金，管理基金总规模为 19.21 亿元人民币。其中包括直接委托深创投集团管理的基金 37 家，规模总计为 8.65 亿元人民币；有限责任基金 5 家，规模总计为 5.5 亿元人民币；有限合伙基金 3 家，规模总计为 5.06 亿元人民币。

深创投商业化基金管理形式多样、管理方式灵活。商业化基金多采取委托深创投集团直接管理的方式，根据不同的原则收取相应的管理费。此外，也有与深创投集团共同成立管理公司进行合作管理的模式，或采取有限合伙企业方式进行合作管理的模式。商业化基金多投资于深创投集团所投资的各行业及各类型项目，且已获得较为满意的投资收益。

深圳市创新投资集团作为唯一的机构合伙人参与前海股权投资母基金。前海母基金首募规模为 215 亿元人民币，是国内最大的商业化募集母基金，也是国内单只募集资金规模最大的创业投资和私募股权投资基金。深创投集团与深圳前海淮泽方舟创业投资企业（有限合伙）共同成立前海方舟资产管理公司，注册资本为 1 亿元人民币，共同管理前海股权投资母基金。

深创投以创业投资业务为支柱，以创业投资相关增值服务业务为延伸，走基金与基金管理的发展之路，推动深圳乃至我国高新技术产业发展。凭借科学高效的创投公司治理结构和风控体系，深创投逐步发展成为国内领先、具有国际竞争力的综合性投资财团。

第三节 盛世投资

盛世投资创立于 2010 年，是国内知名的创业投资和股权投资母基金管理机构、政府引导基金管理机构和创新创投资源聚合平台。盛世投资管理规模超过 1000 亿元人民币，投资重点关注集成电路、新兴信息产业、生物医药、节能环保、新能源、新材料、高端装备制造业、新经济等产业领域。

通过母基金与政府引导基金的管理实践，盛世投资已打造出覆盖天使、VC、PE、并购等全阶段、全产业的基金链，深度赋能国家战略性新兴产业和高新技术产业发展。截至目前，盛世投资已投资松禾资本、君联资本、启明创投、华盖资本、华映资本、创新工场、真格基金等百余家优秀 GP 的近 300 只基金，覆盖了 4000 余个项目，其中 90%以上为高科技、高成长、高创新的战略性新兴产业项目。

服务国资基金化运作，盛世投资以混改为抓手，通过基金方式，推动国有资本优化投向，向重点行业、关键领域和优势企业集中，助力国有企业和地方平台公司做强做优做大，实现“管资产”到“管资本”的转型。

助推区域协同发展，盛世投资积极以基金工具的综合运用为纽带，通过市场化投资的手段为区域导入新经济产业，高效地促进产业、项目、人才等资源要素有序自由流动与平等交换，为区域经济高质量发展夯实基础。

盛世投资建设募投管退体系，打造全生命周期管理；解决退出难题，着力构建二手份额及并购交易服务，激活股权投资市场的流动性，致力于成为中国更懂管理和退出的母基金。基于过往十年母基金投资的实践经验，盛世投资认为，中国未来私募股权二级市场存在系统性投资机会。在过往 S 投资（即投资于基金二手份额）实践基础上，2020 年初，盛世投资联合上海实业集团完成了 S 基金的设立，由独立专业团队进行管理。未来，盛世投资将逐步把 S 基金打造成为新的战略投资产品。

目前，盛世投资已建立全国性投资管理网络，促进资本、资源供给侧与需求侧的精准匹配。作为独立的资产管理公司，盛世投资始终秉承市场化、专业化、产业化之道，坚守价值投资与责任投资原则，实现经济效益和社会效益共赢。

作为中国母基金行业的先行者、领先者、布道者，盛世投资致力于打造中国未来的创投生态圈、中国未来的新经济产融投平台和中国未来的顶尖资产管理公司。

第四节 元禾辰坤

元禾辰坤是由国家开发银行和元禾控股作为基石投资人，在 2006 年发起设立的中国第一支市场化的专业母基金管理团队，也是目前唯一获得全国社保投资的母基金管理团队。

成立以来，元禾辰坤以“人民币股权投资母基金的引领者，成为最具影响力、最受认可的市场化母基金管理团队”为愿景，以“助力中国科技创新，助推实体经济发展”为使命；通过持续发掘、扶持、陪伴优秀的基金管理团队，在业内率先建立了完整的母基金投资与管理体系，并创建了中国第一个真正意义上的管理团队社区。

截至 2020 年 6 月底，元禾辰坤在管基金规模超过 200 亿元，重点关注从事早期和成长期投资的创业投资基金；辐射资产规模超过 1500 亿元，已经参与 71 个基金管理团队的 119 只基金，是国内规模最大的 VC/PE 组合，覆盖企业超过 2100 家。

元禾辰坤通过资产配置和主动管理，有效分散风险，提升投资收益。

核心策略上，元禾辰坤以国家产业扶持政策为指导，挖掘和配置具有发展潜力的细分领域，通过对细分领域专业基金的配置形成母基金层面的良好产业组合。核心关注医疗健康的长期发展红利，以及基于技术和数据驱动的 B 端（TO B）和 C 端（TO C）的产业升级与创新机会。

坚持 PSD 组合策略的执行。以 P 基金为主，持续投资白马团队，挖掘组建黑马团队；配置具有良好收益的基金二手份额；对优秀团队投资的优秀项目有效加码。

元禾辰坤通过实践和经验积累，凭借完整、连续的数据资源建立了投资分析和投后估值管理体系，并持续提升团队的专业能力和平台管理能力。依靠国资背景和市场化机制协调发展，元禾辰坤坚持与投资人协同发展，成为投资人信赖的专业母基金管理人。

第五节　山东新旧动能转换基金

山东省新旧动能转换引导基金自 2018 年 3 月成立至今，以“市场运作”为原则，结合现实情况和自身诉求，多次优化基金管理制度、创新激励政策引导优势产业落地，如今基金投资规模不断扩大，投资效益逐步显现。

一、优化基金架构，聚焦省内新旧动能转换重大工程

山东省新旧动能转换引导基金（简称“引导基金”），由山东省政府于 2018 年 3 月共同出资 400 亿元设立，其中山东省级政府出资 200 亿元。引导基金立足山东省内，聚焦山东省内新旧动能转换重大工程，着力推动创新发展，突出支持新技术、新产业、新业态、新模式项目，重点支持五大新兴产业与五大优势产业项目，以及交通等基础设施建设项目，大力对接国家“一带一路”建设项目。

引导基金设立之初采取“引导基金—母基金—子基金”三级架构。2019 年 7 月，山东省发布《关于进一步推动山东省新旧动能转换基金加快投资的意见》（简称《意见》），对引导基金架构进行了优化，将“引导基金—母基金—子基金”三级架构调整为“引导基金—子基金”两级。

根据《意见》，引导基金不再设立决策委员会、政策审查委员会，取消基金设立环节的政府审批和政策性审查，将引导基金中的山东省财政出资部分作为新动能基金管理公司注册资本金，在管理体制上变“委托管理”为“直接注资”。确定合作机构、设立基金等事项，由新动能基金管理公司自主决策，省级相关部门单位不干预基金日常经营，不参与基金投资决策，不指定具体投资项目。

二、出台降门槛、多让利等多种激励措施，有效吸引社会资本入注

引导基金合作的子基金类型包括产业类、创投类和基础设施类基金。引导基金对产业类基金的出资比例一般不超过 25%，对现代高效农业、现代海洋产业领域内基金及各类创投基金出资比例不超过 30%，对基础设施类基金的出资比例一般不超过 10%。投资限制方面，子基金对单个项目的投资原则上不超过子基金总规模的 20%，对单只基金的投资一般不超过被投基金规模的 30%。

为有效吸引金融机构、社会资本和国内外优秀投资机构参与山东省新旧动能转换基金设立工作，山东省出台了《山东省新旧动能转换基金激励办法》（简称《激励办法》），提出了税收优惠政策、引导基金让利政策、财政扶持政策等多项激励措施。

引导基金在让利政策方面，对参股基金注册设立一年内投资的省内项目让渡全部收益，将 50%以上的部分用于奖励基金管理机构。对注册设立两年内且投资进度超过认缴规模 70%（含）的参股基金最高奖励 200 万元，对投资进度超过认缴规模 50%（含）、小于 70%（不含）的参股基金最高奖励 100 万元。

引导基金还采取多项措施降低基金设立门槛，包括将基础设施类、产业类和创投类基金设立规模下调至不低于 30 亿元、10 亿元、2 亿元，将管理机构实缴注册资本要求由不低于 2000 万元调整为不低于 1000 万元，对产业类子基金的出资比例上限调整为 25%，现代高效农业、现代海洋产业领域内基金及各类创投基金可以达到 30%，省、市、县级政府共同出资占比放宽至 50%，以及将返投比例从原来不低于子基金投资总额的 60%或 70%调至引导基金出资的 1.5 倍。此外，子基金参股设立的基金，注册不受地域限制。引导基金还可根据需要安排不超过 10%的比例直接投资省委、省政府确定的重点项目企业。

经过发展，引导基金与洪泰资本、海尔金控、国寿资本等众多优秀的管理机构建立了良好的合作关系，合作设立了多只产业母基金，如 2018 年与洪泰资本合作设立了规模 100 亿

元的洪泰齐鲁新能源产业母基金，与海尔金控合作设立了主投智能制造与高端装备产业的规模 100 亿元的海创千峰新旧动能转换母基金。此外，引导基金还与深圳招银国金、江苏高投集团等多家知名投资机构合作设立了规模在 5 亿～30 亿元不等的创业投资基金，与有研集团、通力轮胎、睿鹰制药等医疗健康、汽车制造、新能源领域的产业资本合作设立了多只规模 1 亿～10 亿元不等的项目基金。

三、不断优化创新，引导产业升级和人才落户效果显著

据山东省财政厅消息，截至 2019 年 12 月 31 日，山东省共注册设立新旧动能转换基金 476 只，认缴规模 6731 亿元，已投资项目 1719 个，实现基金投资 1781 亿元，带动金融与社会投资 4505 亿元。基金投资规模不断扩大，投资效益逐步显现。

项目基金方面，截至目前，山东省政府共审议通过了 57 只项目基金，认缴总规模 256 亿元，首期规模 234 亿元，实现了新一代信息技术、高端装备、新能源新材料、现代海洋、医养健康等五大新兴产业，和高端化工、现代高效农业、文化创意、精品旅游、现代金融服务等五大优势产业的“十强”产业全覆盖。其中，已有 46 只基金完成注册、投资，基金投资 225 亿元，带动项目总投资 914 亿元，为新旧动能转换重大工程顺利实施提供了有力保障。

第六节 浙江省转型升级产业基金

为发挥财政资金的杠杆作用，实现政府主导与市场化运作的有效结合，引导金融资本和社会资本投入实体经济，推动全省创业创新和产业转型升级，2015 年，浙江省财政设立初期规模为 100 亿元的浙江省转型升级产业基金（简称“省转型升级基金”），并将 2014 年设立的规模为 50 亿元的浙江省信息经济创业投资基金纳入其中，统筹运作和管理。

一、从 1.0 升级到 2.0，助力培育新兴产业链，推进传统产业链转型升级

2019 年，浙江省转型升级产业基金完成“全省基金规模突破 1000 亿元，撬动社会资本 10000 亿元”的三年工作目标。同年 11 月 27 日，规模达 251 亿元的省转型升级基金设立，基金从 1.0 成功升级到 2.0。省信息经济创业投资基金、省创新强省产业基金、省创新引领基金（原省级科技成果转化引导基金）纳入省转型升级基金统筹使用。

就投向领域看，1.0 版省转型升级基金重点关注信息、环保、健康、旅游、时尚、金融、高端装备制造等七大产业以及农业农村发展，并以此为支点，探索运用财税杠杆撬动区

域产业转型和经济发展的新方式。按照“聚焦战略取向、突出政策引导、坚持市场运作、合理防范风险”的原则进行运作管理的 2.0 版省转型升级基金，助力开发区培育新兴产业链，推进传统产业链快速有效转型升级。

在运作模式上，省转型升级基金将与国家、市县政府投资基金及社会资本、金融资本开展合作，采取以“定向基金”为主，以“非定向基金”“直接投资”为辅的模式进行运作，并积极探索各类创新业务，吸引各类高端资源要素集聚浙江省。

在引导基金出资比例上，定向基金规模原则上不低于 10 亿元，省转型升级基金与市县政府产业基金合计出资比例不超过定向基金规模的 40%。定向基金出资结构中，与产业项目方非关联的独立第三方社会资本出资比例原则上不低于定向基金规模的 20%。

对于非特定对象的股权投资基金，省转型升级基金与市县政府产业基金合计出资比例不超过非定向基金规模的 30%，与执行事务合伙人及基金管理人非关联的独立第三方社会资本出资比例原则上不低于基金规模的 20%。省转型升级基金在直投项目中占股比例一般不超过 20%，且不为第一大股东，特别重大项目经管委会审定后可不受本条所设比例限制。

二、首批 10 只子基金支持地方企业和核心产业做大做强

浙江省转型升级产业基金参股投资的首批 10 个子基金项目总规模达 300 亿元，省转型升级基金出资 69 亿元，财政资金放大规模逾 4 倍。其中，5 只与社会资本合作组建的子基金，总规模为 180 亿元，5 只与市县政府合作组建的区域基金，总规模为 120 亿元，将结合区域经济特点带动各地创业创新，发展战略性新兴产业，着力支持地方龙头企业和核心优势产业做大做强。

10 只子基金分别为浙商转型升级母基金、浙商成长股权投资基金、嘉兴浙华紫旌股权投资基金、杭州新趋势股权投资基金、浙江台州信息经济创业投资基金、浙江绍兴转型升级产业基金、浙江诸暨转型升级产业基金、浙江柯桥转型升级产业基金等。

三、组建主题基金，充分发挥基金的乘数效应

浙江省转型升级产业基金 2.0 版，聚焦聚力省委、省政府重大决策部署，组建数字经济产业投资基金、凤凰行动投资基金、金融稳定投资基金、特色小镇产融联动基金、创新引领基金等 5 只主题基金，充分发挥了基金的乘数效应。

数字经济产业投资基金总规模 100 亿～150 亿元，用于支持数字经济发展。目前已与中电海康、嘉兴康峰大硅片、嘉兴敏实智造等项目深入对接，积极推动项目落地。

凤凰行动投资基金总规模 50 亿元，用于支持民营企业上市和并购重组。推进组建中金凤凰基金、浙商创投凤凰基金、海通证券并购基金等子基金。

金融稳定投资基金总规模 100 亿元，鼓励金融机构在浙江省开展债转股，缓解民营企业流动性压力。由金融稳定投资基金出资 20 亿元，会同之江新实业组建首期规模 100 亿元的省上市公司稳健发展支持基金，纾解浙江省上市公司股权质押流动性风险。

特色小镇产融联动基金总规模 100 亿元，支持构建金融特色小镇与产业特色小镇联结纽带，引导金融小镇的金融资源投入产业小镇项目，推动特色小镇建设。

创新引领基金总规模 20 亿元，重点投向信息经济、新材料、新药研制等新兴产业及创业创新领域。

浙江省转型升级产业基金将继续利用自身优势与其所带动的社会资源助力于推动信息科技、环保、健康、高端装备制造等八大万亿产业重点领域、重点产业项目，对接省转型升级基金。培育新兴产业链，推进传统产业链快速有效转型升级，做大、做强、做实产业链，提升开发区国际竞争力。

第八章

国外母基金机构简介

第一节 Commonfund

一、基本情况

Commonfund 基本情况如表 8-1 所示。

表 8-1 Commonfund 基本情况

总部地点	威尔顿	成立时间	1971 年
办事处分布	威尔顿、纽约、旧金山、伦敦、北京	基金规模	256 亿美元
管理基金数量	107 只	公司官网	https://www.commonfund.org

资料来源：Commonfund。

Commonfund 是 1971 年由福特基金会出资建立，目的是帮助很多缺乏资产保值增值通道的基金会进行投资理财。Commonfund 总部设在美国康涅狄格州威尔顿市，并在全球其他地区设有 4 个办事处。其中，Commondfund 在北京设有办事处。截至 2019 年年底，Commonfund 共有 273 个机构客户，管理资产 256 亿美元，管理基金业绩年化回报率达到 17%。

在 20 世纪 60 年代，诸多非营利性基金会的投资收益都无法覆盖其运营成本。因此，传统的基金会运营投资模式受到了挑战。为了解决这一问题，福特基金会（Ford Foundation）在 1969 年出资 280 万美元并联合其他基金会设立了“非营利机构共同基金”（The Common Fund for Nonprofit Organizations）。2 年后，Commonfund 正式成立。Commonfund 在成立之初有 2 个使命。第一，为非营利组织、慈善基金会、校友基金等提供投资顾问服务。同时，归纳总结投资中的实操经验，以帮助其出资人了解市场最新情况，在委托外部管理的同时也锻炼了自身投资团队的投资能力。1971 年年底，Commonfund 联合 72 家基金会成立了第一只权益类投资基金，规模 6300 万美元。该基金为多策略的权益类基金，这也奠定了未来各基金会的投资逻辑。

与客户合作模式方面，Commonfund 的主要模式分别是受托管理和顾问管理。受托管理是指 Commonfund 受各类基金会委托，为其资产进行投资管理，并提供风控、运营管理、投资执行等服务。顾问管理是指 Commonfund 可以协助各类基金会的投资部门对其现有投资组合进行管理和调整，同时也提供资产配置、投资组合构建、投资组合监控、资产再平衡、风控等方面的建议和指导。

二、投资策略

Commonfund 在成立之初便建立了捐赠基金的投资模型（The Endowment Model of Investing），如今已经成为众多捐赠基金会的主要投资策略。该模型有三大基本原则，分别为偏好权益类资产、适度投资灵动性高的资产、分散资产投资。权益类资产投资方面，Commonfund 通过模型将权益资产的市场带来的 beta 收益与管理人带来的 alpha 收益进行分离。Commonfund 希望通过这一方式，选择出更多可以获得更好 alpha 收益的管理人。这样，在分散投资的前提下，投资组合可以稳定获得 alpha 收益且不会将 beta 收益对冲掉。对于分散资产投资，Commonfund 并非简单地将资产通过地域、投资风格等指标区分，而是根据不同资产的相关性（Correlation）对资产进行选择。高流动性资产方面，Commonfund 会保证投资组合的流动性保持在合理水平。同时，Commonfund 也会对于整体市场流动性溢价进行监控，在合适的市场环境下增配流动性较高的资产。

在执行层面，Commonfund 将投资分为三个维度，分别是战略资产配置、投资组合构建、战术资产调整。战略资产配置是投资决策中最重要的环节，直接关系到组合的风险收益特征。Commonfund 与每位客户充分沟通后制订出战略资产配置方案，最终方案会由客户根据其收益目标、风险承受能力等因素而决定。Commonfund 会根据自身研究能力，通过大量的金融模型，帮助客户了解不同资产配置方案的收益风险特征。在投资组合构建环节中，投资组合在战略资产配置的基础上，由 Commonfund 的 CIO 牵头制定，最后由投委会决策。同时，Commonfund 的 62 人投资团队也会对拟投资子基金进行研究、筛选、尽职调查。对于战术资产调整，Commonfund 的投资团队会基于市场数据对市场进行追踪。战术资产调整通常基于对未来 6～18 个月的市场趋势做出判断，确保风险敞口不超过子基金管理人所创造的 alpha 收益。

三、在中国的投资情况

Commonfund 也在一直参与中国的股权基金的投资，其合作子基金管理人包括华登国际、启明创投、IDG 资本、赛富中国、渶策资本等。从投资基金来看，Commonfund 重点关注于团队的投资能力。例如启明创投一期美元基金、渶策基金等均为首期基金。同时，渶策基金的创始人甘剑平和胡斌在此之前均为启明创投的合伙人。在认可子基金管理人投资能力的前提下，Commonfund 会持续为该管理人后续新募集基金出资。Commonfund 在中国的投资情况如表 8-2 所示。

表 8-2　Commonfund 在中国的投资情况

序　　号	基 金 名 称	管　理　人	成 立 时 间	基 金 规 模
1	华登中国投资基金	华登国际	1994 年	8375 万美元
2	赛富亚洲投资基金二期	赛富中国	2005 年	6.43 亿美元
3	启明创投一期美元基金	启明创投	2006 年	1.9 亿美元
4	赛富亚洲投资基金三期	赛富中国	2007 年	11 亿美元
5	IDG 中国成长基二期	IDG 资本	2007 年	5.1 亿美元
6	启明创投三期美元基金	启明创投	2011 年	4.5 亿美元
7	启明创投四期美元基金	启明创投	2014 年	4.5 亿美元
8	渶策基金	渶策资本	2019 年	3.52 亿美元

资料来源：融中母基金研究院。

第二节　Adams Street Partners

一、基本情况

Adams Street Partners 的基本情况表 8-3 所示。

表 8-3　Adams Street Partners 的基本情况

总部地点	芝加哥	成立时间	1972 年
办事处分布	芝加哥、波士顿、伦敦等	基金规模	400 亿美元
公司官网	https://www.adamsstreetpartners.com	管理基金数量	58 只

资料来源：Adams Street Partners。

Adams Street Partners，LLC 创建于 1972 年，总部位于芝加哥，在波士顿、伦敦、门洛帕克、新加坡及北京均设有办事处。当前，公司在全世界已拥有近 200 名员工，是一家员工股份所有制的私募股权投资机构。作为全球著名的四大美元 LP 之一，Adams Street Partners 早在 20 世纪 70 年代就建立了第一只 FOF，并于 2006 年进入中国市场，参与和支持了中国第一批 VC/PE 基金的投资。主要投资业务涵盖 FOF、次级证券投资、项目直投以及共同投资等。

二、管理基金情况

截至目前，Adams Street 管理总规模 400 亿美元，管理的各类基金共 58 只，包括美国及海外 FOF、并购基金、直投基金和 S 基金等，其中已披露的管理规模共计 187.43 亿美元。基金投资覆盖全球，除美国本土外，其业务主要集中在英国及欧洲其他地区，同时在中国、印度等发展区域开辟新兴市场业务。Adams Street 管理基金的情况如表 8-4 所示。

表 8-4 Adams Street 管理基金的情况

序号	基金类型	数量（只）	基金规模（亿美元）
1	Adams Street Partners Non-U.S. FOF	17	62.02
2	Adams Street Partners Non- U.S. FOF Emerging Markets	6	7.5
3	Adams Street Partners U.S. FOF	16	57.49
4	Adams Street Partners Direct Investments	12	24.79
5	Adams Street Partners Buyout Co-Investments	3	5.68
6	Adams Street Partners Secondary investments	4	29.95

资料来源：Palico、Cruchbase 及其他公开信息，由融中母基金研究院整理。

其中，母基金（包括 S 基金在内）管理数量 43 只，部分基金情况如表 8-5 所示。

表 8-5 Adams Street 管理母基金的情况

序号	基金名称	基金规模（亿美元）	成立时间
1	Adams Street 2019 Partnership Fund Program	7.4	2019 年
2	Adams Street Global Secondary Fund 6	10.5	2019 年
3	Adams Street 2018 Global Fund	8.24	2018 年
4	Adams Street 2017 Global Fund	4.7	2017 年
5	Adams Street 2014 Global Fund	10.5	2014 年
6	Adams Street Global Secondary Fund 5	10	2013 年
7	Adams Street 2011 Emerging Markets Fund	2.5	2011 年

资料来源：Palico、Cruchbase 及其他公开信息，由融中母基金研究院整理。

Adams Street 一直致力于通过强化团队之间的协作以及突破性的投资策略，来确保在各个领域内实现长期稳定的投资，并且在越来越复杂的市场环境中为不同客户提供创新的解决方案。

三、投资策略

Adams Street 在基金募资上，主要依赖于来自美国、欧洲、中东以及亚洲的新老投资者，其中也包括企业养老金、高净值个人、基金会及捐赠基金等渠道。

投资方式方面，Adams Street 所管理的各类型基金从投资策略上可细分为 6 类。根据已披露的总管理规模 187.43 亿美元可知，各类母基金包括 U.S. FOF、Non-U.S. FOF、Non-U.S. FOF 新兴市场以及 S 基金总规模 156.96 亿元，占比 84%；并购基金 5.68 亿美元，占比 3%；项目直投基金 24.79 亿美元，占比 13%。Adams Street 所管理的各类型基金占比如图 8-1 所示。

作为最早进入中国市场的美元 LP 之一，Adams Street 在中国参与投资了一批优秀基金，包括鼎晖创投一期，鼎晖中国成长基金二期、三期，华平全球 8、9、10 号基金，红点投资一期、二期基金等。总管理规模超过 240 亿美元的承诺资本。

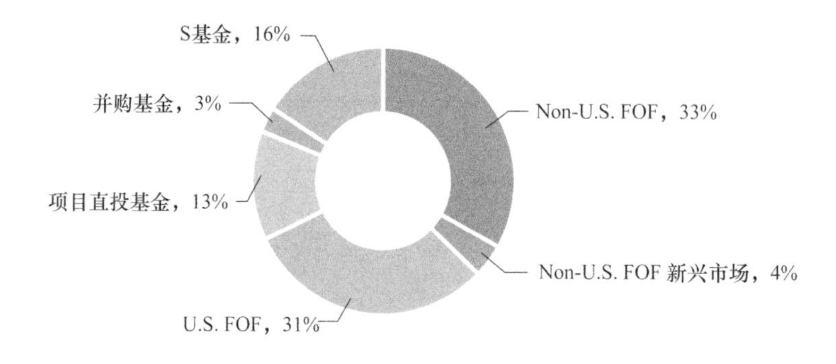

图 8-1　Adams Street 所管理的各类型基金占比

资料来源：Palico、Cruchbase 及其他公开信息，由融中母基金研究院整理。

Adams Street 在 S 基金中的主要投资策略为专注于寻找具有较强增长潜力且低杠杆率的非风口行业的资产，同时尽量避免在过度依赖通过杠杆产生收益的行业中交易。此外，虽然 Adams Street 的 S 基金市场以美国和欧洲地区为主，但近年来随着亚洲地区交易量的上升，未来将会借助亚洲市场日趋成熟的私募股权投资环境开辟更多业务。

Adams Street 的项目直投基金中，主要投向处于成长期的 IT 技术和医疗健康企业。投资团队专注于 SaaS、移动互联网、云计算、金融科技、医疗 IT 技术及设备和生物医药等领域的 VC/PE 投资。团队过往在全球投资超过 300 家企业，管理规模达到 20 亿美元，企业单笔投资金额在 1500 万 ~ 3000 万美元，实现项目退出 57 个，包括 comScore、Five9 以及 LogRhythm 等知名企业。

第三节　Lexington Partners

一、基本情况

Lexington Partners 的基本情况如表 8-6 所示。

表 8-6　Lexington Partners 的基本情况

总部地点	纽约	成立时间	1994 年
办事处分布	波士顿、伦敦、香港等	基金规模	498.62 亿美元
公司官网	https://www.lexingtonpartners.com	管理基金数量	18 只

资料来源：Lexington Partners。

Lexington Partners 成立于 1994 年，主要致力于为私募股权和其他另类投资的所有者提供流动性解决方案，并与领先的私募股权发起人共同投资。

Lexington Partners 作为全球最大的二级收购和共同投资基金独立管理人，具有专业和丰富的投资经验，其总部位于纽约，在波士顿、门罗帕克、伦敦、香港和圣地亚哥设有办事处。Lexington Partners 已完成超过 500 次的 S 基金以及 350 个共同投资项目的交易，当前管理约 500 亿美元的资金，包括其 2020 年新募集完成一只 140 亿美元的 S 基金，这也打破了此前由其保持的 101 亿美元的最大 S 基金规模纪录。

二、管理基金情况

截至目前，Lexington Partners 共管理 18 只基金，总管理规模涉及 498.62 亿美元。在母基金及 S 基金投资中，Lexington Partners 设立了 Lexington Capital Partners 以及 Lexington Middle Market Investors 等系列基金，共计 14 只基金；在股权投资中则设立 Lexington Co-Investment Partners 系列基金 4 只 Lexington Partners 管理基金一览表如表 8-7 所示。

表 8-7　Lexington Partners 管理基金一览表

序　号	基 金 名 称	基金规模（亿美元）	成 立 时 间
1	Lexington Capital Partners IX	140	2019 年
2	Lexington Middle Market Investors IV	27	2017 年
3	Lexington Co-Investment Partners IV	21	2017 年
4	Lexington Capital Partners VIII	101	2015 年
5	Lexington Middle Market Investors III	11	2014 年
6	Lexington Emerging Partners	1.53	2013 年
7	Lexington Co-Investment Partners III	16	2013 年
8	Lexington Capital Partners VII	70	2011 年
9	Lexington Middle Market Investors II	6.5	2009 年
10	Lexington Capital Partners VI	38	2006 年
11	Lexington Co-Investment Partners II	5	2005 年
12	Lexington Middle Market Investors	5.55	2005 年
13	Lexington Capital Partners V	20	2003 年
14	Lexington Capital Partners IV	6.06	2000 年
15	Lexington Capital Partners III	6.56	1999 年
16	Lexington Capital Partners II	11	1998 年
17	Lexington Co-Investment Partners	10	1998 年
18	Lexington Capital Partners I	2.42	1996 年

资料来源：Cruchbase，由融中母基金研究院整理。

三、投资策略

自 1990 年成立以来，在基金募集上，Lexington Partners 通过其建立的多只 S 基金和共同基金池，发展出了众多出资合作伙伴。投资者包括来自 40 多个国家的 1000 多家领先的公共和企业养老基金、主权财富基金、保险公司、金融机构、捐赠基金、基金会和家族企业等。

投资方面，Lexington Partners 的投资组合主要包括 FOF、S 基金、共同投资基金以及中间市场投资者基金。其中，共同投资基金主要与全球知名私募基金管理机构共同合作进行投资，当前该系列已设立 4 只基金，总规模 52 亿美元，占比 10.43%；中间市场投资者系列基金主要在全球二级市场中关注成长及中小型市场买断基金的权益，系列设立的 4 只基金规模共 50.05 亿美元，占比 10.04%；此外，FOF 及 S 基金管理规模 395.04 亿美元，占比 79.23%。Lexington Partners 的投资组合如图 8-2 所示。

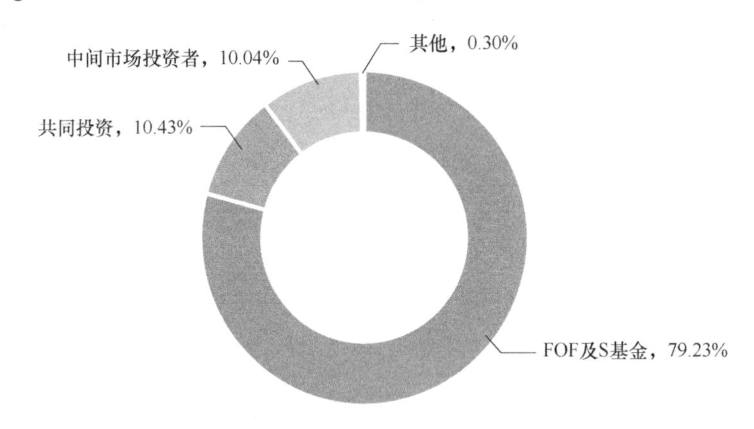

图 8-2　Lexington Partners 的投资组合

资料来源：Cruchbase，由融中母基金研究院整理。

在行业责任上，Lexington Partners 支持“负责任投资原则”（PRI）的使命和理想，认识到环境、社会和治理（“ESG”）问题会影响未来的投资组合。Lexington 在代表其管理的基金做出投资决策时会考虑多种因素，并认识到 ESG 问题是投资分析和决策过程的重要部分。此外，随着 ESG 政策和法规的广泛颁布，Lexington Partners 认为，那些能够更好地实现 PRI 理想目标的公司，在未来财务上会具备更大的投资优势。同时在其发起设立的 FOF 基金中，投资人也会在尽职调查过程中更加关注 ESG 相关因素的信息。

第四节　AlpInvest Partners

一、基本情况

AlpInvest Partners 的基本情况如表 8-8 所示。

表 8-8 AlpInvest Partners 的基本情况

总部地点	阿姆斯特丹	成立时间	2000 年
办事处分布	阿姆斯特丹、纽约、旧金山、印第安纳波利斯、香港、伦敦、东京	基金规模	420 亿美元
公司官网	www.alpinvest.com	管理基金数量	18 只

资料来源：AlpInvest。

AlpInvest Partners 是全球最大的私募股权投资机构之一，2011 年被凯雷投资集团（Carlyle Group）收购并成为其核心部门，目前在全球拥有超过 175 名员工，在阿姆斯特丹、纽约、旧金山、印第安纳波利斯、伦敦和香港设有办事处。AlpInvest Partners 的投资活动广泛，涵盖了私募股权基金一级份额、二级份额和共同基金投资（包括夹层基金）等领域，资产管理规模达 420 亿美元。

凯雷投资集团（Carlyle Group）是全球性另类资产管理公司，管理的资产超过 1580 亿美元，涉及 281 个投资工具，拥有超过 1575 名员工，在全球六大洲设有 35 个办事处。

二、管理基金情况

截至 2018 年 12 月 31 日，AlpInvest Partners 管理基金 18 只，基金认缴规模 400 亿美元；募资中基金 2 只，募资规模 75 亿美元。其中，包括 6 只一级份额基金、6 只二级份额基金和 8 只共同投资基金（含 2 只夹层基金），如表 8-9 所示。

表 8-9 AlpInvest Partners 管理基金一览表

序 号	基金名称	成立时间	基金规模（百万欧元）	Gross IRR	Net IRR
1	Main Fund I-Fund Investments	2000 年	5175	12%	11%
2	Main Fund II-Fund Investments	2003 年	4545	10%	10%
3	Main Fund III-Fund Investments	2005 年	11500	10%	10%
4	Main Fund IV-Fund Investments	2009 年	4877	17%	17%
5	Main Fund V-Fund Investments	2012 年	5080	15%	14%
6	Main Fund VI-Fund Investments	2015 年	1106	18%	16%
7	Main Fund I-Secondary Investments	2002 年	519	58%	54%
8	Main Fund II-Secondary Investments	2003 年	998	27%	26%
9	Main Fund III-Secondary Investments	2006 年	2250	11%	10%
10	Main Fund IV-Secondary Investments	2010 年	1859	19%	18%
11	Main Fund V-Secondary Investments	2011 年	4273	22%	20%
12	Main Fund II-Co-Investments	2003 年	1090	44%	42%
13	Main Fund III-Co-Investments	2006 年	2760	5%	4%
14	Main Fund IV-Co-Investments	2010 年	1475	24%	22%
15	Main Fund V-Co-Investments	2012 年	1122	28%	26%
16	Main Fund VI-Co-Investments	2014 年	1115	27%	25%
17	Main Fund II-Mezzanine Investments	2004 年	700	8%	7%
18	Main Fund III-Mezzanine Investments	2006 年	2000	10%	9%
19	Main Fund VI - Secondary Investments	2017 年	5184	—	—
20	Main Fund VII - Co-Investments	2017 年	2485	—	—

资料来源：AlpInvest Partners 官网公开信息，由融中母基金研究院整理。

三、投资策略

AlpInvest Partners 致力于为客户建立稳健的投资组合，并根据私募股权类型、投资风格和年份进行投资组合的多样化配置，为投资者在整个经济周期内创造有吸引力的风险调整后收益。

在 20 多年的投资经历中，AlpInvest Partners 始终专注于 3 个核心策略：基金一级份额投资、基金二手份额投资和共同基金投资（包括夹层基金），通过定制独立的管理账户和多元化混合基金为客户赚取丰厚回报。截至目前，AlpInvest Partners 管理着认缴规模超过 600 亿美元的基金资产。其中，以一级份额投资为主要投资方式，占总认缴规模的 57.58%；二级份额投资和共同基金（含夹层基金）投资分别占总认缴规模的 21.61%和 16.64%；其他基金投资占 1.49%。AlpInvest Partners 基金投资份额占比如图 8-3 所示。

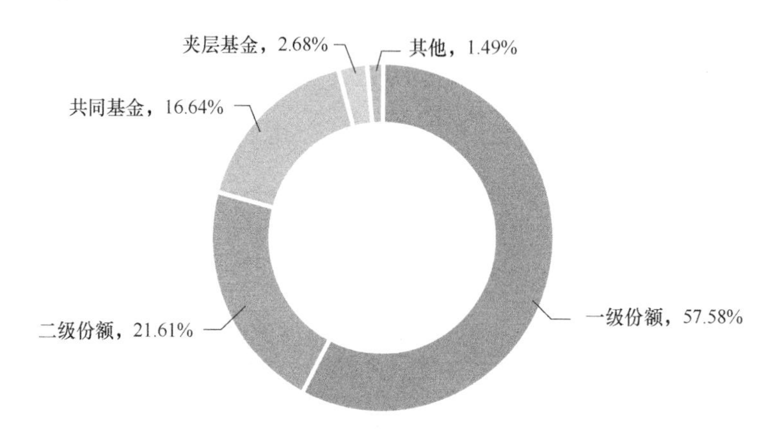

图 8-3　AlpInvest Partners 基金投资份额占比

资料来源：AlpInvest Partners 官网公开信息，由融中母基金研究院整理。

在一级份额投资方面，AlpInvest Partners 通过多元化投资加主动管理的方式，投资于航空航天、零售、医疗保健等多个市场领域。此外，通过不断强化 IT 骨干及运作流程，AlpInvest Partners 获取了来自 2 万多家底层资产管理公司的见解用于决策参考，以便做出更好的投资决策。

在二级份额投资方面，AlpInvest Partners 通过高度集中的投资策略，为投资者构建差异化二级投资组合，用于收购由顶级 GP 管理的具有吸引力的优质公司，通过专业、负责的投后服务为这些公司创造价值。在执行中，AlpInvest Partners 坚持无杠杆收购，以期在如今这个过度关注折价和杠杆收购老资产的行业中脱颖而出。

在共同基金投资方面，AlpInvest Partners 采取多元化投资策略，一直寻求投资于广泛的地区和行业。从地理上看，基金 40.7%投资在欧洲，49.1%在北美，10.2%在世界其他地区；从行业看，基金在工业、消费、能源、金融、地产、信息技术等 11 个行业进行了广泛投资，其中在消费、工业和信息技术 3 个领域投资较多，投资占总金额比重分别为 26%、19% 和 15%，合计占比达 60%。AlpInvest Partners 共同基金行业投资占比如图 8-4 所示。

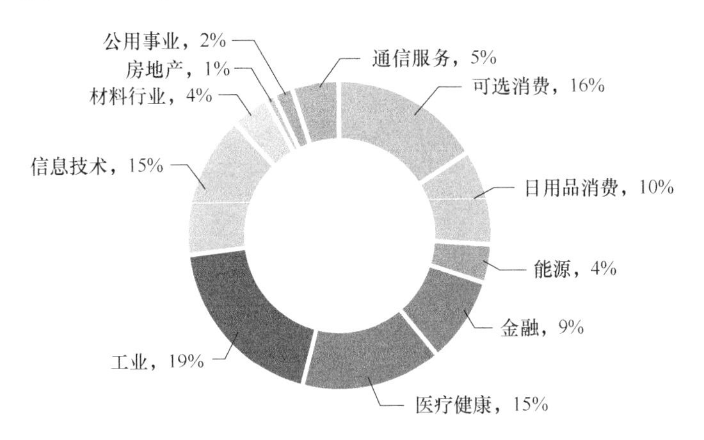

图 8-4 AlpInvest Partners 共同基金行业投资占比

资料来源：AlpInvest Partners 官网公开信息，由融中母基金研究院整理。

在 GP 的选择方面，AlpInvest Partners 致力于寻找在整个经济周期内保持自律的高质量 GP。目前，AlpInvest Partners 已与全球超过 310 个 GP 长期保持良好的合作关系，并在合作过程中坚持亲自参与投资和信息透明的原则。

第五节 Ardian（formerly AXA Private Equity）

一、基本情况

Ardian 的基本情况如表 8-10 所示。

表 8-10 Ardian 的基本情况

总部地点	巴黎	成立时间	1996 年
办事处分布	巴黎、伦敦、法兰克福、米兰、马德里、卢森堡、瑞士、泽西岛、纽约、旧金山、智利、新加坡、北京、东京、首尔	基金规模	550 亿美元
管理基金数量	17 只	公司官网	www.ardian.com

资料来源：Ardian。

Ardian 是一家全球领先的私人投资公司，创建于 1996 年，创始人 Dominique Senequier，公司由员工多数持股，总部位于法国巴黎。其前身为 AXA 安盛保险私募股权部门，2013 年从安盛剥离并起名为 Ardian。Ardian 为全球政府、金融机构以及高净值人士管理和提供咨询服务的资产达 960 亿美元。

Ardian 以“卓越”“忠诚”“企业家精神”为核心价值观，面向全球投资者提供五大核心业务选择，包括母基金、直投基金、基础设施投资基金、私募债基金以及房地产投资基金。此外，Ardian 还为客户提供定制化投资方案。Ardian 五大核心业务规模如图 8-5 所示。

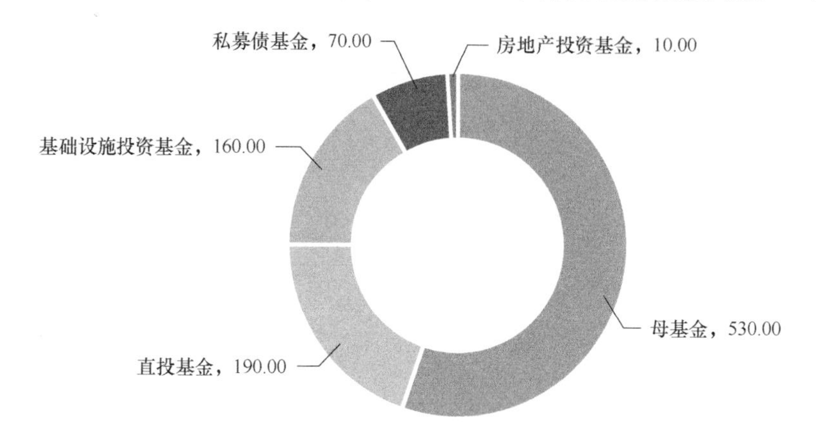

图 8-5　Ardian 五大核心业务规模（单位：亿美元）

资料来源：Ardian 官网。

Ardian 拥有全球化办公网络，其超 660 名员工分布于包括巴黎、伦敦、法兰克福、米兰、马德里、卢森堡、瑞士、泽西岛、纽约、旧金山、智利、新加坡、北京、东京、首尔的 15 个办公场所。

二、管理基金情况

Ardian 目前在管的各类基金共 17 只，基金类型主要包括母基金、私募债基金、直投基金（包含并购基金、跟进投资基金、拓展期基金和成长期基金）、基础设施投资基金和房地产投资基金。在管各类基金中，欧元基金 12 只，规模总计 247.3 亿欧元；美元基金 5 只，规模总计 273.595 亿美元。其基金投资覆盖全球，除法国本土外，业务主要集中在欧洲、北美洲、亚洲等。Ardian 管理基金一览表如表 8-11 所示。

表 8-11　Ardian 管理基金一览表

序　号	成立时间	基金名称	募集资金
1	2019 年	Ardian Private Debt Fund IV	30 亿欧元
2	2019 年	Ardian Co-Investment Fund V	25 亿美元
3	2019 年	Ardian Infrastructure Fund V	61 亿欧元
4	2018 年	Ardian North America Fund II	5950 万美元
5	2018 年	Ardian Infrastructure Fund I	8 亿美元
6	2018 年	Ardian Growth Fund II	2.3 亿欧元
7	2018 年	Ardian Real Estate European Fund I	7 亿欧元

（续）

序　　号	成立时间	基金名称	募集资金
8	2016年	Ardian Mid-Cap LBO Fund V	45亿欧元
9	2016年	Ardian Expansion Fund IV	10亿欧元
10	2016年	Ardian Secondary Market Fund VII	140亿美元
11	2016年	Ardian Infrastructure Fund IV	27亿欧元
12	2015年	Ardian Co-Investment Fund IV	11亿欧元
13	2015年	Ardian Debt Fund	20亿欧元
14	2014年	Ardian Fund VI	100亿美元
15	2014年	Ardian Expansion Fund III	5亿欧元
16	2013年	Ardian Fund V	24亿欧元
17	2004年	Ardian LBO Fund III	5亿欧元

资料来源：Crunchbase及其他公开信息，由融中母基金研究院整理。

三、投资策略

1. 直投基金

Ardian的直投基金类型包括并购投资基金、拓展期基金和成长期基金以及跟进投资基金。

（1）并购投资基金

Ardian 的并购投资基金的团队根植于欧洲，主要投资于西欧高品质的中型、大型公司。基金围绕五大长期增长主题和八大领域进行投资。五大长期增长主题包括：①生活与健康质量；②天然产物与环境；③消费者体验；④增加产品价值的流程；⑤合规性和流程性效率。八大投资领域包括医疗健康、保险服务、消费品和新零售、食品配料、农业、化学、工程、航空TIC业（Testing，Inspection and Certification，检验、检测和认证）。

此外，针对北美并购投资基金，Ardian 专注于中型市场业务。Ardian 的北美直接投资活动的重点是工业和相关商业服务行业（例如航空航天和国防、汽车/运输、建筑产品、化工、分销、多元化工业、工业服务、制造、包装、塑料和特种材料业）的中低端市场和中端市场的公司。北美并购投资基金团队将其投资策略重点放在商业价值未被完全挖掘且财务特征良好的公司。

（2）拓展期基金

Ardian的拓展期基金团队专注于价值在5000万～3亿欧元的公司。

（3）成长期基金

Aridian 的成长期基金团队专注于投资并支持：①营业额在 500 万～1 亿欧元的中小型企业；②在核心市场上展现强劲的、可持续增长的潜力并寻求国际扩张的公司。此外，Aridian 依靠其专有的商业智能工具——Redpoint，借助以数据为驱动的研究来预测其投资的前景。

（4）跟进投资

针对跟进投资，Ardian 采用两种投资策略：①Ardian 作为跟投方，与另一投资基金共同投资，且不参与被投公司管理。通常团队会联合一小群投资者，为每笔交易投入 2000 万～7000 万欧元。②针对欧洲市场，Ardian 在大型交易中参股投资，并在公司的组织架构、公司治理和发展中担任积极的角色。Ardian 作为跟投方，可以与另一私募基金共同投资，也可以与企业家、工业集团或家庭共同投资。通常投资金额为 5000 万～2 亿欧元。

2. 基础设施投资

重点关注的领域包括运输（铁路、公路和机场）、能源（天然气、电力和可再生能源）、电信和其他公共基础设施资产（健康和环境）。

3. 私人债务投资

Ardian 团队为 LBO、OBO、管理层持股重组、资本重组或融资合并提供规模在 3000 万～3 亿欧元的融资，并开发了一系列的融资产品。

4. 房地产投资

房地产投资主要投资于欧洲大陆的商业和其他非住宅地产资产类别。

四、在中国的投资情况

在中国，Ardian 参与了鼎晖资本的鼎晖创投一期、鼎晖中国成长基金二期、鼎晖中国成长基金三期以及 CVC 资本的 CVC Capital Partners Asia Pacific，智基创投 IDT VC 的智龙一期的投资。此外，Ardian 还参与了太平洋造船、宜搜科技等企业的投资。Ardian 在中国的投资情况如表 8-12 所示。

表 8-12　Ardian 在中国的投资情况

序　号	基金名称	管理人	成立时间	基金规模（亿美元）
1	鼎晖创投一期	鼎晖资本	2005 年	16
2	鼎晖中国成长基金二期	鼎晖资本	2005 年	2.1
3	CVC Capital Partners Asia Pacific	CVC 资本	—	3.1
4	智龙一期	智基创投	—	19.75
5	鼎晖中国成长基金三期	鼎晖资本	2016 年	1.25

资料来源：融中母基金研究院。

第六节　HarbourVest Partners

一、基本情况

HarbourVest Partners 的基本情况如表 8-13 所示。

表 8-13　HarbourVest Partners 的基本情况

总部地点	波士顿	成立时间	1982 年
办事处分布	波士顿、北京、伦敦、东京等	基金规模	450 亿美元
公司官网	https://www.harbourvest.com	管理基金数量	50 只

资料来源：HarbourVest Partners。

HarbourVest Partners 成立于 1982 年，隶属于 John Hancock Insurance 的子公司 Hancock Venture Partners，总部位于美国波士顿，并在北京、香港、伦敦、首尔、东京等地设有办事处。HarbourVest 在全球拥有大量专业的投资人员，是全球最大的私募股权投资基金管理公司之一。当前公司主要投资业务涵盖股权投资、个人信贷、不动产等。

HarbourVest Partners 的优秀业绩离不开其经验丰富的团队。自 20 世纪 80 年代末以来，其团队已成功地进行了全周期的投资，在全球私募市场的所有领域积累了丰富的经验。其中，由 52 名董事总经理组成的高级团队，平均在 HarbourVest Partners 工作 13 年以上，为 HarbourVest Partners 的管理、投资绩效和策略提供了宝贵的经验。

二、管理基金情况

HarbourVest Partners 的管理基金总规模超过 450 亿美元，管理各类基金共 50 只，包括美国及海外 FOF、直投基金和 S 基金等。基金业务主要集中在美国与欧洲，同时也投资于包括中国在内的新兴市场，其中在美国本土所设立的 FOF 中，基金类型包含了风险型、成长型、并购以及夹层基金等业务。母基金（包括 S 基金）管理数量为 38 只，如表 8-14 所示。

表 8-14　HarbourVest Partners 管理基金一览表

序　　号	基 金 类 型	基金数量（只）	基金规模（亿美元）
1	HarbourVest Partnership （U.S. FOF）	20	186.23
2	HIPEP （Non U.S. FOF）	7	47.03
3	HarbourVest Direct （Global Co-Invest）	5	68.34
4	HarbourVest Direct （U.S. Co-Invest）	2	0.76
5	HIPEP Direct （Non U.S. Co-Invest）	5	2.37
6	HarbourVest Global Secondary	11	136.59

资料来源：Palico、Crunchbase 及其他公开信息，由融中母基金研究院整理。

部分基金情况如表 8-15 所示。

表 8-15 HarbourVest Partners 部分基金情况

序 号	基 金 名 称	基金规模（亿元）	成 立 时 间
1	HarbourVest Partners XI	26.1	2020 年
2	HarbourVest Canada Growth Fund II	3	2019 年
3	HarbourVest Partners Co-Investment Fund V	30	2019 年
4	HIPEP VIII	1.7	2018 年
5	HarbourVest Partners Co-Investment IV	17.5	2017 年
6	Dover Street Fund IX	47.7	2016 年
7	HarbourVest Partners VIII - Mezzanine and Distressed	4.85	2008 年

资料来源：Palico、Crunchbase 及其他公开信息，由融中母基金研究院整理。

三、投资策略

HarbourVest Partners 在基金募资上，其投资者主要包括各种类型的机构投资者，例如公共和企业养老基金、捐赠基金、基金会和金融机构等。

在基金管理方面，HarbourVest Partners 在全球布局的基金主要有 FOF、直投基金和 S 基金，目前已披露的总管理规模 441.32 亿美元。HarbourVest Partners 旗下管理母基金分为 U.S. FOF 和 Non U.S. FOF。U.S. FOF 主要布局美国及加拿大地区的创投型、成长型以及夹层基金，而 Non U.S. FOF 主要布局在欧洲及新兴市场，致力于在多样化的区域挖掘高质量的投资机会。在直投基金方面，按照地域分为 Global Co-Invest、Non U.S. Co-Invest、U.S. Co-Invest，全球总管理规模为 71.47 亿美元；在 S 基金方面，当前总管理规模为 136.59 亿美元，其中 2020 年新设立的 Secondary Overflow Fund IV 基金，募资为 6.36 亿美元。其布局基金占比如图 8-6 所示。

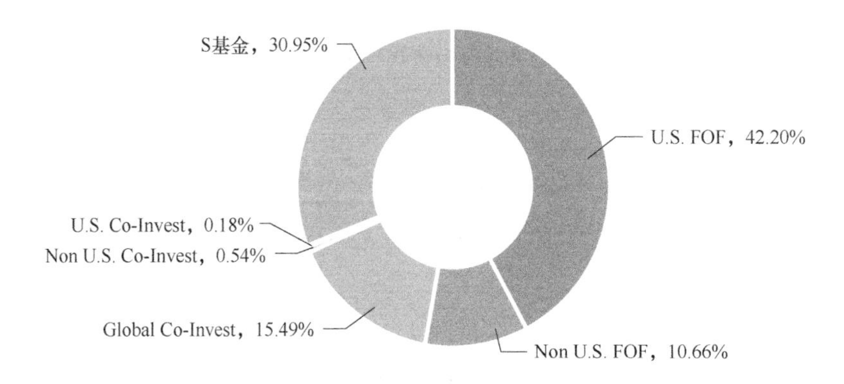

图 8-6 HarbourVest Partners 基金布局占比

资料来源：Palico、Crunchbase 及其他公开信息，由融中母基金研究院整理。

HarbourVest Partners 基金的核心投资策略是建立多元化的投资组合。30 多年来，公司在

FOF、直投基金和 S 基金等投资方面获得了宝贵的经验和长期的合作伙伴。HarbourVest Partners 以良好声誉获得了多元化投资机会及新兴市场，包括北美、南美、欧洲、亚洲、大洋洲及非洲等。同时，其投资业务涵盖软件、硬件、数据通信、电信、金融服务和管理收购等领域。

自 1989 年以来，HarbourVest Partners 团队直接参与投资了 242 家公司。HarbourVest Partners 与其他共同投资者和公司管理层合作，帮助公司发展壮大，最终通过实现退出的企业多达 207 家，其中包括 134 个并购案例以及 73 个企业通过 IPO 上市的案例。

第七节　LGT

一、基本情况

LGT 的基本情况如表 8-16 所示。

表 8-16　LGT 的基本情况

总部地点	普费菲孔	成立时间	1970 年
办事处分布	悉尼、北京、香港、巴黎、法兰克福、都柏林、东京、瓦杜兹、迪拜、普费菲孔、伦敦、纽约	基金规模	600 亿美元
管理基金数量	550 多只	公司官网	https://www.lgt.com

资料来源：LGT。

LGT 集团（LGT Group）是全球最大的由家族管理的私人银行和资产管理公司。其控制人为列支敦士登王室。现在，LGT 集团的主要业务为私人银行业务和资产管理业务。公开材料显示，2019 年 LGT 集团营收 18.18 亿瑞士法郎，总资产 494 亿瑞士法郎，总资产管理规模 2279 亿瑞士法郎，核心一级资产充足率为 19.9%。

LGT Capital Partners 作为 LGT 集团的资产管理平台，其专注于私募基金、对冲基金等资产管理业务。LGT Capital Partners 是一支国际化的投资团队，有超过 500 名投资专家专注于数百个投资项目。

二、投资策略

LGT Capital Partners 专注于提供私募市场的投资解决方案，包括私募股权投资和房地产投资。通过合理的投资，在长期投资过程中收获了非常丰厚的回报，表现超越了公募和私募市场的基准水平。

在私募股权一级市场基金投资方面，与许多知名投资机构热衷于向全球知名的大型私募股权基金投资不同，LGT 一直专注于中小型市场的一级市场基金，这些基金经理往往关注规模较小的公司，但这些企业都有着很高的潜在发展价值，可能在未来以数倍于初始投资的价格被收购。LGT 对于基金的投资方式遵循单一、制度化的原则。首先 LGT 会对基金经理进行深入的商业和法律尽职调查，然后从核心私募股权市场中挑选顶级经理人，为机构投资者提供经过严格审查的经理人选择。同时，LGT 也会提供每只基金的关键投资属性和风险分析。之后，LGT 在投资后积极监控基金，以解决私募股权投资组合长期存在期间可能出现的任何风险。LGT 还拥有全球数百家基金的咨询委员会席位，这增强了 LGT 检测和影响基金发展的能力。

LGT 通过专家组在私募股权二级市场基金提供交易信息，帮助投资者获得二级市场基金的交易份额。成立至今，LGT 获得了超过 110 亿美元的原始认缴基金份额。LGT 不断地利用其关系网络从北美、欧洲、亚洲的私募股权基金经理人处寻求交易信息。利用现有的 800 多只私募股权基金的投资组合，LGT 可以有效地为基金份额定价，同时也可以高效地促成二级市场基金的交易。同样，其核心重点投资策略依然是在投资前对基金和经理人进行深入调查和了解，获取深度的信息以帮助 LGT 和其投资人快速而高效地选择合适的基金投资组合。

三、在中国的投资情况

LGT 集团在二十几年前就已经进驻亚洲，十多年前通过私募股权投资公司开始在中国投资，LGT 是中国境内首批国际机构投资者之一。目前 LGT 总体业务 1/4 来自亚洲，而中国又是 LGT 亚洲市场最重要的组成部分，现在 LGT 分别在香港、北京两地设立了办事机构。LGT 是中国境内首批国际机构投资者之一，在亚洲业务迅猛增长拉动下，近年来财务表现优异。LGT 在中国的基金投资情况如表 8-17 所示。

表 8-17　LGT 在中国的基金投资情况

序　号	基金名称	管理人	成立时间	基金规模（亿美元）
1	Newbridge Asia II,L.P.	美国新侨投资	1999 年	—
2	霸菱亚洲投资基金 I	霸菱亚洲	1999 年	—
3	Newbridge Asia III,L.P.	美国新侨投资	2001 年	—
4	Newbridge Asia IV,L.P.	美国新侨投资	2005 年	—
5	赛富二期基金	赛富投资基金	2005 年	6.43
6	德同中国成长基金	德同资本	2005 年	3.55
7	AOF II	摩根大通	2005 年	15.9
8	赛富三期基金	赛富投资基金	2007 年	11
9	NewQuest Asia Fund I	新程投资	2011 年	4
10	NewQuest Asia Fund II	新程投资	2014 年	3
11	鼎晖中国美元基金 V	鼎晖投资	2014 年	20

资料来源：融中母基金研究院。

第九章

地方政府引导基金政策

第一节 北 京

北京市良好的经济、文化、科创环境为政府引导基金的繁荣发展提供了坚实的基础。公开资料显示，截至 2019 年上半年，北京市政府引导基金目标规模为 14248 亿元，位列全国第二，仅次于广东省的 14617 亿元。现对北京市 5 只活跃的引导基金的核心条款进行系统梳理和分析。

在梳理引导基金政策的过程中，重点参考了表 9-1 所列的管理办法。

表 9-1 引导基金管理办法一览表

序 号	引导基金名称	管理办法或投资指南
1	北京市科技创新基金	《北京市科技创新基金原始创新阶段子基金 2018 年度投资指南》及征集子基金合作机构的通知 《北京市科技创新基金成果转化子基金 2018 年度投资指南》及征集子基金合作机构的通知 《北京市科技创新基金高精尖产业阶段 2018 年度投资指南》及征集子基金合作机构的通知
2	北京高精尖产业发展基金	《北京高精尖产业发展基金管理办法》（京财经一〔2015〕2329 号）
3	北京市中小企业发展基金	《北京市中小企业发展基金管理办法》（京财经一〔2015〕305 号）
4	昌平区创业创新基金	《昌平区创业创新基金管理办法》
5	北京经济技术开发区科技创新基金	《北京经济技术开发区科技创新基金管理办法》（京技管〔2019〕35 号）

资料来源：融中母基金研究院。

一、北京市科技创新基金

（一）基金基本情况

为推进财政科技资金投入方式和支持方式创新，促进创新链、产业链、资金链深度融合，加强全国科技创新中心建设提供支撑，北京市政府成立北京市科技创新基金（以下简称

“科创基金”)，如表 9-2 所示。

表 9-2　北京市科技创新基金基本情况

基金名称	北京市科技创新基金
成立日期	2018 年 10 月
基金定位	科创基金是政府主导的股权投资母基金，专注于科技创新领域投资，与天使投资、创业投资等社会资本形成合力，面向国内外高校、科研院所、创新型企业等创新源头，实现“三个引导”：一是引导投向高端“硬技术”创新；二是引导投向前端原始创新；三是引导适合首都定位的高端科研成果落地北京孵化，培育“高精尖”产业
投资领域	科创基金重点投资：光电科技、新一代信息技术、战略性新材料、新能源、生物医药、脑认知与类脑智能、量子计算与量子通信、大数据、智能制造、人工智能等领域
设立规模和资金来源	总规模 300 亿元，首期规模 200 亿元
基金构成	科创基金投资分为原始创新、成果转化、“高精尖”产业三种投资阶段，母基金投资比例按照 5∶3∶2 安排
政府主管部门	北京市科学技术委员会为主管部门 北京市科学技术委员会、中关村管委会、北京市经济和信息化局分别作为原始创新阶段、成果转化阶段、“高精尖”产业阶段主要负责部门
受托管理机构	管理机构：北京科技创新投资管理有限公司 合作管理机构：中金资本运营有限公司
存续期	15 年

资料来源：北京市科学技术委员会对北京市科技创新基金的介绍、《北京市科技创新基金相关政策问答》《北京市科技创新基金原始创新阶段子基金 2018 年度投资指南》及征集子基金合作机构的通知，《北京市科技创新基金成果转化子基金 2018 年度投资指南》及征集子基金合作机构的通知，《北京市科技创新基金原始创新阶段子基金 2018 年度投资指南》及征集子基金合作机构的通知。

科创基金设立原始创新、成果转化和“高精尖”产业三种投资阶段的子基金（以下简称“三种类型子基金”)，管理机构根据子基金的特点可以在上述三种类型子基金中选择。

（二）子基金申报条件

1．子基金管理机构要求

（1）对三种类型子基金的管理机构的基本要求

注册地：北京市。符合优秀子基金管理机构认定条件且确实存在迁出或注册登记困难的管理机构，可申请注册地豁免。

出资要求：在子基金中的出资比例不低于 1%。

注册资本：实缴不低于 1000 万元。

管理团队：至少具有 3 名具备 3 年以上股权投资或基金管理工作经验的专职高级管理人员。

成功案例：管理人员主导过 3 个以上（含）股权投资成功案例。

（2）对三种类型子基金的管理机构的差异化要求

1）对原始创新阶段基金管理机构的要求。优先考虑的管理机构如下：

a. 子基金管理机构具有行业龙头企业或高校、科研院所及新型研发机构等技术源头单位或管理团队持股平台等主体作为股东方。

b. 子基金管理机构投资管理经验重点体现在促进基础、前沿及交叉科学研究等重大科学发现或科技成果，引导适合首都定位的重大科技成果在京落地孵化等方面。

2）对成果转化阶段基金管理机构的要求。

子基金管理机构的发起设立主体：应具备丰富的科技投资、成果转化或企业孵化经验。优先支持的发起主体为知名投资机构、行业领军企业、重点高校院所、创新型孵化器。

管理团队：①主要成员应具备“高精尖”产业背景和丰富的硬科技成果转化类企业投资经验，熟悉北京重点产业发展情况，至少主导过 3 个北京科技成果转化项目成功投资案例。②具有较强的资金募集能力，最近 3 年受托管理的资金总额或管理团队主要成员累计管理的资金总额不低于 2 亿元。

3）对“高精尖”产业阶段基金管理机构的要求。

注册地：北京市（投资境外标的可不受此限制）。

管理规模：具有“高精尖”产业投资经验和背景，参与管理的“高精尖”产业股权投资规模累计不低于 10 亿元。

管理团队：主导过 3 个以上（含）股权投资成功案例，至少指定 2 名投资关键人。

2. 子基金要求

（1）对三种类型子基金的基本要求

注册地：北京市（投资境外项目的子基金可不受此限制）。

基金规模：原始创新及“高精尖”阶段子基金没有明确规模限制；成果转化阶段单只子基金规模不低于 3 亿元。

投资方向：高端“硬技术”创新、前端原始创新，引导适合首都定位的高端科技成果落地北京孵化。子基金可以在新一代信息技术、医药健康、智能制造、新材料、人工智能等高端硬科技领域选择不超过三个方向进行聚焦。

其他要求：可以投资境外项目，不得投资于其他基金；设立在境外的基金也可申请。

引导基金出资比例：科创基金对子基金参股比例一般不超过 30%，属于原始创新阶段的，可以高于 30%但不超过 50%。

（2）对三种类型子基金的差异化要求

1）对原始创新阶段子基金的要求。

新发起设立：子基金应新发起设立。

引导基金出资比例：科创基金对原始创新阶段的子基金认缴出资比例以 20%～30%为主，根据实际需求可以高于 30%但不超过 50%。

存续期限：不超过科创基金的存续期（15 年）。

投资领域：可围绕科创基金列出领域中的 1～3 个领域设立，但鼓励聚焦 1 个投资领域，同时子基金需细化明确具体的投资方向。

投资要求：需要 100%投资于原始创新阶段项目。

返投比例：子基金投资落地北京的项目原则上占比不低于 70%；若科创基金对子基金出资比例低于 35%（含），则要求子基金投资落地北京的项目占比不低于科创基金对子基金出资比例的 2 倍（投资项目数或投资金额数任一指标符合即可）。

2）对成果转化阶段子基金的要求。

财政出资：北京市、区两级财政资金对子基金认缴出资比例不超过 50%。

单个企业投资：不超过子基金认缴出资总额的 20%，且占股不超过被投企业总股本的 30%。

存续期限：不超过科创基金的存续期（15 年）。

投资领域：重点聚焦人工智能、集成电路、软件和信息服务、下一代信息技术、医药健康、智能装备、新材料、新能源及新能源智能汽车、节能环保、文化创意设计、现代农业、科技服务等。

投资阶段：子基金只能用于对从事成果转化活动的初创期、成长期创新创业企业的股权投资。

返投比例：投资于北京市企业的金额应不低于科创基金出资额的 2 倍。

储备项目：申请设立时子基金应储备不少于 5 个北京市成果转化投资项目。

3）对高精尖产业阶段子基金的要求。

高精尖产业阶段子基金根据高精尖产业发展特点和合作标的特征，以具体项目为依据，择优选择设立项目型基金、专项型基金、并购投资基金、股权投资基金等类型。

新发起设立：子基金应新发起设立。

存续期限：不超过 8 年，其中退出期不超过 4 年。

返投比例：①项目型基金的全部认缴出资须投资于注册在北京的企业或通过投资保证被投企业在北京落地；②专项型基金投资于注册在北京的企业的资金额不低于认缴出资总额的 90%；③并购基金认缴出资总额的 60%（含）以上投资，原则上应通过注册在北京的行业重点企业退出，投资北京市企业通过 IPO 方式退出的，可适当放宽此比例限制；④股权投资基金投资于注册在北京的企业及符合北京首都功能定位的外地企业，在京落地的资金额不低于认缴出资总额的 70%。

基石投资人：子基金应明确部分出资人作为基石投资人，基石投资人认缴规模不低于基金认缴规模的 40%。项目型基金、专项型基金、并购投资基金的基石投资人中应具备明确的核心产业投资人，且各基石出资人认缴出资额不低于 5000 万元。股权投资基金各基石出资人认缴出资额不低于 3000 万元。

引导基金出资比例：引导基金对“高精尖”阶段子基金参股比例一般不超过 20%。对子基金参股比例高于 20%且低于或等于 30%的，应由“高精尖”阶段主要负责部门审批通过。出资比例超过 30%的，应报北京市科技创新基金统筹联席会审定。

二、北京高精尖产业发展基金

（一）基金基本情况

2015 年 8 月，经北京市政府批准，北京市财政局联合北京市经济和信息化局设立北京高精尖产业发展基金。

根据中国工业新闻网数据，截至 2019 年 11 月，北京高精尖产业发展基金（简称“北京高精尖”）共有 5 批总计 21 只子基金已确认合作，合计认缴规模 196 亿元，其中母基金认缴规模 42 亿元，完成投资项目 77 个，投资金额 47 亿元，基本实现了对“高精尖”领域的全覆盖，项目平均浮盈 25%。北京高精尖产业发展基金 2019 年新增子基金发起人为：北京赛升药业股份有限公司、森特士兴集团股份有限公司、北京北斗星通导航技术股份有限公司、泰康健康产业投资控股有限公司，如表 9-3 所示。

表 9-3　北京高精尖产业发展基金基本情况

基金名称	北京高精尖产业发展基金
成立时间	2015 年 8 月
基金设立目的	支持符合首都城市战略定位的“高精尖”产业发展，优化首都“高精尖”产业资源配置，协同“高精尖”产业发展相关配套政策，支撑构建“高精尖”产业发展体系
投资领域	节能环保、集成电路、智能制造系统与服务、新一代健康诊疗与服务、新材料、智慧城市、人工智能、通用航空与卫星应用、新能源智能汽车、自主可控信息系统、云计算与大数据、新一代移动互联网、新能源、融合创新
设立规模和资金来源	计划总规模 200 亿元，其中母基金财政资金出资规模 50 亿元
基金构成	母子基金构成，即“1+N”模式。根据“高精尖”产业发展特点，选择股权投资、并购投资等基金类型
存续期	母基金：12 年。其中筹资期 3～4 年，退出期 2 年
政府主管部门	北京市财政局、北京市经济和信息化局
受托管理机构	代持机构：北京市工业和信息化产业发展服务中心 管理机构：北京工业发展投资管理有限公司
退出方式	转让、回购及清算等方式

资料来源：《北京高精尖产业发展基金管理办法》《北京市经济和信息化委员会北京市财政局关于征集第五批北京高精尖产业发展基金合作机构的通知》。

（二）子基金申报条件

1. 子基金申请机构要求

注册地和公司性质：中国境内注册的公司制内资企业。

基石投资人的要求：基石投资人认缴规模不低于基金认缴规模的 40%。未经母基金同意，在子基金存续期内，基石投资人不得减少出资额，基石投资人和管理机构在母基金退出前不得转让其股权或出资份额。

对股权投资基金申请机构的要求：对拟设基金的认缴出资额不低于 2000 万元；至少有 3 名具备 5 年以上投资或相关业务经验的专职高级管理人员，参与管理的高精尖产业股权投资规模累计不低于 10 亿元。

对并购基金申请机构的要求：实缴不得低于 5000 万元，其中货币出资不得低于 5000 万元；对拟设基金的认缴出资额不低于 5000 万元。

2. 子基金管理机构的要求

注册地：该机构可以为新设，注册在北京市。

注册资本：实缴不低于 1000 万元。

管理团队：至少有 3 名具备 5 年以上并购投资、股权投资或相关业务经验的专职高级管理人员；至少指定 2 名投资关键人，其中至少 1 名投资关键人应为管理团队专职的高级管理人员。

管理规模：管理过的并购及其他股权投资资金总规模累计不低于 10 亿元。

成功案例：具备良好的管理业绩，在“高精尖”产业领域主导完成投资并成功退出的投资案例不少于 5 个。

机构出资：在拟设立的子基金中认缴出资比例不低于 1%。

3. 子基金要求

注册地：北京市。

投资领域：节能环保、通用航空与卫星应用、新能源智能汽车、集成电路、智能制造系统和服务、新一代健康诊疗与服务、新材料、智慧城市、人工智能等领域[⊖]。申报合作机构须在规定的投资领域中明确选择 1 个重点投资领域，且投资领域不超过 3 个，重点投资领域的投资比例不低于基金认缴出资总额的 70%。

基金规模：并购基金规模不低于 5 亿元，股权基金规模不低于 2 亿元。

其他出资人的要求：除母基金外的其他出资人数不得超过 15 名，且单个出资人认缴出

⊖ 《北京市经济和信息化委员会北京市财政局关于征集第五批北京高精尖产业发展基金合作机构的通知》中对投资领域有进一步说明。

资不低于 1000 万元（基金管理机构不受此限）。

引导基金出资比例：母基金认缴出资不超过子基金认缴出资总额的 20%。

存续期：原则上不超过 8 年，其中投资期不超过 4 年，退出期不超过 4 年。

对股权投资基金的要求：投资于“高精尖”产业中处于成长期并具有产业基础的企业；投资于北京市企业的资金额度原则上不低于子基金认缴出资总额的 70%；投资额不超过子基金认缴出资总额的 20%；投资于成长期企业的资金额度不低于子基金认缴出资总额的 70%。

对并购投资基金的要求：以转移被并购企业股权为特征，优化行业资源配置，推进符合“高精尖”产业的企业并购整合；投资额不超过子基金认缴出资总额的 30%；并购基金认缴出资总额的 60%（含）以上的投资，原则上应通过注册在北京市的行业重点企业退出，或投资北京市企业通过 IPO 方式退出；投资北京市辖区外的标的时，优先鼓励将其符合首都城市战略定位的核心关键环节落地北京。

第二节　深　　圳

深圳市是全国政府引导基金市场化程度较高的省市之一，不论是在管理办法中对境外申请机构的准入，还是对未按规定运行的子基金的清理及对签约规模小于过会规模且无后续融资进展的子基金出资规模的缩减，都走在了市场的前列。

从整体来看，深圳市政府引导基金投资领域主要包括深圳市传统优势产业、战略性新兴产业、未来产业、城市基础设施建设产业、民生事业发展产业；子基金类型主要以创新创业类、新兴产业发展类、城市基础设施建设和民生事业发展类为主。

本书根据深圳市政府引导基金的规模及活跃度情况，选取 8 只引导基金对其管理办法的核心条款进行解读分析，如表 9-4 所示。

表 9-4　深圳市政府引导基金管理办法一览表

序　号	基 金 名 称	基金管理办法
1	深圳市政府投资引导基金	《深圳市政府投资引导基金 2018 年度拟参股子基金申报指南及管理机构遴选办法》
2	深圳天使投资引导基金	《深圳天使投资引导基金申报指南》
3	深圳前海深港现代服务业合作区产业投资引导基金	《深圳前海深港现代服务业合作区产业投资引导基金管理办法》（2018）
4	深圳市福田区政府投资引导基金	《深圳市福田区政府投资引导基金管理办法》（福财〔2019〕57 号）
5	深圳市龙岗区政府投资引导基金	《深圳市龙岗区政策性投资引导基金申报条件》（2018）
6	深圳市宝安区产业投资引导基金	《深圳市宝安区产业投资引导基金管理办法（修订版）》（2019）

（续）

序　　号	基 金 名 称	基金管理办法
7	南山区产业发展投资引导基金	《南山区产业发展投资引导基金管理办法（试行）》（深南府办规〔2018〕5号）
8	深圳市罗湖区政府投资引导基金	《深圳市罗湖区政府投资引导基金子基金管理机构遴选办法（试行）》（罗引〔2017〕1号）

一、深圳市政府投资引导基金

（一）基金基本情况

2015 年 8 月，深圳市政府设立总规模为 1000 亿元的深圳市政府投资引导基金（简称“深圳市引导基金”），由深圳市创新投资集团作为深圳市引导基金的管理人。

根据深圳市地方金融监督管理局数据，截至 2019 年 6 月，深圳市引导基金承诺出资 159 只子基金，其中已签约 116 只子基金，签约子基金规模 3250.11 亿元，引导基金承诺出资 1373.45 亿元，实际已出资 505.31 亿元。2019 年公示，新增合作机构为中金资本运营有限公司、和谐爱奇投资管理（北京）有限公司、深圳市海洋投资管理有限公司、北京石溪清流投资有限公司、深圳前海三合股权基金管理有限公司。如表 9-5 所示。

表 9-5　深圳市政府投资引导基金情况

基金名称	深圳市政府投资引导基金
工商注册名称	深圳市引导基金投资有限公司
成立日期	2015 年 8 月
基金构成	引导基金重点投向以创新创业、新兴产业发展、城市基础设施建设、民生事业发展为主要投资方向的子基金
设立规模和资金来源	总规模 1000 亿元，其中包括创新创业 200 亿元、新兴产业发展 200 亿元、城市基础设施建设 100 亿元、民生事业发展 300 亿元，由深圳市财政出资
受托管理机构	深圳市创新投资集团有限公司

资料来源：《深圳市政府投资引导基金 2018 年度拟参股子基金申报指南及管理机构遴选办法》。

以下重点对深圳市政府投资引导基金投向的创新创业、新兴产业发展类子基金申报条件进行梳理分析。

（二）子基金申报条件

1．子基金申请机构的要求

（1）境内申请机构的要求

注册资本：

1）创新创业类子基金，申请机构实缴不低于 1000 万元。

2）新兴产业发展类子基金，申请机构实缴不低于3000万元。

（2）境外申请机构的要求

资质：经所在国家或地区监管机构批准从事股权投资管理业务，具备当地监管机构颁发的许可证件。经营管理境外投资基金，持续运营3年以上。

注册资本：不低于200万美元（或等值），均以货币出资。

管理团队：至少1名具有5年以上，2名具有3年以上境外基金投资管理经验和相关专业资质的主要投资人员。

2. 子基金管理机构的要求

子基金管理机构可由申请机构或其关联方担任。

注册资本：

1）创新创业类子基金，管理机构实缴不低于1000万元。

2）新兴产业发展类子基金，管理机构实缴不低于3000万元。

3）如管理机构在子基金有认缴出资的，则实缴资本或净资产不低于在子基金中的认缴出资额。

机构出资：

1）管理机构认缴出资额不低于子基金总规模的1%。

2）若其关联方在子基金中有出资的，则可降至0.5%。

3）如管理机构注册地不在深圳或管理机构未对子基金出资的，则应由其注册在深圳的关联方出资。

管理团队：

1）创新创业类子基金，至少有3名具备3年以上早期项目投资经验或相关行业经验的高级管理人员，彼此之间有3年以上合作经历。

2）新兴产业发展类子基金，至少有不少于10名专业投资人员，其中具有5年以上相关经验的不少于3名，彼此之间有3年以上合作经历。

投资能力：管理机构或其主要股东（公司制）、普通合伙人（有限合伙制）或3名以上管理团队主要成员以骨干身份共同累计管理基金规模及成功投资案例数量：

1）创新创业类子基金，管理规模不低于2亿元，所管创投基金中至少有3个以上初创期、早中期企业的成功投资案例。

2）新兴产业发展类子基金，管理规模不低于20亿元，所管股权投资基金中成功投资案例不少于5个。

3. 子基金的要求

注册地：深圳市。

基金规模：

1）创新创业类子基金，单只规模不低于 5000 万元。

2）新兴产业发展类子基金，单只规模不低于 5 亿元。

投资领域：战略性新兴产业、未来产业等。

投资阶段及要求：

1）创新创业类子基金，投资于初创期、早中期创新型企业的资金额不低于子基金可投资金总额的 60%。

2）新兴产业发展类子基金，各个阶段均可。

引导基金出资：

1）创新创业类子基金，引导基金出资比例不超过 30%。

2）新兴产业发展类子基金，引导基金出资比例不超过 25%。

财政及国有资金出资：子基金中各层次、各级别的财政资金和国有成分资金出资总额占子基金认缴出资总额的比例不超过 70%。

单个项目投资：不得超过子基金总规模的 20%。

返投比例：投资于深圳企业的资金应不低于引导基金出资额的 1.5 倍。

存续期：创新创业类子基金，不超过 10 年；新兴产业发展类子基金，不超过 8 年。

其他要求：

1）新兴产业发展类子基金投资于战略性新兴产业、未来产业等企业的资金额不低于子基金可投资金总额的 60%。

2）申请新设子基金的，管理机构在提交申报方案时，已募资金额至少为拟设子基金总规模的 50%（不含引导基金出资）。

二、深圳天使投资引导基金

（一）基金基本情况

为引导社会资本投资天使类项目，满足深圳市企业早期融资，2018 年深圳市政府设立深圳天使投资引导基金（简称“深圳天使母基金”），首期规模 50 亿元。

根据《深圳特区报》数据，截至 2019 年 9 月，深圳天使母基金已决策投资子基金近 40 只，总规模达 125 亿元，子基金投资项目超过 60 个。其中，2019 年公示新合作子基金 20 只，规模增量约 66.25 亿元，引导基金认缴出资 26.5 亿元，占比 40%。

2019 年公示新合作的管理机构是深圳市华润资本股权投资有限公司、中航南山股权投资基金管理（深圳）有限公司、深圳前海淮泽方舟创业投资企业（有限合伙）、深圳市盛世景投资有限公司、国宏嘉信（深圳）股权投资管理有限公司、深圳市光远投资管理合伙企业

（有限合伙）、联想创新（深圳）股权投资管理有限公司、深圳瑞宏股权投资合伙企业（有限合伙）、深圳同创锦绣资产管理有限公司、深圳市合创资本管理有限公司、深圳元浩股权投资管理合伙企业（有限合伙）、华盖南方投资管理（深圳） 有限公司、深圳信中利恒信股权投资管理有限公司、深圳仙瞳资本管理有限公司、深圳中科科技成果转化股权投资基金管理有限公司、深圳市启迪金榕创业投资有限公司、深圳市软银欣创创业投资管理企业（有限合伙）、国科嘉和（深圳）投资管理有限公司、九合投资管理（深圳）有限公司（拟）、宁波市前方高能投资管理有限公司（拟迁址至深圳）。深圳天使投资引导基金情况如表 9-6 所示。

表 9-6　深圳天使投资引导基金情况

基金名称	深圳天使投资引导基金
工商注册名称	深圳市天使投资引导基金有限公司
成立日期	2018 年 3 月
设立规模和资金来源	首期 50 亿元，由深圳市政府投资引导基金出资
受托管理机构	深圳市天使投资引导基金管理有限公司

资料来源：《深圳天使投资引导基金申报指南》。

（二）子基金申报条件

1. 子基金申请机构的要求

对境内申请机构的要求：注册资本实缴不低于 1000 万元。

对境外申请机构的要求：经所在国家或地区监管机构批准从事股权投资管理业务，具备当地监管机构颁发的许可证件。经营管理境外投资基金，持续运营 3 年以上。不低于 200 万美元（或等值），均以货币出资。至少 1 名具有 5 年以上，2 名具有 3 年以上境外基金投资管理经验和相关专业资质的主要投资人员。

2. 子基金管理机构的要求

注册地：深圳。

注册资本：实缴不低于 1000 万元。

管理团队：至少有 3 名具备 3 年以上早期项目投资经验或相关行业经验的高级管理人员。

投资能力：子基金管理机构须至少满足下列条件之一：

1）子基金管理机构或其主要股东（公司制）、普通合伙人（合伙制）或 3 名以上管理团队主要成员以骨干身份共同累计管理天使投资基金规模不低于 1 亿元，且有 3 个以上成功投资的案例。

2）子基金管理机构或其主要股东（公司制）、普通合伙人（合伙制）或 3 名以上管理团队主要成员以骨干身份共同累计管理创业投资基金规模不低于 5 亿元，且有 3 个以上成功投资的案例。

机构出资：对子基金的出资比例不低于 1%。

3. 子基金的要求

注册地：深圳市。

基金规模：不超过 5 亿元。

投资领域：战略性新兴产业、未来产业等。

引导基金出资：不超过子基金认缴出资总金额的 40%。

单个企业投资：不超过子基金总规模的 10%。

返投比例：投资于深圳企业的资金规模不低于子基金可投实缴资金的 70%。

存续期：不超过 10 年。

其他投资要求：子基金须全部投向天使类项目，子基金投资的项目总数不低于 20 个。

第三节 广 州

作为全国最早探索设立政府引导基金的城市之一，广州市于 2010 年设立广州市创业投资引导基金，并开启了广州市政府引导基金的探索与发展之路。经过多年的实践发展与经验积累，广州市在市级层面已形成涵盖产业转型升级、工业发展、中小企业、科技创新、人才创新创业等领域的引导基金体系，并且天河、增城、番禺、南沙等区都纷纷设立了区级引导基金。目前，广州市已形成了市、区两级政府投资基金体系。

从基金类型来看，广州市政府引导基金种类较多，包括“新兴产业”“工业转型升级”“科技成果转化”“国企创新”“创业投资”“中小企业发展”等不同领域投向的引导基金；从规模来看，广州市政府引导基金规模主要分布在 1 亿～100 亿元，其中，市级引导基金规模多处于 25 亿～100 亿元；区级引导基金规模多分布在 5 亿～28 亿元，开发区黄埔人才基金规模相对较大，达到 50 亿元。

从注册地要求来看，广州市政府引导基金要求参股子基金须在当地注册，而对子基金管理机构的注册地一般没有硬性要求。从返投比例来看，广州市政府引导基金返投比例大多在引导基金出资的 2～2.5 倍；个别引导基金较为严格，返投比例设置为子基金规模的 50%或 60%；而广州种业发展基金和增城区引导基金的返投比例较为宽松，设置为引导基金出资的 1 倍，让利力度较大。广州市主要政府引导基金管理办法及规模如表 9-7 所示。

表 9-7　广州市主要政府引导基金管理办法及规模一览表

序　号	基金名称	管理办法	规模（亿元）
1	广州市工业和信息化发展基金	《广州市工业和信息化发展基金管理实施细则》 《广州市工业和信息化发展基金子基金申报指南》	100.00
2	广州市新兴产业发展引导基金	《广州市新兴产业发展引导基金管理实施细则（修订）》	—
3	广州市科技成果产业化引导基金	《广州市科技成果产业化引导基金管理办法》	50.00
4	广州市国企创新投资基金	《广州市国企创新投资基金管理暂行办法》 《广州市国企创新投资基金子基金申报指南》	25.00
5	广州市工业转型升级发展基金	《广州市工业转型升级发展基金管理暂行办法》（修订）	15.00
6	广州市中小企业发展基金	《广州市中小企业发展基金管理暂行办法》	5.00
7	广州市创业投资引导基金	《广州市创业投资引导基金施行细则》	2.00
8	广州市种业发展基金	《广州市种业发展基金子基金申报指南》	1.00
9	黄埔人才引导基金	《广州市黄埔区广州开发区聚集"黄埔人才"实施办法实施细则》 《广州市黄埔区广州开发区申请黄埔人才引导基金办事指南》	50.00
10	增城区推动经济高质量发展引导基金	《增城区推动经济高质量发展引导基金管理办法》	28.00
11	番禺区战略性新兴产业创业投资引导基金	《番禺区战略性新兴产业创业投资引导基金管理暂行办法》	10.00
12	南沙创业投资引导基金	《广州南沙创业投资引导基金管理实施细则》	5.00
13	天河区战略性新兴产业创业投资引导基金	《天河区战略性新兴产业创业投资引导基金管理办法》	—

资料来源：融中母基金研究院。

一、广州市工业和信息化发展基金

（一）基金基本情况

广州市工业和信息化发展基金（简称"发展基金"）成立于 2018 年 3 月，截至 2019 年 12 月 6 日，发展基金累计参股设立 3 只子基金，签约规模约 95 亿元；累计投资项目 11 个，项目投资总额 5.2 亿元。广州市工业和信息化发展基金基本情况如表 9-8 所示。

表 9-8　广州市工业和信息化发展基金基本情况

基金名称	广州市工业和信息化发展基金
成立时间	2018 年 3 月 8 日
运作模式及原则	引导基金通过母基金方式与国内外知名龙头企业、重点园区运营商共同发起设立子基金

（续）

设立规模	总规模 100 亿元
资金来源	广州市财政资金
投资领域	围绕广州“中国制造 2025”主要产业领域，并优先支持政府战略性产业。具体包括智能装备及机器人、新一代信息技术、生物医药与健康医疗、智能网联与新能源汽车、新材料、新能源、都市消费工业、生产性服务业
政府主管部门	广州市工业和信息化委员会
受托管理机构	广州市新兴产业发展基金管理有限公司

资料来源：《广州市工业和信息化发展基金管理实施细则》《广州市工业和信息化发展基金子基金申报指南》。

（二）子基金申报条件

1. 子基金申请人要求

子基金申报机构原则上为国内外知名龙头企业、重点园区运营商，或为知名龙头企业、重点园区运营商控股的股权投资类企业（含创业投资企业），并由其依法依规负责募集其他资本。

2. 子基金管理人要求

注册地及注册资本要求：鼓励子基金管理人设立在广州，实收资本不低于 1000 万元。

管理团队要求：至少有 3 名具备 3 年以上股权投资或相关业务经验的专职高级管理人员。

出资要求：不低于子基金规模的 1%。

3. 子基金要求

注册地要求：子基金须在广州市注册。

存续期要求：原则上不超过 10 年。

返投比例要求：子基金投资于广州市行政区域内企业的金额原则上**不低于**引导基金出资额的 **2** 倍。

引导基金出资比例：引导基金对子基金出资比例**不超过**子基金规模的 **20%**，且不作为第一大出资人。

领域投资限制：子基金主要投资于广州“中国制造 2025”重点产业领域及相关园区载体建设等领域。

二、广州市新兴产业发展引导基金

（一）基金基本情况

广州市新兴产业发展引导基金（简称“引导基金”）成立于 2017 年 6 月，广州基金数据显示，截至 2019 年 12 月 6 日，引导基金总出资 27 亿元，累计参与设立了 67 只子基金，签约规模约 360 亿元；累计投资项目约 270 余个，项目投资总额超 80 亿元。2019 年至今，引导基金共批准设立子基金 38 只，批准设立子基金规模合计 157 亿元，其中引导基金出资约 30 亿元。2019 年已批的拟合作子基金管理人包括广发信德、复星集团、嘉御资本、信中利、凯风创投、华山资本、仙瞳资本、弘章投资等知名管理机构。

引导基金的受托管理机构为广州市新兴产业发展基金管理有限公司（简称“新兴基金”），受托管理了财政出资设立的广州市新兴产业发展引导基金、工业转型升级发展基金、工业和信息化发展基金、“中国制造 2025”产业直投资金、种业基金等。广州市新兴产业发展引导基金基本情况如表 9-9 所示。

表 9-9 广州市新兴产业发展引导基金基本情况

基金名称	广州市新兴产业发展引导基金
成立时间	2017 年 6 月 1 日
组织形式	委托制
运作模式及原则	通过母基金的方式，选择股权投资类企业合作发起设立子基金
资金来源	广州市财政资金
投资方向	重点投向广州市战略性新兴产业、现代服务业、广州制造 2025 等新兴产业领域，处于种子期、起步期、成长期、扩张期和成熟期等各发展阶段的企业
政府主管部门	广州市发展改革委
受托管理机构	广州市新兴产业发展基金管理有限公司

注：广州市新兴产业发展引导资金是广州市级财政从公共财政预算资金中安排，按法定程序纳入市发展改革委部门预算管理，用于支持新兴产业发展的财政资金。

资料来源：《广州市新兴产业发展引导基金管理实施细则（修订）》。

（二）子基金申报条件

1. 子基金申请人要求

引导基金申报机构原则上为股权投资类企业（含创业投资企业），由其依法依规负责募集社会资本。原则上，要求企业成立时间满 1 年，注册资本在 3000 万元以上，或其基金管理规模在 10 亿元以上；至少有 2 个投资成功案例。

为鼓励孵化器及创新创业企业发展，广州市经认定的专业孵化器也可作为申报机构。专业孵化器在申报时已经完成工商注册并运作 3 个月以上，面积应不小于 3000m^2，或在孵企业不少于 20 家。

2. 子基金管理人要求

注册资本要求：企业注册资本或认缴出资额不低于 1000 万元，且均以货币形式实缴出资。

管理团队要求：至少有 4 名具备 5 年以上股权投资或相关业务经验的专职高级管理人员。

出资要求：不低于子基金规模的 5%。

3. 子基金要求

注册地要求：子基金须在广州市注册。

规模要求：每只子基金募集资金总额不低于 5000 万元。

存续期要求：原则上不超过 10 年。

返投比例要求：子基金投资于广州市行政区域内企业的比例原则上**不低于**子基金规模的 50%。对于广州市经认定的专业孵化器，子基金须投资于专业孵化器内企业的资金比例**不低于**基金规模的 80%。

引导基金出资比例：引导基金对子基金的出资比例**不超过**子基金规模的 **20%**，对子基金出资额**不高于 2 亿元**，且不作为第一大出资人或股东。对于广州市经认定的专业孵化器，引导基金与社会资本出资比例**放宽至 1∶1.5**。

领域投资限制：子基金在申报的产业领域投资规模不低于子基金总规模的 60%。

项目投资限制：子基金对单个企业的累计投资额不得超过子基金规模的 20%。

第四节 浙　江

浙江省是中国的民营经济大省，是制造业大省，制造业贡献了最大份额的财政收入。近年，浙江省在数字经济等带动下，经济表现亮眼。

2019 年一季度浙江省 GDP 同比增长 7.7%，高于上年同期 7.1%的增速。不仅如此，浙江省一季度财政收入继续保持较高增长，排名位次继续提升，仅次于广东省、江苏省，居全国第三。

为贯彻省委、省政府“创业富民、创新强省”总战略，发展浙江省创业投资事业，浙江省政府引导基金已经成为中国起步相对较早、运作相对较好的省份之一。浙江省主要政府引导基金及管理办法如表 9-10 所示。

表 9-10　浙江省主要政府引导基金及管理办法一览表

序　　号	政府引导基金名称	管理办法名称
1	浙江省转型升级产业基金	《浙江省转型升级产业基金管理办法》（浙财企〔2019〕4 号）
2	浙江省创新引领基金	《浙江省创新引领基金运作方案》
3	浙江省凤凰行动投资基金	《浙江省凤凰行动投资基金组建运作方案》
4	杭州市创业投资引导基金	《杭州市创业投资引导基金管理办法》（杭政办函〔2019〕47 号）
5	杭州市西湖区产业基金	《杭州市西湖区产业基金管理办法》
6	宁波市天使投资引导基金	《宁波市天使投资引导基金管理办法（暂行）》（甬科高〔2019〕26 号）

资料来源：融中母基金研究院。

一、浙江省转型升级产业基金（包含5只主题基金）

（一）基金基本情况

从2015年开始，设立政府产业基金支持八大万亿产业发展，完成“全省基金规模突破1000亿元，撬动社会资本10000亿元”的三年工作目标。在此基础上，积极打造政府产业基金2.0版，聚焦聚力省委、省政府重大决策部署，加快组建5只主题基金，充分发挥基金的乘数效应。

一是数字经济产业投资基金。总规模100亿～150亿元，用于支持数字经济发展。目前已与中电海康、嘉兴康峰大硅片、嘉兴敏实智造等项目进行深入对接，积极推动项目落地。

二是凤凰行动投资基金。总规模50亿元，用于支持民营企业上市和并购重组。推进组建中金凤凰基金、浙商创投凤凰基金、海通证券并购基金等子基金。

三是金融稳定投资基金。总规模100亿元，鼓励金融机构在浙江省开展债转股，缓解民营企业流动性压力。由金融稳定投资基金出资20亿元，会同之江新实业组建首期规模100亿元的省上市公司稳健发展支持基金，纾解浙江省上市公司股权质押流动性风险。

四是特色小镇产融联动基金。总规模100亿元，支持构建金融特色小镇与产业特色小镇联结纽带，引导金融小镇的金融资源投入产业小镇项目，推动特色小镇建设。

五是创新引领基金。总规模20亿元，重点投向信息经济、新材料、新药研制等新兴产业及创业创新领域。浙江省转型升级产业基金基本情况如表9-11所示。

表9-11　浙江省转型升级产业基金基本情况

基金名称	浙江省转型升级产业基金
成立时间	2015年
运作模式及原则	浙江省转型升级产业基金以“定向基金”为主、“非定向基金”“直接投资”为辅的模式进行运作，并积极探索各类创新业务，吸引各类高端资源要素集聚浙江
设立规模及资金来源	省财政预算，初期规模为100亿元
使用范围	省信息经济创业投资基金、省创新强省产业基金、省创新引领基金（原省级科技成果转化引导基金）纳入省转型升级产业基金统筹使用
存续期	引导基金存续期最长不超过8年。存续期满，如需延长存续期应当由基金管委会报市政府批准后，按合伙协议约定的程序办理
退出方式	省转型升级基金投资项目应在章程或合伙协议中载明具体退出期限、退出条件、退出方式，在达到投资年限或约定退出条件时，应适时按约定方式退出。需按未约定方式退出的，由省级行业主管部门结合政策目标和项目实际情况提出退出方案，经管委会批准后，由基金管理公司具体办理退出事宜
受托管理机构	浙江金控资本管理有限公司
政府主管部门	省财政厅

资料来源：《浙江省转型升级产业基金管理办法》。

（二）子基金申报条件

1. 子基金申请机构要求

注册要求：在中华人民共和国境内依法设立，且已在相关主管部门或行业自律组织登记备案，注册资本不低于1000万元。

资质要求：至少有3名具备3年以上股权投资或股权投资基金管理工作经验的高级管理人员，且有3个（含）以上股权投资的成功案例。

提交材料要求：至少已取得拟设立子基金总规模30%额度的出资意向，并提供拟出资人出资承诺函等材料。

2. 子基金要求

注册地要求：子基金应注册设立在浙江省。

存续期限要求：各只子基金的存续期由出资人共同商定，但一般不超过引导基金的存续期。

引导基金出资比例：定向基金规模原则上不低于10亿元，省转型升级基金与市县政府产业基金合计出资比例不超过定向基金规模的40%。定向基金出资结构中，与产业项目方非关联的独立第三方社会资本出资比例原则上不低于定向基金规模的20%。

非特定对象的股权投资基金。省转型升级基金与市县政府产业基金合计出资比例不超过非定向基金规模的30%，与执行事务合伙人及基金管理人非关联的独立第三方社会资本出资比例原则上不低于基金规模的20%。

省转型升级基金在直投项目中占股比例一般不超过20%，且不为第一大股东，特别重大项目经管委会审定后可不受本条所设比例限制。

投资方式要求：母基金可通过设立子基金的方式投资具体项目，也可直接投资具体项目。

投资比例要求：每个主题基金另行规定。

返投比例要求：非特定对象的股权投资基金每个主题基金另行规定投资浙江省内项目金额（倍数）。

投资领域要求：聚焦数字经济、凤凰行动、金融稳定、特色小镇、创新引领等政府关注的重点领域，组建相关政府主题基金。

二、浙江省凤凰行动投资基金

（一）基金基本情况

2017年10月9日，浙江省政府发布了浙江推进企业上市和并购重组的“凤凰行动”计划。目前浙江省共有境内上市公司453家，居全国第二位；同时，全省已经形成100家科创板后备企业和1000家拟上市企业资源队伍。

“凤凰行动”专项基金自实施两年多来成效显著，浙江省不仅在上市公司数量上领跑全国，同时抢抓资本市场科创板契机，主动对接出台浙江省企业科创板上市行动方案，全力推动科创板上市，目前浙江省共申报科创板企业14家，已经上市6家。浙江省凤凰行动投资基金基本情况如表9-12所示。

表9-12　浙江省凤凰行动投资基金基本情况

基金名称	浙江省凤凰行动投资基金
运作方式	采用定向基金、非定向基金相结合的模式，与其他出资人同股同权
设立规模及资金来源	50亿元，由省转型升级产业基金出资15亿元，联动市县政府出资35亿元
使用范围	注册在浙江省内的项目及浙江省内上市公司并购的省外项目或境外项目
政府主管部门	浙江省地方金融监督管理局
受托管理机构	浙江金控投资管理有限公司

资料来源：《浙江省凤凰行动投资基金组建运作方案》。

（二）子基金申报条件

1. 子基金申请机构要求

注册要求：注册资本不低于1000万元，最近3年不存在重大违法违规行为。

提交材料要求：拟设立基金总规模的30%额度已有出资人表示出资意向，并提供出资承诺函等材料。

2. 子基金管理机构要求

投资能力要求：有至少3个对股权投资的成功案例。

管理团队要求：至少有3名具备3年以上股权投资或相关业务经验的高级管理人员。非定向基金管理人受托管理基金的实缴出资规模累计不低于30亿元，或者所投项目上市退出或被上市公司并购退出的数量不少于3家。

3. 子基金要求

注册地要求：子基金必须注册在浙江省。

规模要求：定向基金原则上不低于5亿元，非定向基金规模原则上不低于10亿元。

存续期要求：不超过8年。

引导基金出资要求：省、市、县对定向基金的合计出资比例一般不高于定向基金规模的40%，独立第三方社会资本不低于20%；省、市、县合计出资比例原则上不超过非定向基金规模的30%，独立第三方社会资本不低于20%。

返投比例要求： 非定向基金投资浙江省项目金额不低于省转型升级产业基金认缴出资额的3倍。

投资领域要求： 支持浙江省数字经济、高端装备等八大万亿产业和高新技术领域企业上市，以及浙江省上市公司围绕主业发展、提升产业价值链的并购重组。

第五节　江　苏

2019年，江苏省政府引导基金数量及规模在全国范围内均位列前三。从整体来看，江苏省政府引导基金的构成以“母子基金”架构为主；投资方式以股权投资为主，以直投、跟进投资为辅；投资领域包括高新技术产业领域和战略性新兴产业领域、传统产业转型升级领域、大运河文化带文化保护传承利用和文化旅游融合发展领域等。

本书根据江苏省政府引导基金的规模及活跃度情况，选取部分引导基金对其管理办法的核心条款进行解读分析。江苏省政府基金管理办法如表9-13所示。

表9-13　江苏省政府基金管理办法一览表

序　号	基金名称	基金管理办法或申报指南
1	江苏省政府投资基金	《江苏省政府投资基金管理办法》（苏财基金〔2019〕4号）
2	江苏省大运河文化旅游发展基金	《江苏省大运河文化旅游发展基金 2019 年度拟参股子基金申报指南（行业子基金）》 《江苏省大运河文化旅游发展基金 2019 年度拟参股子基金申报指南（区域子基金）》
3	南京市新兴产业发展基金	《南京市新兴产业发展基金实施方案（试行）》（2017）
4	南京市级科创基金	《南京市级科创基金实施细则（试行）》
5	淮安市政府重点产业发展基金	《淮安市政府重点产业发展基金管理办法（试行）》（淮政办发〔2018〕13号）

一、江苏省政府投资基金

（一）基金基本情况

江苏省政府投资基金是江苏省级综合性政府投资基金母基金。江苏省财政对各类股权投资基金的出资，通过该基金统一实施。

根据江苏省财政厅数据，截至2019年6月底，江苏省政府投资基金发起参与设立子基金55只，基金投资项目462个，投资金额超460亿元。江苏省政府投资基金参股子基金中，包括4只国家级基金，即国家集成电路产业投资基金、国家先进制造业投资基金、国家新兴产业创业投资引导基金、中小企业发展基金（江苏有限合伙）。

江苏省政府投资基金的管理机构为江苏金财投资有限公司（简称“金财投资”）。金财投资成立于 2013 年 9 月，注册资本 20 亿元，是江苏省财政厅直接管理的省属国有资本投资公司。金财投资业务涵盖政府投资基金管理、区域资本市场、社保基金管理、国有金融资本投资和长租公寓投资等领域，管理母基金规模超过 300 亿元。江苏省政府投资基金情况如表 9-14 所示。

表 9-14　江苏省政府投资基金基本情况

基金名称	江苏省政府投资基金
工商注册名称	江苏省政府投资基金（有限合伙）
成立日期	2015 年 9 月
基金运作	（1）基金主要围绕江苏省经济社会高质量发展要求开展投资活动，支持经济结构调整和产业转型升级，支持战略性新兴产业和先进制造业发展，支持区域协调发展，支持创新创业创造，支持江苏省委省政府确定的重大项目等 （2）采取“母子基金”的方式运作，通过设立专项子基金和市场化子基金开展投资业务。专项子基金主要围绕国家战略和省委省政府重大决策设立，政策性更强；江苏省政府投资基金对专项子基金的投资金额，原则上不低于基金当年计划投资总额的 70%。市场化子基金主要围绕产业发展需要设立和投资，市场化程度更高
设立规模和资金来源	资金以江苏省财政出资为主
政府主管部门	江苏省财政厅
基金管理人	江苏金财投资有限公司

资料来源：《江苏省政府投资基金管理办法》（苏财基金〔2019〕4 号）。

（二）子基金的要求

注册地：江苏省。

组织形式：可采用公司制、有限合伙制和契约制等。

引导基金出资比例：引导基金对子基金出资一般不超过子基金募资规模的 30%。

投资领域：

1）专项子基金，主要针对下列未来预期投资收益较为确定的重要产业、领域或者重大项目设立：落实国家和江苏省重大发展战略及规划；江苏省委、省政府确定的重大项目；配合、参与重要的国家级投资基金；其他关乎全省高质量发展的关键节点或重点领域。

2）市场化子基金，主要针对江苏省具有引领转型升级、创新驱动发展作用的产业，以及具备一定前瞻性、回报期长、外部效应明显、风险较高的战略性新兴产业和先进制造业领域设立。

返投比例：

1）专项子基金，投资江苏省内企业的资金原则上专项子基金不低于省政府投资基金实缴出资的 2 倍。

2）市场化子基金，投资江苏省内企业的资金原则上不低于省政府投资基金实缴出资的 1.5 倍。

2016 年 3 月，江苏省政府投资基金召开第二次管理委员会会议，专题研究江苏省政府投资基金 2016 年投资安排和二级母基金的运作方案等事项。根据江苏省委、省政府决策部署和江苏省“十三五”规划，江苏省政府投资基金 2016 年突出区域协调发展、现代产业并购和现代农业发展三个主要方向，并批准发布了《区域协调发展基金方案》《现代产业并购基金方案》《现代农业发展基金方案》，计划投资 80 亿元左右。

江苏省政府投资基金区域协调发展基金

2016 年 8 月，江苏省政府投资基金以直接投资方式与设区市政府指定的平台共同出资设立的 3 只区域协调发展母基金（下称“区域发展基金”）全部设立，3 只区域发展基金为南京江北新区发展基金、中韩盐城产业园发展基金、上合组织（连云港）国际物流园发展基金，均以公司制形式设立，注册资本各 20 亿元。江苏省政府投资基金区域协调发展基金基本情况如表 9-15 所示。

表 9-15 江苏省政府投资基金区域协调发展基金基本情况

基金名称	江苏省政府投资基金区域协调发展基金
基金运作	（1）区域发展基金一般采取公司制形式，必要时也可以采用合伙制等形式 （2）区域发展基金可以联合金融机构或其他投资主体设立区域子基金，或者直接开展项目投资 （3）区域子基金及其下设基金可采取公司制、合伙制、契约制等不同形式
设立规模和资金来源	由江苏省政府投资基金以及设区市政府指定平台共同出资
存续期	（1）区域发展基金存续期原则上为 15 年 （2）区域子基金及其下设基金存续期原则上不超过 8 年，且不得超过上级基金的实际存续期

资料来源：《江苏省政府投资基金区域协调发展基金管理办法》（苏基金发〔2015〕4 号）。

江苏省政府投资基金现代产业并购基金

江苏省政府投资基金现代产业并购基金投资初期主要突出三类重点投资领域，即高新技术产业和战略性新兴产业类、特色优势产业类、传统产业转型升级类。

其中，针对特色优势产业类，江苏省政府投资基金主要设立了无锡股权投资（100 亿元）、南通江海联动产业（首期规模 20.1 亿元）、徐州老工业基地（首期规模 20.1 亿元）、扬州创业创新基金（100 亿元）4 只基金。

针对高新技术产业和战略性新兴产业类、传统产业转型升级类这两大类七个投资方向，根据 2016 年江苏省政府投资基金公示，入选基金方案 30 只。江苏省政府投资基金现代产业并购基金基本情况如表 9-16 所示。

表 9-16　江苏省政府投资基金现代产业并购基金基本情况

基金名称	江苏省政府投资基金现代产业并购基金
基金运作	现代产业并购基金主要投资于江苏省内优势支柱产业、先进制造业、战略性新兴产业和生产性现代服务等领域。现代产业并购基金按照不同产业分类分别募集和设立产业子基金，根据业务需要，产业子基金可以再出资设立子基金 投资初期，主要突出以下重点投资领域： （1）高新技术产业和战略性新兴产业类：主要设立新材料、智能制造、智慧建筑、医药与健康等产业基金和知识产权服务基金等 （2）特色优势产业类：主要设立无锡股权投资、南通江海联动产业、徐州老工业基地、扬州创业创新基金等 （3）传统产业转型升级类：主要设立上市公司并购基金、国企混改基金等
组织形式	产业子基金原则上以有限合伙制形式设立，必要时也可采取有限公司或者契约制形式设立
存续期	产业子基金存续期不超过 8 年，其中投资期不得超过 3 年

资料来源：《江苏省政府投资基金现代产业并购基金管理办法》（苏基金发〔2015〕5 号）。

江苏省政府投资基金现代农业发展基金

现代农业发展基金主要投资于江苏省内农业农村发展中能够起到引领性、基础性和战略性作用的农业龙头企业、成长性企业和项目。江苏省政府投资基金现代农业发展基金基本情况如表 9-17 所示。

表 9-17　江苏省政府投资基金现代农业发展基金基本情况

基金名称	江苏省政府投资基金现代农业发展基金
基金运作	江苏省政府投资基金可以直接发起设立农业子基金；农业子基金一般采取有限合伙制的组织形式设立
投资领域	现代农业发展基金主要投资于江苏省内农业农村发展中能够起到引领性、基础性和战略性作用的农业龙头企业、成长性企业和项目。主要包括： （1）农业产业的竞争性领域：农业产业链的重点环节，主要方向为现代种业、农业智能化生产、农产品加工业转型升级、农产品流通体系、一二三产业深度融合；农业机械装备；农业电子商务；特色与健康养殖、海洋生物、水产品精深加工；境外农业资源开发利用等 （2）事关江苏省农业农村发展的重大农业基础设施、区域农业农村协调发展等非竞争性领域：土地整治与修复、生态保护与建设、沿海滩涂围垦、渔港设施建设、农村基本公共服务项目、带动性强的农民增收重大项目等
存续期	农业子基金的存续期为 5～7 年

资料来源：《江苏省政府投资基金现代农业发展基金》（苏基金发〔2015〕6 号）。

二、江苏省大运河文化旅游发展基金

（一）基金基本情况

2018 年，由江苏省政府投资基金、江苏省文化投资管理集团共同发起设立江苏省大运河文化旅游发展基金（简称“省大运河文旅基金”）。

根据工商信息，截至目前，江苏省大运河文化旅游发展基金共计参股子基金 3 只，分别为江苏省大运河（苏州）文化旅游发展基金（有限合伙）、江苏省大运河（徐州）文化旅游发展基金（有限合伙）、江苏省大运河（扬州）文化旅游发展基金（有限合伙），对应执行事务合伙人分别为苏州国发资产管理有限公司、徐州市产业发展基金管理有限公司、扬州市国扬基金管理有限公司，引导基金拟出资总计 4.5 亿元。江苏省大运河文化旅游发展基金基本情况如表 9-18 所示。

表 9-18　江苏省大运河文化旅游发展基金基本情况

基金名称	江苏省大运河文化旅游发展基金
工商注册名称	江苏省大运河文化旅游发展基金（有限合伙）
成立日期	2018 年
投资领域	引导基金主要投资于大运河文化带文化保护传承利用和文化旅游融合发展领域（包括但不限于文旅建设、内容生产、文旅体验、文化服务、文旅运营等）
基金运作	引导基金下设区域子基金和行业子基金，区域子基金主要由引导基金会同运河沿线地方政府相关部门发起，行业子基金由引导基金会同特定领域、特定行业的专业化基金管理团队或具有影响力的产业资本发起
设立规模和资金来源	基金首期规模母子基金合计 200 亿元
受托管理机构	江苏省大运河文化旅游投资管理有限公司

资料来源：《江苏省大运河文化旅游发展基金 2019 年度拟参股子基金申报指南（行业子基金）》《江苏省大运河文化旅游发展基金 2019 年度拟参股子基金申报指南（区域子基金）》。

（二）区域子基金申报条件

1. 子基金管理机构的要求

注册地：中国大陆。

注册资本：实缴不低于 500 万元。

机构出资：

1）管理机构在子基金中的认缴比例原则上不低于 1%。

2）子基金规模较大的，该比例可不低于 0.5%。

3）管理机构与其关联方在子基金中合计出资比例超过 2%的，该比例可放宽至不低于 0.3%。

其他要求：

1）最近 3 年管理人及持股 5%以上非国有股东不存在重大违法违规行为。

2）管理机构须为对应区市（区县）国有全资直属机构，且无非国有境外股权。

3）如管理机构为国有控股机构，则其公司股份比例近 2 年累计变动不超过 20%。

2. 子基金的要求

组织形式：合伙制。

注册地：江苏省。

引导基金出资比例：省大运河文旅基金在基金中占比原则上不超过认缴规模的 25%，视情况可放宽至 30%，在子基金存续期内不成为最大出资人且比例低于 50%（地方出资合并计算）。

存续期：不超过 8 年。

投资领域：主要围绕大运河遗产打造、大运河文化保护传承利用、文旅融合高质量发展等项目进行投资，包括但不限于大运河文化带江苏段建设、子基金所在地的国家文化公园等文化标识和国家示范项目打造、大运河文化旅游产业基础设施建设及升级改造、子基金所在地文化遗产保护传承利用和文化遗产内涵挖掘、文化旅游融合发展等重点项目，以及文化内容、文旅体验、文旅科技、文化服务、文旅运营等泛文化领域。

返投比例：子基金对注册地、重要生产经营地或者主要产品研发地位于江苏省的被投企业的投资金额比例，不低于省大运河文旅基金及其体系内区域子基金出资部分的 30%。

投资地域：子基金投资于大运河江苏段流域及沿线企业或项目的资金，不低于省大运河文旅基金及江苏省大运河流域城市政府引导出资部分的 70%。

投资协同：省大运河文旅基金拥有各子基金投资的项目或下设的基金 20%以内份额的免费优先跟投权，由省大运河文旅基金直投或由其在体系内子基金间进行分配（子基金跟投条件与母基金相同），是否行权由省大运河文旅基金决定。

其他投资要求：大运河相关城市出资不低于 2 亿元，社会资本出资原则上不低于发起设立的基金总规模的 40%。

（三）行业子基金申报条件

1. 子基金申请机构的要求

注册地：中国大陆。

注册资本：实缴不低于 1000 万元。

2. 子基金管理机构的要求

管理机构可由子基金申请机构或其关联方担任，也可由子基金申请机构新设，子基金申请机构或其关联方应为新设管理机构的主要股东（公司制）或普通合伙人（有限合伙制）。

注册地：中国大陆（鼓励在江苏省工商注册）。

注册资本：

1）实缴不低于 500 万元。

2）如管理机构在子基金中有认缴出资，则其实缴资本或净资产不低于其在子基金中的认缴出资额。

管理团队：管理团队应具备“大文旅”相关领域的投资管理或从业经历，具有募、投、管、退的完整基金运营经历，团队成员应包括与投资相关的复合型人才，且至少有3名具备5年以上从业经验的有基金从业资格的股权投资高级管理人员。

投资能力：子基金管理机构或其主要股东（公司制）、普通合伙人（有限合伙制）或3名以上管理团队主要成员以骨干身份共同累计管理过3只以上的股权投资基金，累计管理基金规模数量不低于3亿元，所管理的股权投资基金中至少有3个以上的成功投资案例，历史所投项目中应包含文旅类项目。

机构出资：

1）管理机构在子基金中的出资比例不低于基金总规模的1%。

2）如子基金规模较大或管理机构及其关联方在子基金中合计出资比例超过2%，则管理机构出资比例可放宽至不低于0.5%。

3. 子基金的要求

组织形式：公司制或合伙制。

注册地：江苏省。

基金规模：单只规模不低于2亿元。

引导基金出资比例：省大运河文旅基金出资占比原则上不超过认缴规模的25%，视情况可放宽至30%。在任何情况下，省大运河文旅基金在子基金存续期内不成为最大出资人且比例低于50%（如有省大运河文旅基金体系内基金出资，则省大运河基金及其体系内子基金对应出资部分合并计算）。

存续期：不超过8年。

投资领域：主要围绕大运河遗产打造、大运河文化保护传承利用、文旅融合高质量发展等概念进行投资，包括但不限于文旅建设、文化内容、文旅体验、文旅科技、文化服务、文旅运营，具体领域以商定为准，单一细分领域中原则上只设立一只行业子基金。

返投比例：子基金对注册地、重要生产经营地或者主要产品研发地位于江苏省的被投企业的投资金额比例，不低于省大运河文旅基金及其体系内区域子基金出资部分的30%。

投资地域：子基金投资于大运河江苏段流域及沿线企业或项目的资金，不低于省大运河文旅基金及江苏省大运河流域城市政府引导出资部分的70%。

第六节　山　东

截至2019年7月底，山东省共有政府引导基金187只，其中产业引导基金105只，创业引导基金 33 只。187 只引导基金中，省级占比 14%，地市级占比 42%。其中，山东省内有 18 只引导基金起到核心作用。这 18 只引导基金的目标总规模超 6635.5 亿元，引导基金出资规模 475.885 亿元。18 只引导基金投资领域主要包括山东省五大新兴产业：新一代信息技术产业、高端装备产业、新能源新材料产业、智慧海洋产业、医养健康产业，五大优势产业：绿色化工产业、现代高效农业、文化创意产业、精品旅游产业、现代金融业，以及山东省境内旅游业、体育产业、现代商贸业、基础设施建设业。

在引导基金政策梳理过程中，本书选取具有代表性的 2 个省级政府引导基金：山东省新旧动能转换基金、山东省省级股权投资引导基金，以及 3 个活跃的市级的政府引导基金进行梳理，重点参考了表 9-19 所示的管理办法。

表 9-19　山东省政府引导基金管理办法一览表

序　　号	基金管理办法
1	《山东省省级股权投资引导基金管理暂行办法》（鲁政办发〔2014〕44 号）
2	《东营市市级政府投资引导基金管理办法》（东政办发〔2017〕38 号）
3	《山东省人民政府办公厅关于印发山东省新旧动能转换基金管理办法的通知》（鲁政办字〔2018〕4 号）
4	《青岛市新旧动能转换引导基金管理办法》（青政办发〔2018〕10 号）
5	《淄博市新旧动能转换基金实施意见》（淄政办字〔2018〕130 号）

资料来源：融中母基金研究院。

一、山东省新旧动能转换基金

2018 年 1 月，国务院批复《山东新旧动能转换综合试验区建设总体方案》。为保障新旧动能转换重大工程顺利实施，山东省委、省政府设立山东省新旧动能转换基金，由山东省新动能基金管理有限公司（简称“山东新动能基金公司”）作为受托管理机构。

根据山东财金集团数据统计，截至 2019 年 11 月 22 日，山东省新旧动能转换基金已发布七批拟参股基金或项目合作公示，合计参股基金 116 只，基金总规模 3153.751 亿元，引导基金出资 439.7044 亿元。参股基金中项目型基金 43 只，基金规模 198.13 亿元，引导基金出资 39.0085 亿元；产业基金 32 只，基金总规模 1464.68 亿元，引导基金出资 230.91 亿元；创投基金 14 只，基金总规模 128.1 亿元，引导基金出资 32.355 亿元；基础设施基金 1 只，基金总规模 30 亿元，引导基金出资 3 亿元[⊖]。

山东新动能基金公司是山东省财金投资集团有限公司（简称“山东财金集团”）的全资子公司。山东财金集团是由原山东省经济开发投资公司转企改制组建的省管国有重要骨干企业、功能型国有资本投资运营公司，以基金投资管理、融资服务、投资运营与资产管理三大

⊖ 统计数据中有 26 只基金未进行具体分类，因此各类基金的统计数据可能小于实际值。

主营业务为主。截至 2019 年上半年，山东财金集团资产总额达 2494 亿元，净资产达 644 亿元，资产管理规模达 5253 亿元。山东省新旧动能转换基金情况如表 9-20 所示。

表 9-20 山东省新旧动能转换基金情况

基金名称	山东省新旧动能转换基金
成立日期	2018 年 3 月
投资领域	五大新兴产业：新一代信息技术产业、高端装备产业、新能源新材料产业、智慧海洋产业、医养健康产业 五大优势产业：绿色化工产业、现代高效农业、文化创意产业、精品旅游产业、现代金融业 交通基础设施建设项目、“一带一路”发展战略项目
基金构成	引导基金、子基金两级
设立规模和资金来源	通过撬动各类社会资本，形成不少于 6000 亿元的基金规模。引导基金由山东省、市政府共同出资 400 亿元，其中山东省级政府出资 200 亿元
基金运作	引导基金可直接出资设立或增资参股子基金。子基金类型包括产业类、创投类、基础设施类以及项目型基金
政府主管部门	山东省财政厅
受托管理机构	山东省新动能基金管理有限公司

资料来源：《山东省新旧动能转换基金管理办法》（鲁政办字〔2018〕4 号）、《关于优化完善省新旧动能转换基金有关政策的通知》（鲁财基金〔2018〕21 号）、《山东省人民政府办公厅关于进一步推动山东省新旧动能转换基金加快投资的意见》（鲁政办字〔2019〕119 号）。

（一）对子基金管理机构的要求

注册地：中国大陆。若为新设的基金，管理机构应注册在山东省。

出资要求：一般不低于基金规模的 2%。基金规模较大的可降低认缴出资比例，原则上不低于 1%。

注册资本：实缴注册资本不低于 1000 万元。

管理团队：至少有 3 名具备 3 年以上基金管理工作经验的高级管理人员，至少主导过 3 个以上投资成功案例。

其他特殊要求：新设立基金的基金管理机构应在募资达到社会出资人认缴出资的 70%（含）后提交基金设立申请。

（二）对子基金的要求

名称：新设基金名称中应包含“山东省新旧动能转换”字样。

注册地：山东省。子基金参股设立的基金，注册不受地域限制。

基金规模：基础设施类、产业类、创投类基金设立规模分别为 50 亿元、10 亿元、2 亿元。

引导基金出资：引导基金对产业类子基金出资比例一般不超过 25%，对现代高效农业、现代海洋产业领域内基金及各类创投基金可以达到 30%，对基础设施类母基金一般按 10%的比例出资。省、市、县各级政府共同出资占比不超过 50%。

对单个企业的投资：不超过基金总规模的 20%，项目型基金除外。

跨产业投资：可跨产业开展投资，跨产业投资比例控制在基金规模的 50%以内。产业基金不得跨界投资基础设施领域。

返投比例：不低于引导基金出资的 1.5 倍。

存续期：产业类、创投类基金存续期一般不超过 10 年，基础设施类基金存续期一般不超过 20 年。

针对项目型基金的特殊要求：项目须属于山东省、市确定的重大“双招双引”产业项目。

基金政府出资部分：须由山东省、市、县（市、区）三级引导基金共同承担，出资比例一般不超过基金规模的 50%，其中省级引导基金（不含各市出资）占比一般不超过项目基金规模的 20%。市、县（市、区）引导基金出资比例，由各市根据实际情况自主确定，但不低于省级引导基金出资比例。

基金投资领域：“双招双引”重大产业项目、各类创新型企业和省级重点人才创新创业项目，着力支持五大新兴产业、五大优势产业的改造升级领域的项目。

基金存续期：一般不超过 8 年。

基金管理费：基金管理费一般每年按项目基金实缴规模的 0.5%计提，最高不超过 1%。

二、山东省省级股权投资引导基金

2014 年，山东省政府决定设立山东省省级股权投资引导基金，并于 2015 年起连续三年出资 100 亿元以上，其中 2015 年计划安排山东省财政出资 25.28 亿元，用于支持设立山东省滨海旅游发展引导基金、天使投资引导基金等母基金。

根据山东财金集团发布的 2015 年、2016 年的参股子基金公示，由山东省省级股权投资引导基金支持设立的 15 只母基金共计参股子基金 35 只，总计规模 206.125 亿元。

山东省省级股权投资引导基金情况如表 9-21 所示。

表 9-21 山东省省级股权投资引导基金情况

基金名称	山东省省级股权投资引导基金
成立日期	2014 年
投资领域	重点支持传统产业转型升级、现代农业、现代服务业、科技风险投资与成果转化、资本市场发展、城镇化建设等领域
基金规模及资金来源	自 2015 年起，山东省省财政连续三年出资 100 亿元以上
基金运作	主要通过参股方式，与省内外社会资本及其他政府资金合作设立或以增资方式参股子基金，促进全省私募股权市场发展和产业转型升级
政府主管部门	山东省财政厅、山东省金融办
受托管理机构	山东省财金投资集团有限公司

资料来源：《山东省省级股权投资引导基金管理暂行办法》（鲁政办发〔2014〕44 号）。

（一）对子基金申请者的要求

注册地：中国大陆。

公司性质：股权投资管理机构或投资企业。

注册资本：若申请者为投资企业，其注册资本或净资产不低于 5000 万元。

（二）对子基金管理机构的要求

子基金申请者确定一家股权投资管理机构作为拟设子基金的管理机构。

注册地：中国大陆。

注册资本：实缴不低于 1000 万元。

管理团队：至少有 3 名具备 3 年以上股权投资或基金管理工作经验的专职高级管理人员。

成功案例：至少主导过 3 个股权投资的成功案例。

机构出资：管理机构对子基金认缴出资额不低于基金规模的 2%。

（三）对新设子基金的要求

注册地：山东省。

返投比例：投资于山东省境内企业的资金比例，一般不低于子基金注册资本或承诺出资额的 80%。

基金规模：每只子基金募集资金总额不低于 1.5 亿元。

引导基金出资比例：不超过子基金注册资本或承诺出资额的 25%。

政府出资比例：一般不超过子基金注册资本或承诺出资额的 40%。

对单个企业投资：不超过被投资企业总股本的 30%，且不超过子基金总资产的 20%。

存续期：不超过 10 年。

其他要求：单个出资人或一致行动人出资额不得超过子基金注册资本或承诺出资额的 2/3；除政府出资人外的其他出资人数量一般不少于 3 个。

若为申请引导基金对现有股权投资基金进行增资的，还需满足：子基金已备案；全体出资人首期出资或首期认缴出资已经到位，且不低于注册资本或承诺出资额的 20%；全体出资人同意引导基金入股。

对引导基金跟进投资的特殊要求：跟进投资一般不超过子基金对该企业实际投资额的 50%。

名词释义

AUM	管理资产规模
Carried Interest	超额业绩奖励
DD	尽职调查
PE	股权投资（私募股权投资）
VC	风险投资
GP	普通合伙人
LP	有限合伙人
ODI	外商直接投资
QFII	合格境外投资者
QFLP	合格境外投资合伙企业
QDII	合格境内投资者
QDLP	合格境内投资合伙企业
FOF	母基金
IRR	内部收益率
MOIC	投资回报倍数
DPI	投入资本分红率
TVPI	投入资本总值倍数
DTV	实现比例
PIC	投入资本倍数
IPO	首次公开募股
Vintage Year	基金开始投资的年份
P/E	市盈率
P/B	市净率
ROE	净资产收益率
VIE	可变利益实体

参考文献

[1] 周炜. 解读私募股权基金[M]. 北京：机械工业出版社，2007.

[2] 刘琨. 浅析私募股权投资基金的估值方法[J]. 会计之友，2012（4）：112–113.

[3] 刘兴业，任纪军. 中国式私募股权投资（1）——私募基金的创建与投资模式[M]. 北京：中信出版社，2013.

[4] 杨大楷，赵爽. PE 退出困局的因素分析[J]. 探索论坛，2013（12）：1–3.

[5] 黄武俊，万青. 我国政府引导基金发展现状、问题与对策[J]. 商业经济，2013（12）：106–107.

[6] 方红艳，付军. 我国风险投资及私募股权基金退出方式选择及其动因[J]. 投资研究，2014，33（1）：105–118.

[7] 郝鹏. 基金公司布局 FOF 产品的战略研究[J]. 特区经济，2014 （8）：122–126.

[8] 林德刚. 私募股权投资的估值问题[D]. 济南：山东大学，2014.

[9] 刘懿增. 私募股权投资基金在股权交易市场中的作用探讨——政府引导基金进入[J]. 发展研究，2014（3）：34–37.

[10] 谷志威. 私募股权投资基金实务操作指引[M]. 北京：法律出版社，2015.

[11] 郑宇. 我国私募股权基金的投资回报分析[J]. 金融与经济，2015（22）：136–138.

[12] 何承伟. 中国私募股权基金法律组织形式研究[D]. 上海：上海社会科学院，2015.

[13] 刘春晓，刘红涛，孟兆辉. 政府创业投资引导基金参股基金绩效评价研究[J]. 上海金融，2015（10）：9–20.

[14] 张盈. 私募股权投资基金退出方式的研究[D]. 大连：东北财经大学，2016.

[15] 刘国艳. 发挥市场化母基金作用 推动创新创业创投[J]. 中国经贸导刊，2016，11（25）：60–62.

[16] 袁丹丹. 中国私募股权投资：发展现状、问题及对策研究[J]. 绿色财会，2016（11）：41–46.

[17] 高国华. 我国私募股权行业迎来“第二春”[N]. 金融时报，2016–04–23.

[18] 王颢. 保险资金私募股权投资研究[J]. 国际经贸探索，2016（9）：69–83.

[19] 翁思思. 政府引导基金运行研究——以长江经济带产业基金为例[D]. 北京：对外经济贸易大学，2016.

[20] 房燕，鲍新中. 中国政府创业投资引导基金效用——基于随机效应模型的实证研究[J]. 技术经济，2016（2）：58–62.

[21] 樊轶侠，孙家希. 地方政府引导基金运作实践及其改进[J]. 地方财政研究，2016（11）：96–100.

[22] 余波，赵杰. 我国政府引导基金的机制创新与潜在风险研究[J]. 金融与经济，2017（12）：65–70.

[23] 罗元. 中国私募基金发展存在的问题及其对策研究[D]. 长春：吉林大学，2017.

[24] 陈文婷，简倩铭，等. 中国私募股权投资基金投资特征分析[J]. 广东外语外贸大学学报，2017（5）：19.

[25] 苑茂昌. 我国政府产业引导基金退出研究[D]. 北京：中国财政科学研究院，2017.

[26] 杜雨洁. 如何完善私募股权投资基金退出机制[J]. 人民论坛，2017（8）：110–111.

[27] 胡妍，阮坚. 私募股权影响企业绩效的传导路径——基于现金持有、研发投入的视角实证[J]. 金融经济学研究，2017，32（5）：107–116.

[28] 王发文. 产业投资基金发展过程中的风险及防范[J]. 中国国际财经（中英文），2017（19）：12.

[29] 张馨予. 私募股权基金的价值评估研究[D]. 北京：首都经济贸易大学，2017.

[30] 徐文擎，丁鹏. 未来 FOF 领域“得体系者得天下”[N]. 中国证券报，2017–03–27.

[31] 陈少强，郭骊，郏紫卉. 政府引导基金演变的逻辑[J]. 中央财经大学学报，2017（2）：3–13.

[32] 吴伟军，张忱，肖颖. 政府引导基金支持地方实体经济发展的探索[J]. 金融与经济，2017（12）：71-75.
[33] 郭威，李宝林. 私募股权基金：特点、发展与前景[J]. 金融市场研究，2018（10）：94-104.
[34] 李雪婷，宋常. 政府创业投资引导基金的角色定位与管理逻辑[J]. 中国行政管理，2018（3）：102-105.
[35] 倪宣明，黄嵩，石思睿. 政府对创业投资基金市场的引导路径探析[J]. 上海金融，2018（7）：69-74.
[36]孙维. 政府和市场关系视角下的政府引导基金规范发展研究[J]. 经济研究参考，2018（21）：72-76.
[37] 董建卫，王晗，郭立宏. 政府引导基金本地投资对企业创新的影响[J]. 科技进步与对策，2018（35）：116-121.
[38] 承安. 发展中国母基金的关键是什么[J]. 国际融资，2018（2）：27-31.
[39] 李思贤. 政府引导基金对风险投资市场的影响研究[D]. 济南：山东大学，2018.
[40] 莫冠琴. 资管新规后时代：中国私募投资基金监管的历史变迁[J]. 职工法律天地，2018（20）：64-64.
[41] 孙琳. 政府产业引导基金投资绩效评价案例研究[D]. 成都：西南财经大学，2018.
[42] 郭磊，郭田勇. 政府产业投资引导基金对创新企业的影响[J]. 经贸实践，2018（12）：10-11.
[43] 郑磊. 2018 私募股权投资母基金白皮书[J]. 国际融资，2018，11（14）：27-29.
[44] 刘宗根. PE 二级市场暗潮涌动[N]. 中国证券报，2018-05-07.
[45] 刘三江. 进一步完善私募股权投资基金退出机制[N]. 金融时报，2018-02-10.
[46] 靳海涛. 母基金的必然性、价值和经营配置之道——来自中国本土实践的经验研究[J]. 清华金融评论，2019，3（6）：25-28.
[47] 沈正宁. 母基金二十年：服务实体经济高质量发展[J]. 清华金融评论，2019（3）.
[48] 程珍. 私募股权投资母基金优劣势分析[J]. 市场周刊，2019（4）：136-138.
[49] 蒋亮. 我国政府引导基金发展问题思考与建议[J]. 北方金融，2019（1）：58-63.
[50] 张增磊. 政府投资基金经济效应及作用路径研究[D]. 北京：中国财政科学研究院，2018.
[51] 袁圆. 私募股权投资基金实务操作论述[J]. 资本运营，2019，34（40）：83-84.
[52] 宾坚. S 基金在中国私募股权二级市场中的爆发性机遇探究[J]. 时代金融，2019（6）：48-50.
[53] 林永青. 私募股权母基金登场[J]. 金融博览，2019（10）：40-41.
[54] 林永青. 新经济需要新资本：中国股权母基金投资预期[J]. 金融博览，2019（12）：40-41.
[55] 苗卿华. 母基金的三种投资策略[J]. 董事会，2019，5（15）：78-79.
[56] 张奥平，刘岩. 2019 年中国股权投资市场现状及展望[J]. 科技与金融，2019（5）：40-44.
[57] 祁玉军. 私募股权基金估值方法的选择[J]. 中国投资（中英文），2019（11）：78-79.
[58] 靳海涛. 母基金的必然性、价值和经营配置之道[J]. 清华金融评论，2019（3）：25-28.
[59] 冯科，曾庆松，何小锋. 基金中基金（FOF）理论研究进展[J]. 中央财经大学学报，2019（8）：31-42.
[60] 苗卿华. 母基金不能偏离基金本质[J]. 董事会，2019（4）：68-69.
[61] 闫丰. 母基金退出模式研究[J]. 商讯，2019（3）：169-170.
[62] 阳灿. 私募股权基金投资策略研究[J]. 时代经贸，2020（19）：80-81.
[63] 陈飘，马蔷. 人民币-美元双币种基金配置的积极作用与存在问题[J]. 科技经济导刊，2020，28（1）：1-3.
[64] HURDLE S E J. A Blow to Public Investing: Reforming the system of private equity fund disclosures[J]. Ucla Law Review, 2005, 53(1): 239-277.
[65] AHLSTROM, YEH, BRUTON. Venture capital in China: past, present, and future [J]. Asia Pacific Journal of Management, 2007, 24(3): 247-268.

[66] BROWN C, WINKA P, LEE H. Government venture capital: centralized or decentralized execution[J]. Sponsored Report, 2007.

[67] CUMMING D J, MACINTOSH J G. Mutual funds that invest in private equity? An analysis of labour sponsored investment funds[J]. Cambridge Journal of Economices, 2007, 31(3).

[68] ETIENNE, MALHERBE D. Modeling private equity funds and private equity collateralised fund obligations[J]. International Journal of Theoretical & Applied Finance, 2008, 7(3).

[69] CUMMING D, JOHAN S. Pre-seed government venture capital funds[J]. Journal of International Entrepreneurship, 2009, 7(1): 26–56.

[70] FERRARY M. Syndication of venture capital investment: The art of resource pooling[J]. entrepreneurship (Theory and Practice), 2010, 34 (5): 885–907.

[71] HUMPHERYJENNER M. Private equity fund size, investment size, and value creation[J]. Social Science Electronic Publishing, 2012, 16(3): 799–835.

[72] SOHN D W, KIM H J, HUR W. Effect of venture capital and government support on the performance of venture firms in Korea[J]. Asian Journal of Technology Innovation, 2012, 20(2): 309–322.

[73] GEJADZE M, GIOT P, SCHWIENBACHER A. Private equity fundraising, fund performance and firm specialization [D]. Louvain: Universite catholique de Louvain, 2012.

[74] CUMMING D J, Li D. Public policy, entrepreneurship, and venture capital in the united states[J]. Journal of Corporate Finance, 2013, (23).

[75] BRANDER J A, DU Q, HELLMANN T F. The effects of government-sponsored venture capital: international evidence[J]. Review of Finance, 2014.

[76] BERTONI F, COLOMBO M G , QUAS A. The patterns of venture capital investment in Europe [J]. Small Business Economics, 2015, 45 (3): 543–560.

[77] BLOCK J H. Trademarks and venture capital valuation [J]. Journal of Business Venturing, 2019, 29(4): 525–542.

[78] ANTONY P, MUELLER. Rothbard on why we need entrepreneurs[EB/OL]. https://mises.org/profile/antony-p-mueller, 2020–04–20.

[79] 致上谈兵. 私募股权母基金解析[J/OL]. 致上谈兵微信公众号，2018–11–23.

[80] 左越. 钱从哪里来：揭秘母基金资金来源[J/OL]. 每日经济新闻，2018–04–20.

[81] 人民创投. 中国母基金：多样化趋势中，促进二级市场发展[J/OL]. 人民网，2018–04–21.

[82] 维维安. 政府产业引导基金[J/OL]. 百度文库，2020–02–02.

[83] 李勇. FOF 的投资体系[EB/OL]. https://www.sohu.com/a/135057555_509997, 2007–04–18.

[84] 金融界. 美国基金行业发展现状及趋势解读[EB/OL]. 金融界网业，2016–07–18.

[85] 私募股权投资行业的发展历史[EB/OL]. http://www. guronge. com/p/344. html, 2016–01–18.

[86] 谈 LP 投资新趋势：市场化母基金的机遇与挑战[EB/OL]. https://page.om.qq.com/page/O-5LHUAIsruMVhUE7MF9btyQ0, 2019–12–21.

[87] 中国证券报. 中外私募股权母基金投资策略之 First-Time Funds 研究报告在中国首次发布[EB/OL]. 中证网，2018–05–24.

[88] 中证金葵花基金. 中国私募股权投资发展史（1946—2018）[EB/OL]. https://m.sohu.com/a/226358500_730713/?pvid=000115_3w_a, 2018–03–26.

[89] 彬复资本. 中国母基金行业发展五大特征趋势解析[EB/OL]. https://www.sohu.com/a/326309523_803757, 2019–07–12.